中国社区矫正制度与立法研究

主　编◎张新民　刘　远
副主编◎陈志红　王　敏
撰稿人◎周　鹏　洪锡雷　董　悦　刘三洋
　　　　周克稳　徐歌旋　陈　蓉　商玉玺

世界知识出版社

图书在版编目（CIP）数据

中国社区矫正制度与立法研究 / 张新民，刘远主编. — 北京：世界知识出版社，2018.12
ISBN 978-7-5012-5919-9

Ⅰ. ①中… Ⅱ. ①张… ②刘… Ⅲ. ①社区—监督改造—立法—研究—中国 Ⅳ. ①D926.7

中国版本图书馆CIP数据核字（2018）第293700号

责任编辑	龚玲琳　王晓娟
文字编辑	蔡楚娇
责任出版	赵　玥
责任校对	陈可望
书　　名	**中国社区矫正制度与立法研究** Zhongguo Shequ Jiaozheng Zhidu Yu Lifa Yanjiu
主　　编	张新民　刘　远
出版发行	世界知识出版社
地址邮编	北京市东城区干面胡同51号（100010）
邮　　箱	2652857746@qq.com
网　　址	www.ishizhi.cn
经　　销	新华书店
印　　刷	北京虎彩文化传播有限公司
开本印张	787×1092毫米　1/16　21¾印张
字　　数	293千字
版次印次	2019年1月第1版　2019年1月第1次印刷
标准书号	ISBN 978-7-5012-5919-9
定　　价	65.00元

版权所有　侵权必究

目 录

前 言 5

第一章 社区矫正的性质 1
一、对社区矫正性质的认识现状 1
二、对社区矫正性质的反思：刑事执行 8
三、刑事执行说在社区矫正中的贯彻 22

第二章 社区矫正的基本原则 35
一、社区矫正基本原则的作用与特点 35
二、社区矫正基本原则的比较 39
三、社区矫正应当遵循的基本原则 48

第三章 社区矫正的相关法律关系 57
一、社区矫正工作中政府与社会的关系 57
二、社区矫正的主管部门与配合部门的关系 70
三、社区矫正管理机构与社区矫正机构的关系 79
四、社区矫正机构工作人员与社区矫正对象的关系 84
五、社区矫正执法工作者与其他矫正工作者的关系 90
六、社区矫正执法工作者与人民警察的关系 100

第四章 社区矫正立法体例 107
一、社区矫正立法体例的研究范畴 107
二、现有社区矫正规范性文件的体例考察 109
三、社区矫正立法之应然体例 114

第五章 社区矫正前程序 125
一、审前调查评估程序 125
二、社区矫正地的确定及变更 140

三、社区矫正对象的接收程序 ………………………………… 146

第六章　入矫制度 …………………………………………………… 163
　　　一、临时监管制度 ……………………………………………… 164
　　　二、社区矫正小组 ……………………………………………… 165
　　　三、入矫宣告 …………………………………………………… 175
　　　四、矫正方案 …………………………………………………… 179

第七章　监管制度 …………………………………………………… 187
　　　一、社区矫正监管工作中存在的问题 ………………………… 187
　　　二、社区矫正监管制度的考察 ………………………………… 190
　　　三、监管制度的完善与立法建议 ……………………………… 195

第八章　教育制度 …………………………………………………… 213
　　　一、社区矫正教育原则 ………………………………………… 214
　　　二、社区矫正教育内容 ………………………………………… 217
　　　三、社区矫正教育存在的问题及解决路径 …………………… 226

第九章　帮扶制度 …………………………………………………… 233
　　　一、帮扶的原则 ………………………………………………… 234
　　　二、帮扶的内容 ………………………………………………… 235
　　　三、帮扶存在的问题及解决路径探索 ………………………… 238

第十章　解矫与终止制度 …………………………………………… 245
　　　一、解矫制度 …………………………………………………… 245
　　　二、终止制度 …………………………………………………… 252
　　　三、社区矫正档案的管理 ……………………………………… 255

第十一章　特殊对象的矫正 ………………………………………… 259
　　　一、未成年社区矫正对象的现状考察 ………………………… 259
　　　二、其他特殊对象的矫正现状及困境 ………………………… 264
　　　三、特殊对象矫正制度的完善与立法建议 …………………… 265

第十二章　奖惩制度 ·················· 273
　　一、社区矫正对象适用奖惩的现状 ············ 273
　　二、社区矫正中的奖惩制度考察 ············· 284
　　三、社区矫正奖惩制度的完善与立法建议 ········· 293

第十三章　法律责任 ·················· 303
　　一、设立专章规定社区矫正法律责任的必要性 ······· 303
　　二、社区矫正法律责任的困境 ·············· 304
　　三、社区矫正法律责任立法建议 ············· 313

附：中华人民共和国社区矫正法（课题组建议稿） ······· 315

前 言

社区矫正是刑罚轻缓化、刑事执行科学化的重要体现。我国的社区矫正自2003年试点，2005年扩大试点，2009年全面推广，至今已走过15个春秋。据统计，截至2016年底，全国累计接收社区矫正对象318.5万人，累计解除矫正249.4万人，现有社区矫正对象69.1万人，社区矫正对象在矫正期间的重新犯罪率一直处于较低水平，取得了良好的法律效果和社会效果。[①]

在上述实践历程的几个关键点上，一些重要的社区矫正规范相继出台。比如，2009年，最高人民法院、最高人民检察院、公安部、司法部（以下简称"两高两部"）出台了《关于在全国试行社区矫正工作的意见》；2011年，《中华人民共和国刑法修正案（八）》明确规定对判处管制、缓刑以及假释的服刑人员依法实行社区矫正；2012年，修正过的《中华人民共和国刑事诉讼法》明确规定了社区矫正由社区矫正机构负责执行，两高两部也联合印发了《社区矫正实施办法》。各地结合本地工作实际，也相继出台了大量的社区矫正"实施细则""办法""规定"等。

刑法、刑事诉讼法对社区矫正作出规定，标志着社区矫正正式成为我国一项重要的刑事法律制度。但毋庸讳言，我国还没有一部专门的社区矫正法，这意味着我国的社区矫正制度还不够系统、健全。尽管两高两部对如何进行社区矫正作过详细规定，这极大丰富

---

① 姜爱东：《扎实做好社区矫正工作的实践与思考》，载《中国司法》2017年第3期。

了我国的社区矫正实践，但在社区矫正制度的许多基本方面还缺乏明确、统一、完整的法律规范，实践中的许多做法也缺乏法律层面的规范支撑或保障。在这种情况下，制定专门的社区矫正法是十分必要的。

党的十八届三中、四中全会已明确提出，要"健全社区矫正制度""制定社区矫正法"。目前（2018年），国家立法机关正在抓紧进行立法。本书正是在上述背景下，为向立法工作建言献策而撰著的。

一、本书的由来和目标

本书源于南京师范大学中国法治现代化研究院的一项重点课题。该研究院是江苏省委、省政府2015年批准成立的首批省级重点新型高端智库之一，且是其中唯一的法治类智库。2016年初，研究院将我们申报的"《江苏省社区矫正工作条例》实施评估研究"，立项为年度重点课题之一。课题组由江苏省立法机关、司法行政机关长期从事社区矫正工作的几位领导、专家和南京师范大学法学院几位刑事法学教授、研究生共同组成。在实施课题研究的初始阶段，为了增强课题研究为社区矫正工作服务的针对性、有效性，课题组决定将立项课题拓展、延伸为如下三个子课题，即"《江苏省社区矫正工作条例》实施评估""江苏省社区矫正工作经验总结和改进建议""国家社区矫正法立法建议"。这三个子课题既相互独立，又相互衔接，具有层层递进的逻辑联系。在这一研究框架下，课题组深入江苏各地社区矫正一线进行了实地调研。课题组针对社区矫正执法工作者、社会工作者、社区矫正对象、志愿者，分别设计、制作、发放了调查问卷。共回收调查问卷5252份，其中有效问卷5149份。除问卷调查外，课题组还制定了座谈提纲和访谈提纲，对执法工作者、社会工作者、社区矫正对象、社区民警、志愿者以及社区矫正相关部门工作人员进行了座谈交流和个别访谈。

前　言

江苏省是全国开展社区矫正试点最早的省份之一。2014年，江苏省率先出台了《江苏省社区矫正工作条例》，这是全国第一个专门的社区矫正地方性法规。从立法后评估的情况来看，该条例的出台大幅度提升了江苏省社区矫正工作的法治化水平，同时也为兄弟省份乃至国家制定相关规范性文件提供了重要经验。条例的出台有力地促进了社区矫正工作的健康发展，进一步完善了社区矫正工作的组织体系，规范了社区矫正的工作流程，加强了社区矫正工作的设施保障，提升了社区矫正工作的整体水平。但是，中国的社区矫正立法从地方性法规的制定走向全国专门法律的出台，还有许多工作要做。

在课题工作开展过程中，适逢2016年12月，国务院法制办发布《中华人民共和国社区矫正法（征求意见稿）》，向社会公开征求意见。人们在欢欣鼓舞的同时，也看到了征求意见稿中缺憾的一面。就是说，在征求意见稿36个条文中，对人们期待予以明确的社区矫正的性质、基本原则、相关法律关系与法律术语、社区矫正法律体系中的机构与人员、奖励与惩罚、法律责任等关键问题，均没有很好地予以明确。正如有的法学专家所言："现在这部社区矫正法（征求意见稿）还没有系统和全面地反映我国近年来开展社区矫正的实践经验和制度需求，也没有吸收近年来关于社区矫正理论研究中形成共识的研究成果；规定的内容过于抽象，缺乏实践操作性。"[①] 条文较少，需要明确的问题相对模糊，对一些重点问题予以搁置或者回避，草案稿亟须进一步完善、补充与丰富。[②] 基于同样的感受，我们在"国家社区矫正立法建议"这一子课题的研究中，课题组在占有大量调研资料的基础上，开展了系统化的实证性

---

① 《专家研讨完善社区矫正法（征求意见稿）》，法制日报—法制网，http://www.legaldaily.com.cn/index/content/2016-12/22/content_6928037.htm? node = 20908，2017年12月10日登录。

② 《社区矫正法（征求意见稿）专家论证会举行》，新华网，http://www.bj.xinhuanet.com/bjyw/2016-12/30/c_1120219823.htm，2017年12月10日登录。

立法研究，针对征求意见稿，及时提出相应的修改建议，为国家立法积极建言献策。课题组拟定的国家社区矫正法立法建议稿，在报送国家立法机关之后，获得立法部门领导同志的高度评价。与此同时，另两个子课题的研究成果也分别被江苏省人大常委会立法机构和省人民政府相关部门采纳。

在2016年的课题顺利结项后，我们考虑到该课题一方面并非专就国家社区矫正立法所做的研究，另一方面又确实形成了被立法机关高度评价的立法建议文本，如果仅仅由于结项了就把已然形成的立法建议稿抛至一边，也实在太遗憾、太可惜了，因为毕竟还没有对立法建议稿详加阐述。因此，不如趁热打铁，就此作进一步的研究，使之最大程度助益于社区矫正立法工作。基于这种共识，课题组主要成员于2017年初吸收几位研究生加入，组成新的课题组，向中国法治现代化研究院申报了"中国社区矫正制度与立法研究"课题，再次被研究院立项为年度重点课题。

课题组组长仍然由江苏省第十二届人大法制委员会主任委员张新民、南京师范大学法学院教授刘远共同担任，成员有江苏省人大常委会法工委专职委员陈志红，南京师范大学法学院教授王敏，江苏省监狱管理局主任科员、南京师范大学博士研究生周鹏，南京师范大学博士研究生洪锡雷、董悦、刘三洋、商玉玺，中国政法大学博士研究生徐歌旋，南京师范大学硕士研究生周克稳、陈蓉（2018年成为中共重庆市璧山区委组织部信息调研科科员）。

课题组认真总结了前面的课题研究经验，制定了新的课题方案，明确了指导思想和工作原则：一是在全面推进依法治国的大格局下认识社区矫正工作。社区矫正事关重大，不是一件孤立的工作，要用法治思维予以定位。课题组认为，不能单就社区矫正谈社区矫正，而应在全面推进依法治国的框架下研究我国的社区矫正工作。二是以研究中国特色社会主义社区矫正的规律与时代特征为基础开展课题工作。社区矫正是舶来品，要使之在我国生根、开花、结果，就必须使之适合中国的土壤和生态。三是坚持全面研究与重点研究相结合，抓主要矛盾和重点制度。一方面坚持课题的立法建议这一主攻方向不变，继续深化社区矫正立法研究，力争使立法建议更加系统和完善；另一方面在制度研究与立法研究相结合的基础上抓重要环节、重点问题。通过课题研究，既达到为国家立法机关提供高质量立法建议的目标，也达到总结社区矫正工作经验、为社区矫正工作者提供实务指南的目标。经过一年多的努力，课题组终于完成了这部书稿。

二、对流行社区矫正观的反思

在课题调研与本书写作过程中，我们发现，无论是理论界还是实务界，对社区矫正的认识还很不一致，特别是在社区矫正的性质、工作机构、工作人员身份等基本问题上争议较大。其中，一方面，对社区矫正性质的认识是社区矫正观问题，将对我国社区矫正实践的发展方向产生根本影响。另一方面，受政治、经济、文化、社会等多方面因素的制约，社区矫正实践中仍存在着许多全局性问题。首先，社区矫正实践中的监管压力越来越大，责任越来越重，影响了执法工作者、社会工作者的积极性乃至行业的发展壮大。其次，各地社区矫正工作发展很不平衡，有的地方社区矫正经费保障没有很好落实，专职工作力量严重不足，社会力量参与度不高，满足不了社区矫正快速发展的需要。再次，有的地方对社区矫正管理重视不够、投入不多，导致管理不严、不实，社区矫正工作人员违法违纪案件时有发生。① 最后，自江苏省立法之后，再无专门的社区矫正地方性法规；即使是《江苏省社区矫正工作条例》，在社区矫正的适用范围、原则、工作体制、工作人员以及社区矫正的矫正前调查评估、矫正方案、矫正小组、风险评估、监管、教育、帮扶、奖惩、保障和监督、法律责任等具体制度方面，也还有很大的完善空间。

---

① 姜爱东：《扎实做好社区矫正工作的实践与思考》，载《中国司法》2017年第3期。

社区矫正制度虽然缘于特殊预防的需要，但随着社会的变迁和刑事政策的演变而不断发展。① 从域外情况来看，早期的社区矫正被认为是一种不使罪犯与社会隔离并利用社区资源改造罪犯的方法，是所有在社区环境中管理教育罪犯方式的总称。② 其本义是为了避免监禁刑带来的"监狱化"弊端，而将犯罪人置于正常的社会关系中，给予其一定的自由和较为开放的处遇，以促进其再社会化。但是，社区矫正被不断赋予新的内涵。英国学者大卫·加兰（David Garland）认为，过分依赖刑罚机制来维持社会秩序可能导致以下结果：社会与种族鸿沟的加深、易生犯罪之过程的强化、大规模社会群体的疏离、司法当局失去威信、公民宽容度降低、走向威权主义等。何况，国家保障公民安全与提供足够社会控制的能力在晚近时期也已严重受限。因此，政府必须放权，并与地方组织及社区分担社会控制的工作。③ 这就意味着国家要将一部分刑罚权力让渡给社会，使国家力量和社会力量协作，共同控制犯罪态势。因此，新的刑事执行模式应以国家和社会为双本位，而不再是单纯的国家本位。所表现出来的，不是国家刑罚权的恣意扩张，而是理性遏制。于是，各国的社区矫正作为一种犯罪控制手段，开始具有"分控"④ 的机能了。

因此，社区矫正不应等同于政府矫正、司法矫正。其基本要素可归纳为：一是监禁刑的替代措施；二是在社区环境里进行；三是主要由社区组织和社会力量实施；四是社会化、社区性的教育、矫

---

① 李川：《修复、矫治与分控：社区矫正机能三重性辩证及其展开》，载《中国法学》2015 年第 5 期。

② 康树华：《社区矫正的历史、现状与重大理论价值》，载《法学杂志》2003 年第 5 期。

③ [英] 大卫·加兰：《控制的文化》，周盈成译，台湾巨流图书有限公司 2006 年版，第 272—273 页。

④ 李川：《修复、矫治与分控：社区矫正机能三重性辩证及其展开》，载《中国法学》2015 年第 5 期。

正和帮扶措施。①社区矫正的主要价值在于有利于犯罪人再社会化、刑事执行人道化以及节约国家资源。可见，不断发挥社区及社会组织的主体作用，尽可能减少国家权力的干预，是社区矫正健康发展的内在要求。

但是，我国一些地方的社区矫正工作正在偏离这一方向。首先，简单地将社区矫正定位为非监禁刑的行刑措施。忽视社区矫正本来的价值和功能，对矫正对象不够宽容，并抱着过度怀疑与防范的态度，社区矫正工作者与矫正对象之间未能建立起必要的信任关系。甚至将监狱的一套管理模式原原本本搬到了社区，不加区分一律严格管理。社区矫正的处遇并没有比监禁机构的处遇更加人道，"监禁的替代形式"往往演变为"替代的监禁形式"。其次，忽视对矫正对象权利的保护。为了使矫正方案获得社区民众的支持，矫正工作人员有时不得不放弃教育、矫正、帮扶，而仅仅实施监督、严管与控制。同时，社区矫正工作中处理矫正对象的过程带有很大随意性，往往在没有程序限制的前提下剥夺当事人的自由，漠视矫正对象的合法权益。再次，变相扩张国家权力。这种"替代的监禁形式"实际上将社区矫正变成了国家的一张更加严密的社会控制网络，最终将我们生活的社区变成一个"惩罚城市"。②这样的社区矫正，表面看来是将受刑人置于社区之中，降低了对受刑人的强力控制，实际上不仅没有分担国家权力的控制功能，让政府放下部分权力，反而通过将受刑人置于社区，编织了一张更加严密的国家权力控制网络。

社区矫正的异化带来了一系列实践后果。一是对矫正对象的过度干预，不仅影响了矫正对象的正常生活，带来"标签效应"，引起矫正对象的逆反心理，甚至严重的消极情绪甚或反社会情绪，而且也容易引发职务滥用和其他腐败行为。二是对矫正对象不加区分

---

① 张绍彦：《社区矫正的基础、目标和发展方向》，载《政法论坛》2015年第6期。

② 王平主编：《社区矫正制度研究》，北京：中国政法大学出版社2014年版，第20—21页。

地严管，好像是管得严了，其实是对不该管的管得过于严厉，而对该管的又没有管到位，绝大多数矫正对象不能得到应有的帮助和保护、教育和监督以及适当控制，引发公民对我国刑事执行制度的疑虑。三是矫正工作者与社区矫正对象之间信任关系缺乏，使得社区矫正制度难以得到矫正对象的内心认同，无法激发矫正对象自觉改造、自我矫正的动力。四是社区矫正引发政府部门利益之争，特别是公安、司法行政机关的利益之争。这种部门利益之争往往都是以"事业发展需要，不如此便会阻碍改革进展"的面目出现的。① 社区矫正工作本来应由社区及社会组织来承担，但我国的社区矫正似乎在朝着社区矫正工作者警察化的方向发展。

可见，如果对社区矫正的性质不能形成共识，就很难进行科学的立法。因为，社区矫正性质不仅涉及社区矫正对象的称谓、社区矫正法律关系主体的权利义务问题，还涉及社区矫正机构的权力规定、社区矫正管理及方法等问题，亦涉及社区矫正法在我国法律体系中的定位问题。因此，对社区矫正性质的反思，构成了本书的基本立足点。

三、本书的内容和分工

本书的结构包括总论和分论两部分。亦即，前四章为总论，主要探讨和阐述社区矫正的性质、基本原则、法律关系及立法体例。后九章为分论，主要讨论和阐述社区矫正前程序、入矫程序、监管制度、教育制度、帮扶制度、解矫与终止、特殊对象的矫正、奖惩制度等。

第一章讨论了社区矫正的性质。从规范性文件和理论界对社区矫正性质的不同理解出发，对社区矫正性质的不同认识作了较细致的梳理。在此基础上，课题组指出，社区矫正的性质应为刑事执行，并从三个方面作了阐述。同时，对社区矫正性质在社区矫正基

---

① 张绍彦：《社区矫正的基础、目标和发展方向》，载《政法论坛》2015年第6期。

本原则中的具体体现进行了分析。本章还分析了社区矫正性质对制度构建的影响，着重分析了社区矫正性质对四种对象之矫正理念的影响、在矫正过程中的贯彻以及对矫正制度发展的指引。

第二章讨论了社区矫正的基本原则。课题组确定的四个基本原则是：分类矫正的原则，监管、教育与帮扶相结合的原则，保障公共安全与鼓励罪犯自觉改造相结合的原则，国家主导与社会参与相结合的原则。本章对社区矫正基本原则的作用与特点、各地对社区矫正基本原则的表述作了梳理和评析。

第三章讨论了社区矫正的相关法律关系。课题组较为全面地对政府与社会、主管部门与配合部门、社区矫正管理机关与社区矫正机构、社区矫正机构工作人员与社区矫正对象、社区矫正执法工作者与其他矫正工作者、社区矫正机构工作人员与人民警察的关系现状及相关制度进行梳理、评析，并提出了制度完善建议与立法建议。

第四章讨论了社区矫正的立法体例。社区矫正的立法体例在理论界也一直有争论，有的持修法说，有的持单独立法说，还有的持综合立法说，均有一定道理。目前社区矫正立法进程采取的是单独立法说。但是，从各省、自治区、直辖市关于社区矫正的规定及学者们提出的立法建议稿来看，单独立法应采何种立法体例也存在很大分歧。本章对现有文件所采体例进行了较全面的比较分析，并提出了本课题组的建议。

第五章至第十三章分别讨论了社区矫正的具体制度。课题组在调研中发现，社区矫正前程序中的调查评估、社区矫正地的确定和变更以及矫正前的衔接等，在实践中存在不少问题。因此第五章对此进行专门探讨。第六章则就入矫制度重点分析了社区矫正小组、入矫宣告以及矫正方案的现状、问题与应有制度规定。第七章在全面分析各地监管制度及存在问题的基础上，建议对社区矫正对象依据风险评估结果，实行分类监管，同时也对禁止令的执行及变通、外出请假以及脱管、漏管的处理进行了探讨。第八章和第九章重点阐述了社区矫正中教育及帮扶的原则、内容，针对矫正教育与帮扶中存在的问题提出了对策建议。第十章对解矫与终止矫正的有关制度进行了梳理，重点对社区矫正档案的管理提出了建议。第十一章针对未成年人、75周岁以上老年人、严重传染病患者及境外人士这些特殊矫正对象进行了研究，对相关实践进行了反思，重点对未成年人的社区矫正提出了立法建议。第十二章对当前13个省市社区矫正奖惩制度进行了梳理，指出目前的奖惩制度还存在以下问题：设置不甚科学，奖惩体系较为混乱；操作性不强，很难落到实处；程序、方式不统一，区域发展不平衡；适用率较低，奖惩效果不理想；矫正对象不服奖惩决定的救济不足；检察监督机制有待进一步完善。从六个方面提出制度完善建议，并提出了立法建议。最后一章重点阐述了设专章规定社区矫正法律责任的必要性，建议针对社区矫正工作者、人民警察、配合部门以及监督部门规定不同的责任内容。

课题组衷心希望，这些探讨和阐述能够起到抛砖引玉的作用，以便在各方面共同努力下，早日制定出一部既立足现实、总结经验，又引领未来、适当前瞻的国家社区矫正法。

本课题的研究基调、基本观点、写作提纲由张新民、刘远共同确定。在此基础上，课题组采取调研、讨论、再调研、再讨论直至成熟的工作模式，对课题的基本内容，对社区矫正的每个环节、主要制度都进行了反复研讨。各位研究生根据研讨成果，分担了撰稿任务，具体分工是：第一章、第十二章由洪锡雷撰写，第二章由刘三洋、徐歌旋撰写，第三章由周鹏撰写，第四章、第八章、第九章由董悦撰写，第五章由洪锡雷、商玉玺、周克稳撰写，第六章、第十章由周克稳撰写，第七章由刘三洋、董悦撰写，第十一章由陈蓉撰写，第十三章由徐歌旋撰写。全书由张新民、刘远统稿，陈志红、王敏协助统稿，周鹏、洪锡雷担任助手。

借此机会，我们对在调研与写作过程中给予我们关心、支持和帮助的所有同志表示诚挚谢意！他们是：江苏省司法厅社区矫正局

前 言

局长朱卫民、江苏省人民检察院刑事执行检察处处长叶正刚、江苏省司法厅特管办主任杨学农、江苏省监狱管理局刑罚执行处主任科员卜振东。同时，我们也要对接受调研的单位及相关领导、社区矫正工作者表示诚挚谢意！这些单位是：苏州市司法局、姑苏区司法局、张家港市司法局、无锡市宜兴市司法局、连云港市赣榆区司法局、徐州市贾汪区司法局、宿迁市沭阳县司法局、扬州市邗江区司法局、南通市崇川区司法局、泰州市靖江市司法局、南京市江宁区司法局、建邺区司法局。

张新民　刘　远
2018 年 11 月

第一章 社区矫正的性质

对社区矫正的性质的意识，决定了社区矫正立法和实践的方向，因此是社区矫正制度中的一个全局性、根本性的问题。当前，关于社区矫正性质的一个突出问题是简单地将其归结为刑罚执行，并导致了"一刀切"式的矫正理念。这种理解，是把缓刑犯、假释犯的社区矫正也看作是刑罚执行，这明显与《刑法》的规定相悖，也不符合国际上对缓刑、假释的法律性质的共识，且与执法实际不符，同时也助长了社区矫正执法工作者普遍的警察化诉求。本书认为，只有立足《刑法》的规定，认识到缓刑、假释的执行不是刑罚执行，而是刑事执行，才能对社区矫正的性质加以准确界定，才能完整涵盖四类矫正对象的执行属性，体现社区矫正与监狱矫正的不同性质，并理性回应社区矫正执法工作人员警察化诉求，最终为社区矫正的制度形塑和发展方向提供有益指引。

一、对社区矫正性质的认识现状

1. 规范性文件中的社区矫正性质：刑罚执行

社区矫正的性质在规范性文件中一般被表述为刑罚执行的方式（活动）。2003年，我国开始了有计划的社区矫正试行工作。为了规范社区矫正试点工作，两高两部相继下发了一系列规范性文件，对社区矫正的性质进行了界定，为各地社区矫正工作的具体开展定下了调子。这些规范性文件主要包括：

（1）2003年两高两部《关于开展社区矫正试点工作的通知》。其中明确规定："社区矫正是与监狱改造相对的行刑方式，是指将符合社区矫正条件的罪犯置于社区内，由专门的国家机关在相关社会团体和民间组织以及社会志愿者的协助下，在判决、裁定或决定确定的期限内，矫正其犯罪心理和行为恶习，并促进其顺利回归社会的非监禁刑罚执行活动。"

（2）2005年两高两部《关于扩大社区矫正试点范围的通知》。其中明确规定："社区矫正是将罪犯放在社区内，遵循社会管理规律，运用社会工作方法，整合社会资源和力量对罪犯进行教育改造，使其尽快融入社会，从而降低重新犯罪率，促进社会长期稳定与和谐发展的一种非监禁刑罚执行活动。"

（3）2009年两高两部《关于在全国试行社区矫正工作的意见》。其中再次表示："社区矫正是非监禁刑罚执行方式，是指将符合法定条件的罪犯置于社区内，由专门的国家机关在相关社会团体、民间组织和社会志愿者的协助下，在判决、裁定或决定确定的期限内，矫正其犯罪心理和行为恶习，促进其顺利回归社会的非监禁刑罚执行活动。开展社区矫正工作是我国司法体制和工作机制改革的重要内容。"

（4）2014年两高两部《关于全面推进社区矫正工作的意见》。其中重申："社区矫正是一项重要的非监禁刑罚执行制度，是宽严相济刑事政策在刑罚执行方面的重要体现，充分体现了社会主义法制教育人、改造人的优越性。"

上述规范性文件，反映了我国社区矫正工作历时11年时间，从局部试点到扩大试点，再到全国试行和全面推进的过程。在上述规范性文件中，对社区矫正性质的界定也基本保持了统一，即刑罚执行的方式（活动）。从我国社区矫正的发展历程来看，规范性文件中对社区矫正性质的这一界定为社区矫正制度的培育和发展、为实务工作的推进和创新提供了一定的指导。各地根据社区矫正工作性质的要求，探索和形成了社区矫正工作的具体内容、方式方法、

第一章 社区矫正的性质

工作流程和工作制度，在维护社会和谐稳定、降低执行成本等方面取得了一定效果，并为社区矫正制度的进一步完善和专门性立法积累了丰富经验。

当然，虽然规范性文件将社区矫正的性质界定为刑罚执行，但不同地方规定和实行的具体社区矫正制度所体现出来的刑罚执行色彩，并不完全相同。以监管为例，不同地方对社区矫正对象的监管方式和监管力度大相径庭。比如，著名的"宜兴模式"，是依托"方圆农场"，侧重于对社区矫正对象的集中管理教育，推出了"高危人员重点管理模式""学分制教育""强化班教育"等管理教育模式，在农场内还建有集体宿舍。这样一种管理模式，背后折射出了浓厚的监狱管理理念，深刻体现了社区矫正的刑罚执行观念。与之不同，苏州等地侧重于将社区矫正对象在社区内进行分散管理教育，建立了"社区控制网""定位控制网""视频控制网"和"数据协作网"四网融合的动态管控教育平台，并不强调对社区矫正对象人身自由的限制，监管方式也相对柔性和温和，刑罚执行色彩比较弱。这些区域性差异，说明了实务中对如何构建具体的矫正制度以体现社区矫正刑罚执行性质并未达成一致，刑罚执行的属性在矫正实务的贯彻中存在一定阻力。

此外，如果将社区矫正的性质定位为刑罚执行，则从事社区矫正工作的公务人员身份就会产生很大的分歧。既然社区矫正是一种刑罚执行工作，涉及对社区矫正对象的监管、处罚、保安等要求，那么社区矫正的执法工作人员就应该像监狱警察一样具有警察身份。可是，社区矫正工作的重心并不是监管，而主要是教育和帮扶，因此，一线的社区矫正工作人员往往是社会工作者，执法工作者的工作主要是程序性的和组织性的。这一点和监狱改造大异其趣，也由此导致了对社区矫正是否需要警察权参与、社区矫正工作人员是否需要具备警察身份的争论以及相应的实务中的不同做法。

除了刑罚执行的性质外，规范性文件还承认社区矫正具有社会管理的属性。其原因在于，社区矫正与监狱改造无论是在适用对象、工作理念、工作方法等方面都有很大的不同,单纯将社区矫正理解为刑罚执行并不能涵盖和解释社区矫正制度的各个方面。社区矫正应属于一种复合性制度,既包括刑罚执行的属性,也包括其他属性。不同于以往规范性文件的表述,2016年12月国务院法制办公布的《关于〈中华人民共和国社区矫正法(征求意见稿)〉的说明》就明确规定了社区矫正的复合性质,即"社区矫正制度是完善刑罚执行、创新社会管理的一项重要制度"。即,一方面承认了社区矫正具有不同于传统刑罚执行的特点;另一方面将这些不同的特点归于社会管理的范畴。于是,规范性文件对社区矫正性质最终采取了跨学科的双重界定:刑罚执行与社会管理。

规范性文件对社区矫正性质的双重界定,是一种社会政策层面的外部观察。即,从不同外部视角对社区矫正性质进行不同描述,但并没有回答如何从刑事法的内部视角对社区矫正性质作统一理解,使其既能涵盖刑罚执行的一面,又能包含社区矫正迥异于刑罚执行的一面。何况,"社会管理"一词过于笼统,对社区矫正立法和制度构建的指导意义较为宏观。因此,为了保证刑事立法的统一性,并对社区矫正具体制度的生成提供指引,就产生了从刑事法内部对社区矫正观察的需要,由此也引起了理论界对社区矫正性质的热烈讨论。

2. 理论界对社区矫正性质的不同理解

对社区矫正的性质,无论是规范性文件,还是实务界和理论界,都承认一个共同的前提,即社区矫正具有迥异于传统监狱改造的特色。与监狱以监管工作为主不同,社区矫正的工作重点是教育和帮扶,其目的是促使社区矫正对象顺利回归和适应社会。如何界定社区矫正性质,使其同时涵盖监管、教育和帮扶的工作,理论界对此也提出了多种方案。概而言之,主要有以下几种观点:(1)社区矫正的性质应当被理解为刑罚执行;[①](2)社区矫正的性质不

---

① 刘强:《论社区矫正的社区刑罚执行性质》,载《社会科学战线》2015年第8期。

属于刑罚执行，而应当被界定为观护措施[①]、刑罚裁量[②]、刑事政策[③]、社会福利[④]、处遇措施[⑤]、保安处分[⑥]等；（3）认为社区矫正的性质是复合型的，既包括刑罚执行的性质，也包括其他如社会福利的性质；[⑦]（4）认为社区矫正的性质应根据社区矫正的对象类别进行分别认定，如管制和暂予监外执行属于非监禁化的行刑方式，缓刑、假释等属于非监禁化的处遇措施；[⑧]（5）认为社区矫正的性质应根据社区矫正的实然、应然和未然三个层面区别看待，只有在目前的实然层面才可勉强将社区矫正理解为是一种刑罚执行方式，而在应然和未然层面则需要重新考虑。[⑨]

虽然存在上述不同观点，但讨论的重心主要围绕两个方面的问题：一是从社区矫正的适用对象来理解社区矫正的性质；二是从社区矫正的内容，尤其是在和监狱改造的对比下来理解社区矫正的性质。

关于社区矫正的适用对象，从试点开始以及2009年两高两部《关于在全国试行社区矫正工作的意见》中规定，社区矫正的适用范围包括管制犯、缓刑犯、暂予监外执行犯、假释犯、剥夺政治权利犯等五种罪犯。在2011年实施的《刑法修正案（八）》和2012

---

① 王莉：《社区矫正的性质之反思与合理定位》，载《兰州学刊》2012年第1期。

② 顾永景：《社区矫正性质之新定位、对象之新确认与内容之新拓展——刑法修正案（八）对社区矫正的影响分析》，载《云南行政学院学报》2014年第5期。

③ 李正新：《我国社区矫正的性质反思：从刑罚到刑事政策》，载《江西科技师范大学学报》2013年第5期。

④ 史柏年：《刑罚执行与社会福利：社区矫正性质定位思辨》，载《华东理工大学学报（社会科学版）》2009年第1期。

⑤ 陈兴良：《社区矫正的理念与法律渊源》，载《东方法学》2006年第2期。

⑥ 程应需：《社区矫正的概念及其性质新论》，载《郑州大学学报（哲学社会科学版）》2006年第4期。

⑦ 史柏年：《刑罚执行与社会福利：社区矫正性质定位思辨》，载《华东理工大学学报（社会科学版）》2009年第1期。

⑧ 陈兴良：《社区矫正的理念与法律渊源》，载《东方法学》2006年第2期。

⑨ 王顺安：《社区矫正理论研究》，中国政法大学2007年博士论文，第31—32页。

年修订的《刑事诉讼法》中虽然都明确了社区矫正的法律地位，但却没有关于对剥夺政治权利犯实行社区矫正的规定。2012年两高两部《社区矫正实施办法》中，对于剥夺政治权利犯只规定"司法行政机关配合公安机关，监督其遵守刑法第五十四条的规定，并及时掌握有关信息。被剥夺政治权利的罪犯可以自愿参加司法行政机关组织的心理辅导、职业培训和就业指导活动"。这样一来，就明确排除了剥夺政治权利犯作为社区矫正对象，社区矫正的适用对象就限于管制犯、暂予监外执行犯、缓刑犯和假释犯四类了。从适用对象来讨论社区矫正的性质，对管制犯和暂予监外执行犯的执行具有刑罚执行的性质是没有异议的，争论的焦点在于缓刑的执行是否属于刑罚执行，即如何理解《刑法》第76条，尤其是其中"原判的刑罚就不再执行"这一表述。

  一些学者认为，缓刑的执行属于刑罚执行。中国人民大学黄京平教授就认为，"原判的刑罚就不再执行"应理解为"由于刑罚已经执行完毕，所以就不必再次执行刑罚"。[①] 因此，缓刑制度本质上属于刑罚制度，缓刑的执行是刑罚执行的一种方式。上海政法学院刘强教授则认为，《刑法》第76条中的"原判的刑罚"是指拘役、3年以下有期徒刑的刑罚，"不再执行"是指不在监狱或看守所执行，并不意味着不执行刑罚，更不是"不在社区中执行刑罚"。因此，不能导出"缓刑的执行不是刑罚执行"的结论。[②] 上述两种观点都是通过对刑法规范进行文义解释的方式来论证缓刑执行应当属于刑罚执行。缓刑如此，假释亦然。既然对社区矫正四类对象的执行都属于刑罚执行，则社区矫正的性质当然属于刑罚执行的方式。但文义解释的论证方式具有一定程度因人而异的主观性，即使是均认可刑罚执行观点的学者之间，也会作出不同解读；而且，单纯的文义解释既忽略了缓刑、假释与有期徒刑、无期徒刑本身的区

[①] 黄京平，陈鹏展：《缓刑执行说之论证——以"原判的刑罚就不再执行"为切入点》，载《法学评论》2006年第4期。

[②] 刘强：《论社区矫正的社区刑罚执行性质》，载《社会科学战线》2015年第8期。

别，也没有注意到社区矫正与传统监狱改造的差异。

对此，有学者主张从刑罚概念的角度进行论证，即社区矫正是否属于刑罚执行，主要取决于如何理解刑罚的内涵。"刑罚是依据国家刑事法律对犯罪分子适用的特殊制裁方法，是对犯罪分子某种利益的限制和剥夺，体现国家对犯罪分子及其行为的否定评价。由此可归纳为刑罚具备如下三个特征：一是适用于犯罪人，二是依据刑事法律的规定作出的制裁措施，三是对犯罪人的某种权利予以限制和剥夺。据此，我国缓刑、假释、暂予监外执行等虽未列入《刑法》第三章中，但完全符合刑罚的性质和特征，是刑罚外延的体现，是有期徒刑刑罚方法的进一步分类，因此应属于刑罚的范畴和刑罚的类别。"① 这样，即使缓刑、假释与有期徒刑、无期徒刑在执行的方式和内容方面存在区别，但都属于刑罚的范畴，社区矫正当然也属于刑罚执行的方式。

除刑罚执行的观点外，也有不少学者主张社区矫正不属于或不能单纯理解为刑罚执行的方式。理由同样是从社区矫正的适用对象（主要是缓刑）和社区矫正的内容两方面提出。就缓刑的性质而言，中国社会科学院屈学武教授认为，《刑法》第 76 条规定的是执行犹豫，即"有条件"地不执行原判刑罚；只有当缓刑人员违反了《刑法》第 77 条的规定，才承担刑罚的后果。因此，缓刑不是一种刑罚执行，对缓刑人员也不宜进行社区矫正，应当采取"彻彻底底、干干脆脆的缓执行为好"。② 因此，对缓刑犯的社区矫正不属于刑罚执行。在社区矫正的工作内容方面，主要是对社区矫正对象的教育帮扶，涉及心理、教育、社会保障等工作，从某种意义上来说，社区矫正也是社区矫正对象的一种福利。因此，中国青年政治学院史柏年教授认为："社区矫正作为一个新的刑罚理念和制度，

---

① 武玉红：《"缓刑执行不是刑罚执行"辨——兼与屈学武教授商榷》，载《青少年犯罪问题》2014 年第 5 期。

② 屈学武：《中国社区矫正制度设计及其践行思考》，载《中国刑事法杂志》2013 年第 10 期。

其性质定位可以从多角度给予解说,其中刑罚执行和社会福利是最基本的性质定位。"[1] 还有学者认为,传统的刑罚概念不足以说明社区矫正的刑罚执行属性,社区矫正应当被理解为观保措施[2]、处遇措施或保安处分。

除上述观点之外,也有学者认为社区矫正的性质不能一概而论,可以根据社区矫正的对象进行区别对待:管制和暂予监外执行属于非监禁化的行刑方式,缓刑、假释等属于非监禁化的处遇措施;[3] 或者从实然、应然和未然三个层面来区别对待,只有在目前的实然层面才可勉强将社区矫正理解为是一种刑罚执行方式,而在应然和未然层面则需要重新考虑。[4] 总之,虽然社区矫正的性质是社区矫正立法、实务和学理研究的逻辑起点和重要基石,但学界对社区矫正性质的讨论远未达成共识。

二、对社区矫正性质的反思:刑事执行

1. 刑罚执行说导致一刀切式的矫正理念

对社区矫正性质的不同理解,导向不同的矫正理念。将社区矫正的性质理解为刑罚执行,忽视了报应作为刑罚内核的意义,并导致了"一刀切"式的矫正理念。

(1) 刑罚执行说忽视了报应作为刑罚内核的意义

报应是刑罚的内核,是刑罚区别于其他处遇措施的本质规定。一般认为,刑罚的目的是预防犯罪,刑罚的正当性也是基于预防犯罪的理性考虑,即功利正义。但刑罚的正义追求除了功利正义外,

---

[1] 史柏年:《刑罚执行与社会福利:社区矫正性质定位思辨》,载《华东理工大学学报(社会科学版)》2009年第1期。

[2] 所谓观保措施即对矫正对象的观察保护和管束保护措施。"观护"意味着"管理者主要是观察者,其次是行为指导者和生活辅助者,必要时才行使惩罚权"。参见王利荣:《社区矫正应向何处去——以重庆市试点情况为切入点》,载《刑事法评论》2010年第1期。

[3] 陈兴良:《社区矫正的理念与法律渊源》,载《东方法学》2006年第2期。

[4] 王顺安:《社区矫正理论研究》,中国政法大学2007年博士论文,第31—32页。

更基础的是报应正义。在刑罚的存在根据方面,报应正义认为刑罚之所以是正当的是因为犯罪人因其犯罪行为应当受到刑罚的惩罚。报应正义意味着,刑罚是社会报复、道德谴责和法律惩罚的共同产物。报复、谴责和惩罚赋予了刑罚内在的价值,刑罚的严厉程度应由犯罪行为的客观社会危害性和犯罪人的主观恶性所决定。①

报应作为刑罚的内核,是刑罚公正的必然要求,也是罪刑法定原则和罪责刑相适应原则的体现。罪刑法定中的"无犯罪则无刑罚",意味着刑罚的目的是以犯罪行为的发生为前提的,是对已然犯罪行为的回应。罪责刑相适应原则的基本含义是:有罪必罚,无罪不罚;重罪重罚,轻罪轻罚;罪刑相当,罚当其罪。其基本要求是:国家在制刑、量刑和行刑时,不仅要考虑犯罪的社会危害性,而且要考虑行为人的人身危险性;犯罪人不仅因为其行为与罪过承担刑罚,而且因为行为与罪过的危害程度承担相应的刑罚。②罪刑法定和罪责刑相适应的原则,也意味着刑罚缘于对犯罪行为的报应,而刑罚的轻重应与报应的程度相适应。因此,报应是衡量制刑与量刑是否公正的重要标准。

报应体现了刑罚的情感属性。刑罚的痛苦是对犯罪之恶的否定,从而有利于使遭到破坏的社会关系得到修复。刑罚的报应性导向等量报应、同害报应,以刑罚之恶回应犯罪之恶。这充分体现了报应刑朴素的正义内涵和价值对等的公正性,不仅能有效慰藉被害人及其亲属的心理创伤,满足善恶有报、罪刑相报的情感需求,还可以避免单纯因为将刑罚作为预防犯罪之工具而带来的"二次伤害",如对被害人及其亲属之主体尊严的忽视和情感关怀的缺失。同时,罪犯遭受了报应、惩罚,也是其赎罪和忏悔之途,有利于良知觉醒,进而改造自己的灵魂。总之,强调报应作为刑罚的内核,既有利于被害人与犯罪人之间关系的修复,也有利于被害人及其亲

---

① 臧冬斌:《刑罚报应正义与功利正义的衡平》,载《郑州大学学报(哲学社会科学版)》2008年第3期。

② 赵冬燕:《对刑罚报应性的理性思考》,载《法学杂志》2006年第3期。

属、犯罪人以积极的态度重新融入社会。

刑罚执行说按理应当强调刑罚的报应性才是，实则不然。尽管刑罚执行说不加区分地认为无论是对于管制犯、暂予监外执行犯还是缓刑犯、假释犯的矫正都符合刑罚执行的基本特征，都属于刑罚执行，但却侧重于刑罚的预防功能，而没有体现刑罚执行的报应属性。这在当前社区矫正实践中表现得十分普遍而明显。如果说，对于缓刑犯和假释犯，不强调对其报应尚可理解，但对于《刑法》明文规定的刑罚种类——管制，以及《刑事诉讼法》中的暂予监外执行，忽视了其矫正内容的报应性，而只强调复归，则有些片面。

（2）刑罚执行说没有区分四种矫正对象的不同法律属性

刑罚执行说的不当之处除了忽视报应作为刑罚执行的内核之外，还在于其对四类矫正对象主张一刀切式的矫正，没有区分四类矫正对象的不同属性。我们认为，虽然将管制和暂予监外执行理解为刑罚执行，符合《刑法》和《刑事诉讼法》的相关规定，但将缓刑之执行与假释之执行也理解为刑罚执行，则并不恰当。理由如下：

其一，刑罚执行说将缓刑执行理解为刑罚执行，缺乏对逻辑前提的证成。上文提到，持此说的学者对《刑法》第76条中的"原判的刑罚就不再执行"有两种文义解释方式。第一种是将其解读为"由于刑罚已经执行完毕，所以就不必再次执行刑罚"。① 由此，《刑法》第76条规定的只是"有条件"地不执行"原判刑罚"，而非"缓刑"。缓刑考验期的经过，也是缓刑这一刑罚的执行。因此，缓刑的执行是刑罚执行的一种方式。但是，这种解读的逻辑前提是承认《刑法》第75条对缓刑人员的监管，即缓刑考验，也属于刑罚的一种。据此，缓刑判决本身包含了两个刑罚后果，一个是"有条件"不执行的"本刑"，另一个是《刑法》第75条规定的对缓刑人员监管的"缓刑"。该说对《刑法》第75条规定的对缓刑

---

① 黄京平、陈鹏展：《缓刑执行说之论证——以"原判的刑罚就不再执行"为切入点》，载《法学评论》2006年第4期。

人员的监管何以属于独立的刑罚种类这一逻辑前提，并没有进行论证。另一种将《刑法》第 76 条中"原判的刑罚"理解成是指拘役、3 年以下有期徒刑的刑罚，即"本刑"；"不再执行"是指不在监狱或看守所执行，并不意味着不执行刑罚，更不是"不在社区中执行刑罚"，因此，不能导出"缓刑的执行不是刑罚执行"的结论。这种理解与前一种的逻辑相同，都承认缓刑判决包含不同于"本刑"的刑罚，其特殊性则在于，进一步指出了另一种刑罚为社区刑罚。问题是，如果承认缓刑判决中包括社区刑罚，那么这个社区刑罚是什么？自然不可能是原判的"本刑"，毕竟缓刑考验期与"本刑"的刑期是分别计算的。于是，所谓"社区刑罚"自然也就是指《刑法》第 75 条的对缓刑人员的监管。由此可知，这两种解读方式具有共同的逻辑盲点，即均当然将《刑法》第 75 条规定的缓刑考验作为一种刑罚，缺乏证成。

其二，刑罚执行说将缓刑执行理解为刑罚执行，忽视了管制和缓刑适用条件的差异。管制作为单独的刑罚种类，意味着管制的适用包含对罪犯的报应考量，这是其作为刑罚种类的题中之意。而缓刑，即《刑法》第 75 条的缓刑考验并非我国《刑法》规定的刑罚种类。同时，根据《刑法》第 72 条的规定，缓刑适用的首要条件是"犯罪情节较轻"。这里的犯罪情节，不仅包括犯罪行为危害性的大小，也包括犯罪行为的规范违反性程度，缓刑执行因此并不侧重报应的考量。

其三，刑罚执行说将假释执行理解为刑罚执行，不符合刑法的规定。《刑法》第 85 条规定的"假释考验期满，就认为原判刑罚已经执行完毕"，其中，"认为"二字意味着如果假释犯在考验期间没有出现法定情形，将在规范上被评价为原判刑罚执行完毕，而这恰恰是以事实上并未执行刑罚为逻辑前提的。因此，假释执行并不是刑罚执行。

其四，刑罚执行说将缓刑、假释之执行理解为刑罚执行，不符合国际上对缓刑、假释性质的共识。缓刑、假释是从国外移植而来的制度，将对缓刑犯、假释犯的考验理解为刑罚执行背离了缓刑、假释的固有性质，也构不成有中国特色的制度创新。更何况，如果社区矫正立法认可了这一失之偏颇的社区矫正观，就会必然导致对刑法中缓刑、假释作相应修改的要求，这种后果是难以想象的。

由于上述原因，刑罚执行说会对矫正实务产生诸多重大不良影响。比如，在分类管理方面，一刀切式的矫正理念虽然也存在分类监管，但其分类管理的标准主要是犯罪行为的类型、犯罪人的特殊情况等，而矫正对象所受处遇的性质则不作为分类的标准，充其量只是风险评估中众多指标中的一个。

2. 刑事执行说主张区分式的矫正理念

将社区矫正的性质理解为刑事执行的方式或制度，不仅能够克服刑罚执行说一刀切式矫正理念的逻辑缺陷和实务弊端，而且能够基于缓刑执行、假释执行与管制执行、暂予监外执行的不同属性，将四种矫正对象分为两类，从而将社区矫正也相应分为两类，即非刑罚执行类的社区矫正与刑罚执行类的社区矫正。由此，就展现了区分式的社区矫正理念。

（1）区分式矫正理念对四种矫正对象的分类

区分式的矫正理念意味着，报应在两类矫正对象中的实现方式和程度不同。报应作为刑罚的内核，体现了刑罚的情感维度，且具有量的规定性。在管制犯与暂予监外执行犯的矫正中，报应性处遇应当得到正视。在监管的方式和力度方面，由于管制执行不存在如缓刑执行的撤销情形，故与缓刑犯相比，应适当侧重对管制犯的监管，并在力度上从严掌握。只有突出管制作为一个刑罚种类的独特的报应意义，才能激活管制的实际适用，彻底改变管制在立法上受重视而在司法上受冷漠的窘境。而对于缓刑犯和假释犯，由于缓刑和假释之执行并非刑罚执行，故在对其矫正过程中，应直接侧重教育、帮扶等复归措施，对其监管应尽量从宽。

区分式矫正理念还意味着，在两类不同矫正活动中，社区矫正工作人员的组成结构应有不同。这里主要涉及警察权是否介入及如何介入的问题。上文提到,鉴于社区矫正工作中面临的现实危险和监管难题,警察权在一定程度和一定范围内介入社区矫正工作是必要的。所谓"一定范围",即指将警察权介入限于刑罚执行类的社区矫正上面。在实务中,这类对象往往不积极接受社区矫正,使警察权在必要环节介入到矫正活动中,有利于监督和促进其端正态度、积极矫正。另外,将警察权介入社区矫正的范围限于刑罚执行类矫正,也有利于消解在矫正中广泛配置警察所导致的消极后果。目前在实务中,管制犯和暂予监外执行犯在矫正对象中只占很小比例,这也意味着矫正活动对警察权介入的需求明显是过度的、不理性的。

(2)区分式矫正理念对矫正资源的优化配置

目前,我国可利用的社区矫正资源总体上紧张,矫正资源的配置需进一步优化。主要体现在以下几个方面:

一是工作队伍的保障。根据司法部《司法行政机关社区矫正工作暂行办法》第9条的规定,乡镇、街道司法所具体负责实施社区矫正,但与此同时,司法所还承担人民调解、基层法律服务、安置帮教、法制宣传、政府法律服务、协助处理矛盾纠纷、参与社会综治等8项职责。司法行政机关的机构属性处于行政部门与司法部门的交叉区域,与公检法相比显得弱势,人员编制也较少。在江苏一些地市调研中发现,存在一个司法所平均只有一名公务员的现象。可见,在社区矫正工作中的人员投入和人力保障,确实是捉襟见肘。这一人力短缺问题强化了社区矫正执法工作者警察化的诉求。

二是财政经费的保障。社区矫正经费主要由省级以下财政部门承担,致使财力薄弱的地区,尤其是中西部地区的广大农村,社区矫正经费难以落实。区域发展的不平衡也造成全国各地社区矫正经费差距较大,不利于社区矫正工作的统一、协调发展。加之社区矫正经费在政府收支中一般不单列,使得矫正经费缺乏坚实的财政制度基础。在我国2015年政府收支分类科目中,"司法"科类中包括行政运行、一般行政管理事务、机关服务、基层司法业务、普法宣传、律师公证管理、法律援助、司法统一考试、仲裁、事业运行、其他司法支出等,社区矫正经费并没有单列,而主要是从"基层司法业务"中列支。

三是人员结构的保障。在我国社区矫正实践中,管制犯和暂予监外执行犯在矫正对象中只占 10% 左右,缓刑犯和假释犯的比例高达 90% 左右,仅缓刑犯的比例就在 80% 以上。可以说,对社区矫正的执行主要是对缓刑的执行,这在很大程度上决定了社区矫正的性质并非仅是刑罚执行。但受一刀切式矫正理念的影响,实务中不加区分地统一配置矫正工作人员,加剧了矫正资源的紧张。

区分式的矫正理念,有利于缓解上述资源短缺问题,促进矫正资源优化配置。在我国社区矫正资源有限、非刑罚执行类矫正占主体的情况下,重点做好对非刑罚执行类对象的矫正,极为必要。这类矫正不应侧重于监管,而应侧重于教育和帮扶。因此,积极引导社会力量参与社区矫正就显得十分迫切。

3. 刑事执行说的理论和实践优势之概括

(1) 刑事执行能够完整涵盖四种对象的执行属性

如众所知,社区矫正的对象包括管制犯、暂予监外执行犯、缓刑犯和假释犯。管制,由于其属于刑法明文规定的刑罚种类,所以执行管制当然应当认为是执行刑罚。暂予监外执行,是指被处无期徒刑、有期徒刑或者拘役的罪犯符合法定情形,对其在执行开始阶段就决定暂不收监或者在收监执行期间决定改为暂时监外服刑,接受社区矫正,因此,应认为属于刑罚执行方式本身的变更,当然属于刑罚执行。而缓刑,因为它并不是我国刑法规定的刑种,根据《刑法》第 76 条的明文规定,"缓刑考验期满,原判的刑罚就不再执行",这说明缓刑的执行本身并不属于"原判的刑罚"范畴,因此对执行缓刑不宜认为是执行刑罚。关于假释,在其考验期限内,如果被假释的犯罪分子没有《刑法》第 86 条规定的情形,假释考验期满,就认为原判刑罚已经执行完毕;如果存在违反法律、行政法规或者国务院有关部门关于假释的监督管理规定的行为,尚未构成新的犯罪的,应当依照法定程序撤销假释,收监执行未执行完毕的刑罚。这就是说,对于考验合格的假释犯,考验期满则"认为"亦即推定或法律上拟制为原判刑罚执行完毕;而对于考验不合格的假释犯,所经过的考验期不能计入原判刑期之内。正反两面都恰好说明,假释考验期内的罪犯处于未被执行刑罚的事实状态。

通过对社区矫正四类对象的比较分析可知,将社区矫正的性质简单界定为刑罚执行是不全面的。具体讲,管制犯、暂予监外执行犯的社区矫正确属刑罚执行,但缓刑犯、假释犯的社区矫正则不属于刑罚执行。更何况,在矫正实务中绝大多数矫正对象是缓刑犯,因此主张社区矫正的性质是刑罚执行之说不仅在制度逻辑、理论逻辑上站不住脚,也明显偏离了矫正实务现状。从我国社区矫正实践的最大公约数来说,只能说社区矫正的性质是刑事执行。

所谓刑事执行,是指人民法院、公安机关和司法行政机关等具有执行功能的机关,为实现审判机关和其他相关机关作出的已经发生法律效力的刑事判决或裁定所确定的内容的执法活动。① 刑事执行具有如下几个方面的特征:

其一,刑事执行的性质是国家的刑事执法活动。刑事执法活动不同于狭义的刑事司法活动,后者主要是以人民法院所进行的司法活动为主,遵循的是司法逻辑;前者是对司法活动生效裁决的实现,遵循的是执法逻辑。但是,若从广义的刑事司法活动的范畴来看,即将刑事司法活动理解为"依照宪法、法律赋予的职权,对刑事法律的运用、解释和依照刑事法律对刑事案件侦查、起诉、审判、执行所进行的各种活动的总称",那么,刑事执行也可归属于广义的刑事司法活动的范畴。正如有论者指出,只有刑事执法活动执行完毕,国家的刑事司法活动才算完整。②

其二,刑事执行的依据是审判机关和其他有关机关作出的生效

---

① 李忠诚:《刑事执行功能研究》,载《中国法学》2003年第3期。
② 张绍彦:《刑事执行法学》,北京:中国人民公安大学出版社1990年版,第4页。

的刑事判决和裁定。在我国,审判机关是指人民法院,审判机关作出的判决和裁定,是刑事执行的主要依据,但不是全部依据。除了审判机关作出的判决和裁定之外,其他有关机关作出的相关决定,也可以成为刑事执行的依据。例如,我国现行《刑事诉讼法》第265条第5款规定,"在交付执行后,暂予监外执行由监狱或者看守所提出书面意见,报省级以上监狱管理机关或者设区的市一级以上公安机关批准"。这意味着,"省级以上监狱管理机关或者设区的市一级以上公安机关"作出的暂予监外执行的决定,也是开展相关刑事执行工作的法律依据。①

其三,刑事执行的内容既包括对刑罚的执行,也包括对其他非刑罚的刑事裁决的执行。刑事执行不等于刑罚执行,刑事执行的主体或主要部分是刑罚执行。但是,刑事执行不能仅仅局限于刑罚执行。实际上,除了刑罚执行之外,刑事执行还应当包括对非刑罚方法、无罪判决和免除刑罚判决的执行以及对犯罪被害人的救助等内容。②

其四,刑事执行的方式不仅包括对罪犯的惩罚,还包括对罪犯予以矫治。根据现代刑事执行的教育刑和目的刑思想,对罪犯的刑事执行不仅是单纯地将法院所判处的刑事裁决执行完毕,而且还要教育、改造与矫正罪犯。③此外,在刑事执行过程中,根据执行裁决以及对象的不同,在惩罚、教育和改造上也各有侧重。具体而言,对于刑罚执行对象,主要侧重于惩罚与改造;对于非刑罚执行对象,主要侧重于惩罚、教育与帮扶。

根据上述刑事执行的概念和特征可知,刑事执行的内容是人民法院作出的生效裁判。司法行政部门对法院生效刑事裁判的执行当然是刑事执行,但未必是刑罚执行。刑事执行包含但不限于刑罚

---

① 吴宗宪等:《刑事执行法学》(第2版),北京:中国人民公安大学出版社2013年版,第4页。

② 同上。

③ 王顺安:《刑事执行法学通论》,北京:群众出版社2005年版,第4—5页。

第一章 社区矫正的性质

执行，因此能够完整涵盖四类对象的执行属性。社区矫正由此可以被理解为是通过对在社区中生活、工作的罪犯进行监管、教育、帮扶，促使其自觉改造和顺利回归社会的一种刑事执行方式或制度。

将社区矫正的性质界定为刑事执行，并没有否认社区矫正与刑罚制度本身具有体系上的关联，尤其是对于管制犯和暂予监外执行犯的社区矫正，仍然具有刑罚执行的性质，这一点对于社区矫正对象的分类管理具有重要的指导意义。将社区矫正理解为刑事执行的方式或制度，还有利于重视社区矫正对象的自觉改造、鼓励社会力量积极参与矫正工作，同时也为未来拓展矫正对象的范围、构建与监狱改造相衔接的一体化刑事执行制度提供观念基础。

（2）刑事执行能够体现社区矫正与监狱改造不同的理念

理念是制度的基石。刑事执行具有与刑罚执行不同的理念，刑罚的基础内容是报应，而在刑事执行中，报应并不具有普遍性，只在管制和暂予监外执行中才能体现出对罪犯惩罚的报应性，这正是刑事执行与刑罚执行的核心差异。它指引着社区矫正各方面的制度安排、设计，影响着司法实践中如何具体执行社区矫正，并决定着社区矫正未来的发展方向。

社区矫正之所以与刑罚执行的理念不同，一个重要的原因在于社区矫正制度的缘起与发展是受经济学、犯罪学和社会学等多种因素影响，具体包括以下几个方面：

一是刑罚谦抑思想和刑罚经济的原则。随着人类文明的发展和刑罚理念的演化，人们渐渐认识到刑罚尤其是监禁的重重弊端。因此，对刑罚的使用普遍持有更为审慎的立场，并将其限于惩罚犯罪的最后手段。而以社区矫正有选择地替代监狱改造，更容易达到使罪犯改悔向上、重新融入社会的目标，同时减轻国家在刑事执行上的投入和负担，更符合经济学的成本效益原则。

二是去标签化的初衷。"标签理论"是在20世纪60年代末兴起的犯罪学领域的主流理论之一。该理论运用互动观点来解释犯罪行为的形成过程。根据此理论，违规者一旦被贴上"罪犯"标签，拘禁于高墙电网的监狱之中，就会在心灵上打下耻辱的烙印，产生"自我降格"的心理过程，进而顺应社会对其的评价，"失范行为"甚至会被"自我合理化"而最终内化为行为人难以改变的生活方式。将罪犯判刑入狱无疑是最深刻的"标签化"过程，代之以社区矫正可以减少因这种"标签化"所带来的负面作用。

三是恢复性司法的理念。发源于 20 世纪 70 年代北美的恢复性司法理念认为，纯粹报应性的犯罪反应不仅不能减少社会的损失总量，无法有效满足被害人的赔偿要求和促进冲突的解决，而且在保障公共安全方面的作用也是有限的。因此，需要动员全社会的力量，吸收被害人和犯罪嫌疑人所在的社区参与到对犯罪的惩治过程中来。它的中心不是惩罚犯罪人而是修复，包括被害人受损的权益、犯罪人的正常生活状态和受损的社会生活秩序等。社区矫正的两个重要特征——非监禁性和社区参与性——就是恢复性司法理念的具体化。

四是社区治理的观念。社区治理是指政府、社区组织、居民及辖区单位、营利和非营利组织等基于市场原则、公共利益和社区认同，协调合作，有效供给社区公共物品，满足社区需求，优化社区秩序的过程与机制。它强调的不是政府自上而下的权威"统治"，而是公民的自我管理和以此为基础的上下互动管理，是社区建设在理论和价值观上的培养和整合提升，是一个善治的过程和方法。社区矫正本质上就是要借用社会治理的内核，来矫正犯罪行为人的异化意识和异化行为。

五是"大社会"观念和社会福利思想。20 世纪 60 年代在西方出现了"大社会"观念，该观念充分肯定了人的价值，对社会和国家赋予了崭新的定义。据此观念，人民是国家最大的财富和资源，国家应致力于追求社会福利，尽力协助个人发挥潜能，提高个人生活质量，包括应加强对罪犯在内的"缺陷者"的辅助，使之能"再整合"到社区中，融入社会中。

正是在上述理念的影响下，社区矫正的工作重心也从惩罚和监管,转变为科学、经济、有效的教育和帮扶。矫正对象大多存在着各种各样的问题,如心理问题、行为问题、家庭问题、社会不适应问题、资源缺乏问题、人际关系问题、社会排斥问题、权益维护问题等,这些问题都会对矫正对象产生不同程度的影响,可能成为矫正对象重新犯罪的根源。解决这些问题,使犯罪人员不致重新犯罪,仅仅靠限制自由是很难做到的。由于矫正对象自身的能力和资源都比较弱,且他们获得的社会支持也非常有限,因而不可能自行解决自身存在的各种问题。这就需要相应的社区矫正制度,帮助矫正对象解决这些问题,恢复他们的社会适应性,帮助他们回归社会,成为社会的正常一员。这些理念和工作的差异,说明了社区矫正具有完全不同于监狱改造的内在逻辑。而将社区矫正与监狱改造一同理解为刑罚执行,就忽视了二者的不同。尤其是在我国社区矫正制度探索和发展的过程中,易于导致简单地将监狱改造的方式方法照抄照搬到社区矫正中,违背社区矫正的初衷。

(3)刑事执行能够理性回应社区矫正执法工作者警察化的诉求

社区矫正执法工作者普遍持有警察化的强烈诉求,其基本理由就是社区矫正是刑罚执行。第十届、第十一届全国政协委员王林在2010年政协提案《关于在现行法律框架内设立社区矫正警察的建议》中提出:"在现行法律框架内,开展社区矫正工作,设立社区矫正警察的意义十分重大,且十分必要。"其中,第一个理由就是"有利于增强非监禁刑执行活动的严肃性和权威性"。司法部预防犯罪研究所司绍寒副研究员也认为:"社区矫正是限制人身自由的刑罚执行方式,涉及刑罚权的实现、社会秩序和公共安全的稳定,也会对社区服刑人员的人身、财产和隐私权利产生极大影响。因此社区矫正工作应由警察实施。"①

在各地积极探索、实践社区矫正的过程中,受警察化诉求的

---

① 司绍寒:《社区矫正警察队伍建设问题研究》,载《中国司法》2012年第4期。

影响，不少地方已经开始建立社区矫正警察制度。湖北、四川、广西、安徽、山东、辽宁等地已经开始尝试组建社区矫正警察队伍。2010年3月16日至17日，武汉市举行了社区矫正人民警察警务管理培训班，湖北省司法厅政治部警务处就警衔评授条件和程序、警务管理以及警衔管理软件的操作应用作了专题讲座。2011年8月10日，四川省德阳市司法局社区矫正司法警察支队正式挂牌，成为全国首个社区矫正司法警察支队。该市司法局长称，为了解决社区矫正工作中的困难，决定建立一支社区矫正司法警察队伍，并表示："我们创建了一个全新的警种，实现了社区矫正队伍专业化。"[①] 天津市塘沽区对于收编归口管理的司法所，由市司法局对司法助理员进行司法警察上岗培训，统一着警服，并发放特岗津贴。内蒙古自治区阿鲁科尔沁旗司法局工作人员全部落实了警衔待遇，警衔津贴标准参照监狱、劳教人民警察标准执行。还有不少地区，虽然没有增设社区矫正警察，但为了克服监管等执法难题，选择抽调监狱、劳教警察等从事社区矫正的监管工作。

总之，社区矫正执法工作者的警察化问题是社区矫正实务和理论研究的焦点和难点。除了部分社区矫正对象不配合监管的事实因素外，将社区矫正的性质简单理解为刑罚执行是这种警察化诉求的主要理由。纵观世界多数国家，为实现矫正对象在社区中矫治更生的目的，警察在社区矫正中一般不承担执行主体的任务，而是由专门的矫正机关负责具体事宜的执行。以美国为例，对缓刑犯的执行由缓刑服务工作机构负责，多数州的这类机构设在司法部，属于司法部下属的一个独立机构。对假释犯的监督由监狱管理机构、假释委员会和其他独立机构负责，其中监狱管理机构、假释委员会都是美国司法部的下属机构，其工作人员也不具有联邦警察身份。

因此，如果不检讨社区矫正是刑罚执行方式这一主流观念，就

---

① 《四川德阳成立全国首个社区矫正司法警察支队》，法制网，http://www.legaldaily.com.cn/locality/content/2011-08/23/content_2895339.htm?node=31018，2018年5月1日登录。

难以对警察化的普遍诉求进行有力回应，也使正在进行的国家社区矫正立法陷入尴尬境地：满足警察化诉求，不符合国际上社区矫正的普遍经验；不满足警察化诉求，秉持上述社区矫正观的广大社区矫正执法工作者难以接受。

将社区矫正理解为刑事执行的方式或制度，能够有效避免从刑罚执行推论出社区矫正执法工作者应当警察化这一线性逻辑。就社区矫正人员的执法身份问题，目前的规范性文件中暂时没有明确的规定。不过，《刑法修正案（八）》删除了"由公安机关"执行管制、考察缓刑、监督假释的规定，表明法律修改的方向是取消公安机关此项刑事执行权。《刑事诉讼法》也将公安机关的上述执行权改为社区矫正机构行使。至于一般的人民警察能否作为社区矫正的执法主体，从《人民警察法》的修订情况而言，倾向于否定的态度。

我国1995年《人民警察法》第6条规定："公安机关的人民警察按照职责分工，依法履行下列职责：……（十一）对被判处管制、拘役、剥夺政治权利的罪犯和监外执行的罪犯执行刑罚，对被宣告缓刑、假释的罪犯实行监督、考察。"但2012年修订后的《人民警察法》同条同项，则修改成了"对被判处拘役、剥夺政治权利的罪犯执行刑罚"，即取消了人民警察对社区矫正四类对象的执法权限，而且《人民警察法》的其他条款也没有直接确立人民警察参与社区矫正工作的规范依据。由此可见，刑罚执行观点已不足以作为设立社区矫正警察的理由。

将社区矫正的性质界定为刑事执行，既不影响对社区矫正实务人员警察化诉求的体谅，也有助于说服社区矫正执法工作者放弃警察化诉求。鉴于实务中确实存在部分社区矫正对象不配合监管，甚至发生脱管、漏管的情形，社区矫正执法人员缺乏必要的强制手段和约束措施，并考虑到对管制犯和暂予监外执行犯的社区矫正具有刑罚执行性质，可以允许警察权在一定程度和一定范围内介入社区矫正工作之中。但是，没必要、更不应该采取赋予社区矫正人员警察身份或增设社区矫正警察的方式来实现警察权的介入。实践中，可以通过充分发挥社区民警或公安机关委派的其他警察在社区矫正工作中的作用来实现警察权的介入。同时，针对公安机关委派的人民警察，还可以建立一种能够主导和制约其履行职责的管理制度和责任制度。这样，既保证了警察权有针对性且高效地介入社区矫正工作，也避免了增设社区矫正警察所带来的种种制度上的不良后果。

三、刑事执行说在社区矫正中的贯彻

1. 刑事执行说对社区矫正基本原则的影响

社区矫正的基本原则体现了社区矫正区别于监狱改造的不同特性，是社区矫正法精神的集中表现，也是社区矫正实务总的指导方针。因此，社区矫正的基本原则需要立足并贯彻社区矫正刑事执行的性质，以避免刑罚执行说逻辑下的对罪犯主体性的无视、对社会力量参与矫正的漠视和对教育、帮扶等矫正措施的忽视。

（1）重视自觉改造

刑事执行说认为，社区矫正作为一种刑事执行的方式，在性质上不同于监狱改造，无论是在理念方面还是在矫正措施方面均超越了传统的刑罚执行范畴，不再注重在高强度监管下对罪犯的狱内行为规训，而是强调在低强度监管下积极引导罪犯在社会生活中的自觉改造。

我们通常所说在监狱中改造罪犯，一般是指监管改造、劳动改造等具体的改造手段，是罪犯在被剥夺人身自由的条件下的改造。其中，改造的主体是监狱的人民警察，改造的客体是罪犯，这种改造带有一定的强制性和规训性，罪犯往往被动接受改造。显然，这样的一种改造，没有充分体现罪犯作为主体的参与性，其规训的只是罪犯在高强度监管下的外部行为，很难直接对罪犯的心理起作用，也难以促进罪犯自我改造和自觉改造，实践中的改造效果并不理想。

对社区矫正而言,仅仅将对罪犯的改造从高墙内转移到高墙外并不能避免不理想的改造效果。社区矫正与监狱改造的根本差异,主要在于改造的理念:罪犯不仅仅是被动接受改造的客体,更是主动参与改造活动的主体。尤其是对适用缓刑和宣告假释的罪犯,由于改造活动本身并不是刑罚执行,因此更需要强调其参与改造的主体性,即自觉改造。

具体而言,罪犯自觉改造(广义)包括三个层面:自我改造、自主改造和自觉改造(狭义)。其中,自我改造是内容,自主改造是过程,自觉改造是态度。所谓自我改造,是指矫正对象通过主动参与教育矫正、心理矫治等活动,以改造自己对自己的认知、对亲人的认知、对他人的认知、对社会的认知,并以自己为敌,不断超越自己。以激发良知,培育自己的感恩心、知足心,珍惜在社会中的自由生活。所谓自主改造,是指在社区矫正工作人员的引导下,罪犯自己主导自己的矫正。自己正确规划自己的改造之路、人生之路,自己对自己负责,自己对家庭负责,自己对社会负责。所谓自觉改造,是指在矫正过程中,社区矫正对象真正地知错悔过,自愿积极地参与到社区矫正的活动之中,主动改掉自己的行为恶习,以一种积极乐观的心态重新融入社会。

刑事执行说下对罪犯自觉改造的强调,并不是对矫正对象放任不管,任由其自由改造,而是同时也注重对公共安全的保障。一方面,通过在公开的社区环境中对矫正对象进行教育和矫治,将矫正对象置于司法行政机关的监管下,以体现司法权威和国家权威的不可抗拒性和威严性,促使矫正对象自觉约束自身的行为,避免对社会和公众造成危害;另一方面,在这种开放的矫正环境中,保持矫正对象与家庭和社会的紧密联系,使之不脱离家庭和社区,体现了政府、社会、家庭对罪犯的人性关怀和国家法律的人道主义,可使矫正对象免受监禁所带来的不良影响,如由此导致的性格孤僻、"交叉感染"等各种消极后果。相反,可以激发矫正对象真正融入社会的渴望和积极性，努力悔过自新，顺利复归社会。这样，就有效避免了矫正对象再次犯罪，减少了社会不稳定因素，保障了公共安全。

（2）鼓励社会参与

社区矫正作为依托社区开展的刑事执行活动，通过把矫正对象放在社会上进行监督管理和教育帮扶，意味着社区矫正不再是专属于国家机构的刑罚执行活动，而是要求在国家机构的主导下，充分发挥社会力量的配合作用，鼓励矫正地的村民委员会、居民委员会、社区矫正对象所在单位或者就读学校、家庭成员、监护人、保证人，以及其他企业事业单位、社会组织和社会工作者、志愿者等社会力量共同参与到社区矫正工作中。正如《关于开展社区矫正试点工作的通知》强调的，"由专门的国家机关在相关社会团体和民间组织以及社会志愿者的协助下"开展社区矫正工作；《关于扩大社区矫正试点范围的通知》又再次强调"整合社会资源和力量对罪犯进行教育改造"。

社会参与对社区矫正工作的影响主要在于两个方面：社区矫正工作队伍的组成和工作机制的形成。在工作队伍方面，建设专职执法队伍很有必要，但同时也要广泛动员社会工作者、志愿者以及社会组织等各种社会力量积极参与。尤其是在一些具体的社区矫正工作中，如心理矫治等活动，需要社会学、心理学、教育学、法学等方面的知识和能力。因此，还应注重对专业人才的引进，和与专业组织的合作，以形成多元性、专业性的工作队伍。在具体做法上，可以结合本地实际情况采取政府购买服务的方法，引导各类社会资源参与到社区矫正工作中，形成社会组织发展和社区矫正工作高效、顺利进行的双赢模式。在工作机制上，要在社区矫正机构的主导下开展社区矫正活动。在此基础上，还需要依托社区、村（居）委会等基层组织以保障矫正活动的顺利进行，同时还要充分发挥各有关部门的职能作用，落实相关政策和措施，为社区矫正对象顺利回归社会创造条件，最终形成社区矫正机构—社会力量—相关部门协同配合的矫正工作机制。

（3）强调教育、帮扶

社区矫正作为刑事执行而不是刑罚执行，不再侧重于对社区矫正对象的强制监管，而是强调在一定的约束机制下的教育和帮扶，其目的是"矫正其犯罪心理和行为恶习，促进其顺利回归社会"。若将社区矫正作为一种刑罚执行活动，则容易在具体的矫正工作中受传统监狱改造"重管理、轻教育"的影响，认为社区矫正主要任务就是对矫正对象进行监督、管理，其目标就是"把人盯住""不脱管漏管""不再重新犯罪"，矫正工作仍停留在对社区矫正对象进行监管和控制的层面，从而忽视了对矫正对象的教育、帮扶。即使是对矫正对象开展教育，在监狱改造理念影响下，其形式也比较单一，主要是集体的宣读式教育，教育内容也局限于矫正纪律、法制教育及思想政策教育，对心理教育和文化、职业技能教育、道德教育等开展得较少。

社区矫正作为一种创新的刑事执行方式，首先意味着对矫正对象要进行分类教育。对于刑罚执行类的矫正对象，在教育过程中要体现其在刑意识，使其自觉配合并接受教育矫正；对于非刑罚执行类的矫正对象，则应淡化其在刑意识，积极引导其自觉参与教育矫正。在分类教育的基础上，还要针对不同的矫正对象、根据不同的矫正阶段、结合教育矫正的内容开展多种形式的教育活动。既可以"坐下来"，定期为社区矫正对象开展集中教育；也可以"请进来"，充分挖掘和利用社会资源共同参与做好教育矫正工作；还可以"走出去"，让社区矫正对象走进社会参与社区服务等活动，直观地接受矫正教育。对于一些行动不便的特殊矫正对象，还可以"送上门"，对其进行单独教育。同时，对社区矫正对象的教育要在社会学、心理学等知识的引导下有针对性地开展。比如对于一些有心理障碍的矫正对象可以进行专门的心理矫治；对于一些未成年矫正对象，要结合其自身的特点安排教育的方式和内容。

在重视对矫正对象教育的同时，还不能忽视对其进行帮扶。所谓帮扶，即帮困扶助，又称适应性帮扶，是指帮助社区矫正对象解决生产和生活中的基本困难。在社区矫正中增加帮扶性内容，是社区矫正制度区别于传统刑罚执行的重大创新，是在刑事执行中体现以人为本理念和增进社会和谐的重要内容，彰显了刑事执行理念和方式的文明进步。

对社区矫正对象的帮扶，亟须政府相关部门的支持，同时也离不开公众参与和社会支持。在政府部门方面，民政部门应当将社区矫正纳入社区建设和社区管理之中，指导村（居）民自治组织参与社区矫正，对符合条件的矫正对象给予低保救助，为特困矫正对象提供临时救助和生活帮扶。劳动和社会保障部门应当依托公共职业介绍、就业培训机构，为有劳动能力和就业愿望的矫正对象提供职业培训和就业指导，进行创业帮扶，积极争取就业机会。除政府部门外，各类民间力量的参与对矫正对象的帮扶也是十分有益的。与政府部门相比，社会力量不具有权力色彩和强制因素，在社区矫正工作中更具亲和力，更便于与矫正对象进行沟通和互动。因此，社会力量在帮扶工作中具有不可替代的重要作用。

2. 刑事执行说对社区矫正制度的孵化机能

社区矫正制度主要包括三个部分：监管、教育和帮扶，三者构成了社区矫正活动的主体内容。社区矫正制度是社区矫正性质的具体化，因此，对社区矫正性质的不同界定会生成不同的社区矫正制度。刑事执行说对社区矫正性质的形塑主要体现在区分制的监管模式、多样化的教育措施和必要、适度的帮扶手段。

（1）监管模式的选择

社区矫正的监管模式是社区矫正顺利实施的前提和保障，但由于全国统一的《社区矫正法》的缺位，在我国目前的实务中，不同地区结合当地情况所采取的具体监管措施不尽相同，形成了多种类型的监管模式。其中比较典型的，有"北京模式""上海模式"和"江苏模式"。"北京模式"的监管特点是，认为社区矫正工作是对原有的由公安机关作为执行主体的社会服刑工作的继承与完善，侧重于将社区矫正理解为刑罚执行工作。"上海模式"则比较重视矫正工作的社会属性，积极培育和引导社会力量参与，如上海在社区矫正试点之初即成立了"新航社区服务总站""上海市社会帮教志愿者协会"等社会组织。"江苏模式"相对于前两者，则比较复杂，不同地市有不同特点。如在矫正机构与工作队伍方面，江苏13个省辖市中有7个市的司法局成立了社区矫正管理局，5个市设立了社区矫正工作处，南通市司法局在社区矫正工作处设有社区矫正执法支队。在监管方面，苏州对监管强调较弱，而宜兴模式则具有较浓厚的社会行刑色彩。

受刑罚执行说一刀切式矫正理念的影响，上述这些不同监管模式间的差异，主要体现在监管的方式和力度，或宽或严，或紧或松，但相同点是均不加区分地适用于四种矫正对象。对于缓刑犯和管制犯一视同仁，采取同一模式、同一力度的监管措施，致使对应从严管理的管制犯监管不足，对应从宽管理的缓刑犯监管过度，导致宽严皆误的后果。

与之相比，刑事执行说主张的区分式矫正理念则为未来社区矫正监管模式的孵化提供了新的思路。总结目前的实务经验，社区矫正监管模式可分为两类：一类侧重于社会公众的保安，强调对矫正对象的刑事制裁，对监管方式和力度控制得较为严格；另一类侧重于将监管作为教育和帮扶的保障性条件。这两类监管模式其实正对应着区分式矫正理念下的刑罚执行类和非刑罚执行类的矫正活动。刑罚执行类的社区矫正，应侧重对矫正对象人身危险性的约束，适当从严监管，以保障公共安全；对非刑罚执行类的社区矫正，应侧重对矫正对象主体性的激发，适当从宽监管，以引导其主动参与社区矫正。因此，我国未来社区矫正监管模式，应在刑罚执行说主张的区分式矫正理念下，针对刑罚执行类和非刑罚执行类采取不同的监管方式和监管力度，实现保障公共安全与鼓励罪犯自觉改造的统筹兼顾。

（2）教育矫正方式的安排

教育矫正是社区矫正工作的主要内容之一。根据《社区矫正实施办法》和其他一些规范性文件，目前实务中所实行的教育矫正形式可分为集中教育、分类教育和个别教育；教育的阶段分为入矫教育、常规教育和解矫教育。重点时段、重要节日、重大活动期间或者根据实际需要，还会进行专题教育。教育的内容包括道德规范、法律常识、时事政策、文化知识等。

入矫教育应采取集中教育，体现严肃性和仪式感。无论将社区矫正的性质理解为刑罚执行还是刑事执行，社区矫正都属于国家机关所主导的刑事活动，这要求入矫教育需要表现出一定的威严，以端正矫正对象的态度。因此，入矫教育一般采用集中教育的形式，以赋予入矫教育严肃性和仪式感。在教育内容方面，入矫教育侧重于加强矫正对象的身份认知，增强矫正对象的在刑意识，能够有利于矫正对象自觉遵守社区矫正规则，积极配合矫正活动，为矫正活动的顺利进展奠定基础。

在刑事执行说主张的区分式矫正理念下，常规教育应区分刑罚执行类和非刑罚执行类的矫正对象，采取分类教育，以及在此基础上的个别教育。相对于入矫教育着重培养社区矫正对象的规则意识和身份意识，常规教育则真正担负的是矫治的功能。目前实务中，常规教育在内容上强调思想政治教育、文化素质教育、心理健康教育、职业技能培训等，虽然也采取了分类教育和个别教育的形式，甚至根据对社区矫正对象个体情况的调查制订个别化的教育方案，针对具体问题进行疏导和帮扶，但是，这种分类教育并不是以社区矫正对象的刑事制裁是刑罚执行类还是非刑罚执行类为标准进行区分的。

在区分式矫正理念下，对刑罚执行类和非刑罚执行类的常规教育应各有侧重。对前一类应当侧重于对其服刑意识的教育，并可具有适当的威严性，以体现刑罚执行的报应属性。通过这样一种教育，使其内心得以忏悔、良知得以复明。对后一类的教育，由于其矫正不属于刑罚执行，故应将重点放在心理疏导和社会关系的恢复上，以促使该类矫正对象及时、顺利复归社会。同时，无论是刑罚执行类还是非刑罚执行类的矫正对象，均需要对教育方案和教育效果进行动态调整、评价与考核。在区分式分类教育的基础上，还应当根据社区矫正对象的个人特殊情况进行个别教育。将分类教育和个别教育相结合，将矫正方案和动态调整相结合，以收到更好的矫正效果。

解矫教育以总结为主，应突出教育过程的正式性。由于解矫的时间是确定的，且因人而异，不能进行集中安排，但在形式上也应当体现教育过程的社区矫正性，以使矫正对象牢记在心。在教育内容上，鉴于解矫教育处于教育矫正期的最后阶段，因此，应侧重于辅导矫正对象巩固矫正成果、引导矫正对象增强法制观念和社会责任意识，鼓励其做合格的社会成员。

社区服务作为教育矫正的一种特殊形式，是社区矫正对象在接受矫正过程中参加的，由当地司法行政机关组织的，在社区进行的具有强制性、矫正性和公益性的服务活动。《社区矫正实施办法》第16条规定："有劳动能力的社区矫正人员应当参加社区服务，修复社会关系，培养社会责任感、集体观念和纪律意识。社区矫正人员每月参加社区服务时间不少于八小时。"参加社区服务，可以使矫正对象实现对社会的补偿，培养其社会责任感，既起到惩罚作用，也达到矫正其不良心理，避免重新犯罪的目的。

但是，受刑罚执行说一刀切式矫正理念的影响，实务中的社区服务体现的仍是管控的思维，是监狱中的劳动改造在社会上的变体，即对所有社区矫正对象，不加区分地采取同一的社区服务形式，致使社区服务的组织方式僵化和服务内容单一。目前，社区服务多是由社区矫正工作人员统一组织矫正对象定时定点在街道、公园、养老院等进行打扫卫生、敬老助残、植树造林等体力劳动。这种程式化、过场化安排，易使矫正对象产生厌烦情绪，致使社区服务实效差。在刑事执行说主张的区分式矫正理念下，应当根据矫正对象的类别，结合矫正对象的自身特点，探索并形成多样化的社区服务形式。如，对刑罚执行类的矫正对象，可以统一组织为主导方式开展社区服务；对非刑罚执行类的矫正对象，可在一定的监管之下由其自由组织、自由开展社区服务。这样，既能够降低监管压力和管理成本，又能够丰富社区服务的形式，提升社区服务的效果。

（3）帮扶力度的确定

社区矫正的刑事执行性质意味着矫正活动的重心不再是单纯的强制监管，而是侧重于以适度监管为前提的其他社会复归措施，帮扶就是其中的重要一项。帮扶，即对矫正对象进行的社会适应性帮困扶助，是社区矫正对象顺利复归社会的重要环节，也是社区矫正的重要内容。两高两部《关于在全国试行社区矫正工作的意见》要求："进一步加强对社区服刑人员的帮困扶助。积极协调民政、人力资源和社会保障等有关部门，将符合最低生活保障条件的社区服刑人员纳入最低生活保障范围，为符合条件的农村籍社区服刑人员落实责任田。整合社会资源和力量，为社区服刑人员提供免费技能培训和就业指导，提高就业谋生能力，帮助其解决基本生活保障等方面的困难和问题。"帮扶制度以做好生活救助作为教育感化的切入点，把工作上重点帮扶、生活上重点关心与思想上重点教育、行为上重点矫正有机集合起来，以帮助社区矫正对象尽快回归社会，提高社区矫正的质量。

社区矫正刑事执行的性质不仅决定了对社区矫正对象帮扶的必要性，同时，也决定了对社区矫正对象帮扶的力度。由于刑罚执行不能完全涵盖社区矫正的性质，社会福利概念又不属于刑事法的范畴，故需要用刑罚执行的上位概念——刑事执行来作为对社区矫正性质的界定，但并不否认社区矫正具有一定的社会福利性，这与西方国家所经历的刑罚福利主义的演进路径是相一致的。虽然具有一定的社会福利性，但社区矫正不是扶贫，社区矫正更不是培养对社会福利的依赖心理。刑事执行需要福利的内容，这尤其体现在帮扶的方式和力度上，但帮扶的目的是培养矫正对象自力更生的意愿和能力，不是进行高等教育或精英教育。考虑到财政的负担和纳税人的意愿，政府的帮扶力度可参考人力资源与社会保障部门的最低生活保障标准。

3.刑事执行说对社区矫正发展的启示

社区矫正的性质是社区矫正进一步发展的基石，对社区矫正性质的不同理解，影响着社区矫正的发展方向。相比刑罚执行说将社区矫正限制为一种刑罚执行活动，刑事执行说则为未来探索多样化的矫正形式、拓展社区矫正的适用范围，并最终实现刑事执行一体化的构想奠定了坚实的基础。

（1）社区矫正形式的多样化

将社区矫正的性质界定为刑事执行而非刑罚执行有利于突破刑罚措施的狭隘范畴，拓宽矫正思路，形成多样化的矫正形式。目前，我国社区矫正所包含的具体矫正形式主要有监管（走访、电子监控等）、教育（包括集中教育、个别教育、分类教育、社区服务等）和适应性帮扶。矫正形式虽不再单一，但仍略显模式化，在某种程度上只是对监狱改造方式方法的模仿。为了更好地因时因地因情对社区矫正对象进行社区矫正，提高矫正的针对性和有效性，有必要积极探索更加多样化的矫正形式。对此，可以积极推广我国优秀社区矫正工作地区的做法、借鉴境外国家或地区的有关经验。

以我国台湾地区为例，就存在着多种矫正形式可供参考。典型的有外出工作制度（Work Release）和返家探视制度（Furlough；Home Leave）。前者又称外部通勤制度，系令拘禁之中的受刑人在无戒护下，赴监禁机构外自由社会的工作场所，在一定时期内与自由劳动者在同一条件下从事工作，下班后仍回到矫正机构的制度。后者乃是给予自由刑执行中的受刑人若干假期，使其返家探视的制度。至于欧美国家的一些制度，有中间设施和周末监禁。前者扮演着社区内处遇和传统的机构内处遇之间的桥梁作用，目的是为释放而做准备，在此中间过程中所进行的处遇，称为中间处遇。其代表有英国的寄宿之家（Hostel）、美国的中途之家（Halfway House）；后者要求只在周末即星期六及星期天执行刑罚。这些灵活多变的矫正形式大都超越了传统的刑罚执行范畴,相反却可以统一为刑事执行。这说明,将社区矫正的性质界定为刑事执行,就为我国未来社区矫正形式的拓展提供了理论上的可能和支撑。

(2)社区矫正适用范围的拓展

我国从2003年开始试行社区矫正以来,社区矫正的适用范围经历了一个调整的过程。在2011年《刑法修正案(八)》颁行之前,社区矫正的适用对象包括管制犯、缓刑犯、假释犯、暂予监外执行犯和剥夺政治权利犯共五类罪犯。但是,《刑法修正案(八)》没有规定对剥夺政治权利的罪犯进行社区矫正。2012年颁行的《社区矫正实施办法》第32条明确将剥夺政治权利的罪犯排除出社区矫正的适用范围,规定对罪犯剥夺政治权利的执行仍由公安机关负责,对其的教育、帮扶等措施坚持自愿原则,不具有强制性。[①] 这就意味着,剥夺政治权利的罪犯已经不再属于适用社区矫正的对象。之所以将剥夺政治权利排除在外,主要原因在于剥夺政治权利限制的是政治自由,一般不涉及人身自由的问题,而社区矫正则是对人身自由某种程度上的限制。无论是管制、缓刑、假释还是暂予监外执行,根据我国《刑法》和《刑事诉讼法》的有关规定,都包含了对罪犯人身自由限制的内容。这也是对社区矫正对象的行为进行监管,如进行电子监控的依据所在。

将剥夺政治权利排除出社区矫正的适用范围,意味着社区矫正的适用仍以具有限制自由内容的刑事裁判为前提。但刑事裁判的内容只是决定是否适用社区矫正的一个标准,在此基础上还可以拓展思路,探索新的适用标准,比如依据犯罪的不同类型将一定条件的未成年犯罪、老年人犯罪、经济犯罪、过失犯罪等纳入到适用社区矫正的考虑范围之中。当然,从犯罪类型来确定社区矫正的适用范围并不意味着能够脱离处罚类型而作为直接的依据。根据我国现行

[①] 该条规定:"对于被判处剥夺政治权利在社会上服刑的罪犯,司法行政机关配合公安机关,监督其遵守刑法第五十四条的规定,并及时掌握有关信息。被剥夺政治权利的罪犯可以自愿参加司法行政机关组织的心理辅导、职业培训和就业指导活动。"

的刑罚制度和社区矫正刑事执行的性质，从犯罪类型拓展社区矫正的适用范围必须通过处罚类型来实现。否则，对社区矫正适用范围的拓展意味着对管制、缓刑、假释、暂予监外执行适用条件的大调整，这会导致刑罚制度的不稳定。

（3）刑事执行一体化的展望

一个完整的刑事法律体系应包含三大支柱，分别是：实体性的刑法、程序性的刑事诉讼法、执行性的刑事执行法。目前，我国刑事执行方面的专门法律主要是监狱法，还未形成统一的刑事执行法。社区矫正制度的发展和社区矫正的立法将完善我国刑事执行的体系，为制定统一的刑事执行法提供条件与契机。

刑事执行是对刑事裁判内容的执行，其不仅限于刑罚执行，还包括对缓刑、假释等的执行；相应的，刑事执行法也不仅包括监狱法，还应包括社区矫正法，即刑事执行的二元制。目前对刑事执行的理解一般是对具有刑罚内容的刑事判决和裁定的执行。但如前所述，根据我国《刑法》第76条和第85条的规定，缓刑、假释不宜被理解为是一种刑罚类型，单纯地将刑事执行理解为刑罚执行在逻辑上存在着障碍。更主要的是，认为刑事执行只包含刑罚执行，即一元制的刑事执行结构，也忽视了社区矫正相对于监狱改造在理念、内容、方式、目的等方面的不同，影响刑事执行体系的科学性。

将社区矫正理解为刑事执行，一方面既承认了社区矫正与监狱改造的区别，避免了移植监狱改造工作方法来构建社区矫正制度的思路；另一方面，也有利于促使社区矫正与监狱改造对自身功能进行重新定位、对相关制度进行重新设计、对工作思路和要求进行重新理解，并在此基础上形成有效互动、有效衔接、有效补充的二元制的刑事执行法体系。

第二章 社区矫正的基本原则

社区矫正的基本原则是社区矫正法精神的最集中体现,是国家创制社区矫正法律的重要依据。但学界对基本原则的关注明显不足、中央及地方规范文件对基本原则的规定则较为零散,故而亟须对其进行系统性的梳理和研究。本章将归纳社区矫正基本原则的应有作用和特点,梳理、分类和对比社区矫正基本原则的现实规定,提出社区矫正应当遵循的"分类矫正""监管、教育与帮扶相结合""保障公共安全与鼓励自觉改造""国家主导与社会参与相结合"四大原则。

一、社区矫正基本原则的作用与特点

"原则"中的"原"是"源"的古字,有"根本、推求、起初"的含义,"则"是"规则"之意。"原则"即"说话或行事所依据的法则或标准"。① 法律原则指在一定法律体系中作为法律规则的指导思想,是基础或本源的、综合的、稳定的法律原理和准则。社区矫正基本原则是社区矫正法精神的最集中体现,是国家创制社区矫正法律的重要依据。

1. 社区矫正基本原则的作用

从社区矫正法的制定角度来看,基本原则具有以下三个方面的

---

① 中国社会科学院语言研究所词典编辑室编:《现代汉语词典》,北京:商务印书馆1984年版,第1422页。

重要作用：第一，社区矫正的基本原则将决定社区矫正制度的价值取向和基本内容，并且对社区矫正的改革具有指导作用。立法者在制定社区矫正法的过程中必须根据社区矫正基本原则，对社区矫正法的内容进行总体规划。第二，社区矫正的基本原则是社区矫正法内部协调统一的重要保障。一部法律的内部统一性具体表现为其形式上和内容上的统一。形式上，上位规范的效力高于下位规范的效力，下位法不得与上位法相冲突；内容上，法律规范不得与法律原则相冲突，具体原则不得与基本原则相冲突。一部法律的创制，在逻辑顺序上需首先明确法律基本原则，才能着手制定具体原则和具体的法律规范，具体原则、具体的法律规范均不得与法律原则相抵触。这也是强调在制定社区矫正具体规则之前先敲定社区矫正基本原则的原因。第三，法律原则对法律制度的改革具有导向作用。基本原则对社区矫正具有宏观的指导作用，决定了社区矫正法的立法走向。

从社区矫正法的实施来看，社区矫正法的基本原则主要体现在以下几个方面：第一，指导法律解释和法律推理。法律语言的有限性和不准确性会造成法律概念和规范的多义与歧义，为了将抽象的法律规范适用于具体的案件中，就必须对法律进行解释和推理。社区矫正的基本原则对社区矫正活动中如何解释和适用社区矫正法律规范发挥着重要的指引作用。第二，补充法律漏洞，强化法律调控的作用。由于法律规范的具体规定毕竟有限，不可能将纷繁复杂的各类情况都纳入法律规范之中，法律一旦被制定出来，就必然具有滞后性、局限性，而法律的基本原则可以提供价值补充、用以弥补法律漏洞。第三，基本原则是确定行使自由裁量权合理范围的依据，遵循基本原则可以防止"应当适用社区矫正却不适用"以及"不该适用社区矫正却适用"的情形，防范其带来的不良后果。

2. 社区矫正基本原则的特点

按照法律原则对人的行为及其条件之覆盖面的宽窄和适用范围大小，可以把法律原则分为基本原则和具体原则。基本原则是体现法的基本精神和基本价值取向的原则。立法中常规定一些适用范围广泛、内容科学合理的基本原则，用以指导人们恰当地制定和理解法律。譬如，法律面前人人平等是宪法基本原则之一，婚姻自由、一夫一妻是婚姻法的两个基本原则，刑法规定了罪刑法定原则、适用刑法平等原则和罪刑相适应原则。而具体原则是以基本原则为基础，相对于基本原则而言适用范围具体一些的法的原则。在法律原则体系中，具体原则数量更多，但基本原则比具体原则更基础，调整范围更广，因而也更具有指导性。[1]

具体而言，相比于具体原则，基本原则具有四个特点：

第一，更强的概括性。基本原则是一部法律的本质、特征及其规律的集中体现，它的效力贯穿于法律始终，具有高度的抽象性和概括性。基本原则不着重于具体操作性，而着重于其导向性。

第二，更强的抽象性。基本原则是概括的、抽象的、不确定的，对司法、立法具有指导性，不具有具体的操作性，它不是法律规范，因而不应该具有法律规范所应有的规范性。基本原则不明确规定法律活动的具体制度，也不规定法律主体的具体权利和义务，而是法律精神实质的高度概括，是对法律的基本精神及立法指导作出的抽象性规定。

第三，更强的稳定性。基本原则是制定法律具体原则、基本制度、具体规范的基础。各项制度和法律规范的创制都应该符合基本原则的要求，而不得与基本原则相抵触。它集中反映了法律的性质、特征与规律，是构成法律规范的基础，必须具有相对的稳定性，否则就动摇了法律存在的价值。同时，因为基本原则涉及了法律的根本性、基础性的问题，所以具有更强的稳定性。

第四，更强的导向性。法律的基本原则在立法过程中具有提纲挈领之重要作用。它蕴含了法律制度的精神和理念，对实现法律的价值具有无以复加的重要性。之所以称之为基本原则，就是因为它

---

[1] 中国法制出版社编著：《新编常用法律词典：案例应用版（精装增订版）》，北京：中国法制出版社2016年版，第13—14页。

们是一部法律制定的依据，贯彻于法律的始终，对整部法律及法律互动都有一种宏观指导作用。是法律其他原则和各种社区矫正规则产生的基础，是整部法律的主心骨。

本书认为，在《社区矫正法》基本原则的确立过程中应把握以下几点：

（1）社区矫正的基本原则应为社区矫正所独有

有观点将"社区矫正的基本原则"与"社区矫正的工作原则"混同，认为社区矫正的原则应包括"坚持从实际出发""坚持改革创新"。[①] 这些原则在社区矫正工作中当然应该得到坚持，但并不适宜作为《社区矫正法》的基本原则。因为《社区矫正法》的基本原则应该凸显出社区矫正的特性，而"坚持从实际出发""坚持改革创新"等表述为诸多法律甚至政策性文件所共享，虽然它具有普遍性的指导作用，但也因其过于宽泛，不能反映社区矫正的独特本质，不能凸显出《社区矫正法》区别于其他法律的独特性，也因此对《社区矫正法》指导意义甚微。简言之，社区矫正的基本原则必须为社区矫正所特有，反映社区矫正的固有属性，一般不应与其他部门法所共有。但在特殊情况下，从实际情况出发，也不排除与其他部门法共同使用同一原则。

（2）社区矫正的基本原则应具有法理性

有观点将"改革创新""维护稳定"作为社区矫正的基本原则。[②] "维护稳定"作为社区矫正工作的政策性指导是适宜的，但作为《社区矫正法》中的基本原则明显缺乏法理支撑，欠缺科学性，亦不符合法言法语的要求。

在社区矫正的基本原则的构建中要确立那些具有基本原则特性的规范，对于那些不属于基本原则的内容应当加以排除，使基本原则的构建更为科学，更合乎基本原则的定位。根据法理学上的一

[①] 高莹主编：《社区矫正工作手册》，北京：法律出版社2011年版，第7—8页。

[②] 同上，第14页。

般见解，法律原则"是指可以作为规则的基础或本源的综合性、稳定性原理和准则"，而法律基本原则则是"体现法的本质和根本价值，是整个法律活动的指导思想和出发点，构成一个法律体系的灵魂，决定法的内在统一性和稳定性"①。"维护稳定"之类的表述显然不符合社区矫正基本原则的要求。

（3）社区矫正的基本原则应具有全局性的指导作用

社区矫正的基本原则位于《社区矫正法》的总则部分，应对分则部分的条文都具有指导作用。易言之，社区矫正的基本原则是贯穿社区矫正全过程，而不是局部性的具体原则。

以《刑事诉讼法》为例，一些阶段性的规定，如"审判公开""陪审制度""对外国人追究刑事责任"的规定，因只在刑事诉讼的某个阶段发挥作用，不能指导刑事诉讼的全过程，缺乏法律基本原则应具备的全局性和概括性，而不能被称为《刑事诉讼法》的基本原则。同理，社区矫正的基本原则亦应是对社区矫正的全过程发挥指导作用，而不是只对社区矫正的某个阶段具有指导作用。

二、社区矫正基本原则的比较

1. 界定社区矫正基本原则的不同视角

古人云："他山之石，可以攻玉。"在形成对社区矫正基本原则的认识之前，首先需要了解学界对这一问题的认识、各个地方对此的规定。各个地方的规定存在不少共通之处，而学界的理解更为多样，故先予梳理。透过对一些文献的整理，至少可以发现三种概括社区矫正基本原则的思路。第一种思路，将社区矫正视为一种整体性的活动，并综合性地分析出在这些活动中应当遵守的、具有普遍性的原理。这种思路在学界较为常见。第二种思路，将社区矫正活动分解为监管、矫正与教育三者，并根据不同的活动提出不同的

---

① 张文显：《法哲学范畴研究（修订本）》，北京：中国政法大学出版社2001年版，第53—57页。

基本原则。这种提法的优势是，可以相对细致明确地指导社区矫正的具体活动，具有实用价值。但不足之处是，割裂了三种活动的内在联系，没有将它们作为一个彼此关联的整体予以看待。第三种思路，将社区矫正活动视为一种组织性的活动，社区矫正各种事项都被纳入组织体系内予以把控。这一思路为社区矫正活动的组织者提供了协调各方的合理方针与办法，但是将社区矫正工作完全视为组织者的自身活动又有不妥。故本书支持第一种思路，并又提倡对学者关于社区矫正原则的合理的具体观点进行借鉴。

（1）整体性原则

所谓整体性原则，即开展社区矫正工作必须遵循的、贯穿于社区矫正整个过程的原理与准则。如：2004年，司法部基层工作指导司司长王珉提出了开展社区矫正工作试点应坚持五项原则：①依法规范原则。即在试点阶段，不得突破其他法规范设定的目的或程序限制，侵犯被社区矫正人员的合法权益。②积极稳妥原则。即在开展社区矫正工作时，应当明确社区矫正活动的目的，在新的社会与时代条件下，探索出一条长期、有益、行之有效的社区矫正路径。③协调配合原则。即将社区矫正工作作为一个复杂的系统工程，通过多部门的密切合作，实现最佳的矫正效果。④改革创新原则。即坚持解放思想、实事求是之精神。在社区矫正试点工作的开展过程中，对国外社区矫正工作的成功经验予以吸收、借鉴。⑤矫正为本原则。即将矫正社区矫正对象的不良心理、改变其行为恶习作为社区矫正的核心工作，使其成为不再危害社区的新人。[①]

2006年，上海市杨浦区司法局戴天晟提出，应将以下四项原则确立为我国社区矫正的基本原则：①回归社会原则。即为了防止矫正对象因长期的牢狱生活而对未来前景失去信心，应当加强矫正对象与社会生活的融合，促使其回归社会。②请求社会援助原则。即考虑到社区矫正对象在就业与生活中的不利地位，应当为其提供

[①] 王珉：《关于社区矫正试点工作的几点思考》，载《人民司法》2004年第1期。

相应的社会援助，使其能够回归正常的社会生活，避免再犯。③充分利用社区资源原则。即充分利用社区内的相关资源，发挥社区在感化、教育、帮助社区中矫正对象的工作中的主体性地位，实现最佳的社区矫正效果。④惩罚与改造相结合原则。即在不侵犯社区矫正对象的基本权利，不违背相应规范、程序与社区矫正的基本目标的情形下，对表现欠佳的矫正对象，采用一定的惩罚措施，使之接受改造。①

此外，还有学者从学理角度提出社区矫正的基本原则应该为：①坚持依法社区矫正与改革创新相结合的原则。其理由是：一方面，社区矫正各方面、各环节都必须符合法律、法规的要求。相关机关，包括审判机关、检察机关、公安机关、司法行政机关等，都必须严格按照刑法、刑事诉讼法等法律、法规的规定，履行刑罚适用、执行与法律监督的职责。另一方面，在社区矫正立法方兴未艾、社区矫正的制度与理论尚粗疏简漏、社区矫正活动的运行与发展道路且长、诸多细致的问题有待探知之际，各地应在社区矫正活动中积极试点、汲取经验、规避教训、探寻出路。在不违背既有的法律系统与刚性的法律精神的前提下，设计与推进相应的规章制度，推动社区矫正工作的健康发展。②坚持专门机关工作与社会化运作相结合的原则。其理由是：一方面，社区矫正中的许多工作都必须由专门机关依法定权限和程序进行，尤其是必须发挥公、检、法与司法行政部门的主导性作用，为社区矫正工作的开展奠定扎实的规范与物质基础；另一方面，重视发挥社会组织、志愿者等来自社会的力量，允许参与到社区矫正的具体工作，以及与矫正对象的积极互动中，使社区矫正的工作本身更能合乎目的。③坚持分工负责、密切配合与提高效能原则。就是将社区矫正作为一个关乎整体、关联社会、各方参与的系统工程，促使各个部门或机构能够彼此协调、彼此配合、妥善履职。④坚持公开透明、接受监督的原

---

① 戴天晟：《试论社区矫正工作的现状、意义及工作原则》，载《上海公安高等专科学校学报》2006年第4期。

则。社区矫正从其裁判、决定到实施,从矫正对象的分级处遇到考核、奖惩等,都与矫正对象等相关主体的利益息息相关,也都容易滋生腐败和不正之风,因此,应当对社区矫正工作的透明度问题予以重视,将社区矫正的整个流程置于社会公众的监督之下,避免暗箱操作,违背程序与公开。①

还有学者提出,应将社区矫正的基本原则理解为:①合法性原则。即将社区矫正视为针对特定罪犯的刑事执行活动,不得违反既有立法的规范内容。在对社区矫正立法进行试点的过程中,不得违背既有法律体系所确立的立法精神。②渐进原则。即对社区矫正的推进工作采取一种积极稳妥的策略,矫正方案的提出必须以受害人的正义需求、社会公众的生活安全与安宁为考量的因素,并主要将社区矫正的对象限定于犯罪较轻、主观恶性并不大或确已降低至不会危害社会程度、悔过与表现良好、再犯可能性较低的相应人员。③创新原则。即在党与政府关于刑事司法工作的方针与政策的指导下,积极探索社区矫正的规范出路,以协调矫正的资源、借鉴国外成功矫正的合理经验,反映我国现实改造的国情,提高被矫正人员教育、改造的质量,促进刑事法治的良性发展。②

(2)矫治类原则

这是关于应如何管理和矫治社区矫正对象的基本原则,包括监管的基本原则、矫正的基本原则,以及教育的基本原则。

关于对矫正对象的监管,有学者提出以下基本原则:①严格管理、区别对待的原则。所谓严格管理,是指社区矫正机关严格依照相关法律及社区矫正的有关规定,对社区矫正对象进行管理、监督和考察。而区别对待原则可分为横向的区别对待和纵向的区别对待。前者系指对不同类别的矫正对象在管理上的区别对待,一般而

---

① 马辉、周静茹主编:《社区矫正工作实务》,广州:暨南大学出版社2008年版,第4—5页。

② 刘志伟,何荣功,周国良编著:《社区矫正专题整理》,北京:中国人民公安大学出版社2010年版,第88—89页。

言，矫正对象的犯罪、表现和相关因素都是司法行政机关裁量其刑罚方法和措施的因素。后者则主要指根据矫正对象的表现而适当调整监管的严厉程度。②惩罚、改造、帮助服务相结合的原则。这个原则来自司法部确定的社区矫正的任务，社区矫正的任务是：第一，依照有关法律、法规和规章的有关规定，加强对社区服刑人员的管理和监督，确保刑罚的顺利实施；第二，采取多种形式，对社区服刑人员进行法制教育和道德教育，矫正其不良心理和行为，促使其成为守法公民；第三，帮助社区服刑人员解决其在就业、生活和心理等方面遇到的困难和问题，以利于其顺利适应社会生活。因此，社区矫正工作者在日常管理过程中要始终把惩罚、教育、帮助服务紧密结合，在依法严管、实施惩罚的前提下，加强对服刑人员的教育改造和提供服务。③有利于服刑人员回归社会的原则。这体现为，既要以相应规范制度对矫正对象进行监督改造并使之早日回归社区，又要借助教育和帮扶，对他们进行精神感化和思想重塑，促使其自觉改正不良习惯，改造思想观念，早日回归社会。④有效利用社会资源的原则。即贯彻"社会治安综合治理"的方针，依靠广大社会公众，运用政治、经济、行政、教育、文化、法律的种种手段，惩罚和预防违法犯罪，逐步限制和减少犯罪产生的条件。⑤计划性、针对性、灵活性相结合的原则。这是指社区矫正的过程应当有计划、有组织地进行。应当针对不同社区矫正对象的自身情况采取不同的矫正策略与方式。应当在不违背立法精神的情形下，灵活地组织与实施，实现最佳的社区矫正效果。①

关于对矫正对象的矫正，有学者提出以下基本原则：①惩罚与改造相结合原则。惩罚是指通过剥夺或限制社区矫正对象的部分权利，彰显国家法律的权威性，促使罪犯认罪伏法、悔过自新，从而制止、预防犯罪。改造则指从思想意识上改造其犯罪观念或思想，矫正其恶习，使之养成良好品德和遵纪守法的习惯。②教育与劳动

---

① 刘强主编：《社区矫正制度研究》，北京：法律出版社2007年版，第130—140页。

相结合原则。前者指通过思想教育改造社区矫正对象的犯罪思想和反社会意识,通过文化教育使罪犯增长知识和发展智力,通过技术教育普及科技知识,为其回归社会创造谋生就业的条件。③人道主义原则。包括两个方面:一者,尊重罪犯的基本权利,包括生存权、人身不受非法侵害之权、人格权,以及申诉权、控告权、检举权等。二者,尊重罪犯的社会价值,关注其个人价值的回归,坚持以改造人为宗旨的方针。④社会参与原则。吸收社会各方面力量参与对罪犯的改造和矫正工作,实现社区矫正的社会化。⑤个别化原则。在执行刑罚的过程中,根据罪犯的人身危险性和再犯可能性实行个别处遇之原则。①

关于社区矫正中的教育,有学者提出了以下基本原则:①因人施教原则。在社区矫正教育工作中,针对社区矫正对象个体差异的不同情况,采取不同的教育方法,实施不同教育内容的教育工作准则。②以理服人原则。对社区矫正对象实施教育的过程中,坚持摆事实、讲道理,做耐性、细致的疏通、诱导和说服工作,以使矫正对象分清是非、提高认识。③理论联系实际原则。在开展对被矫正人员的教育工作时,既要向其传达正确的、合乎社会主流文化的教育理念,又要将改造其思想与转变其行动二者结合起来,避免言与行的脱节。④分类矫正原则。即在对不同的矫正对象进行类型划分的基础上,根据犯罪原因、犯罪类型、人身危险性程度等的不同,采取不同的教育内容和形式,帮助其脱离恶习,顺利回归社区。⑤社会矫治原则。社区矫正活动依靠社会各方面的力量,对矫正对象开展有目的、有计划、有组织的矫正教育活动。②

(3)组织类原则

这是指社区矫正工作日常管理运行应遵循的基本原则,有学者

---

① 夏宗素:《罪犯矫正与康复》,北京:中国人民公安大学出版社2005年版,第95—102页。

② 连春亮主编:《社区矫正理论与实务》,北京:中国检察出版社2010年版,第103—104页。

提出了以下原则：①搞好基础调研工作。即决策机构应在社区矫正试点工作中加强和改进调研工作，及时掌握社区矫正工作的动态，了解工作中存在的问题以及解决问题的思路和方法，在掌握第一手资料的情况下发扬创新精神。②加强各部门的协调和配合。即在试点工作中完善对社区矫正的协调机制，保障社区矫正在党的领导下和国家法律法规的约束下，各部门依照各自的章程独立负责开展工作的同时又相互配合。③借鉴人类文明的优秀成果。即在社区矫正的过程中，吸收与借鉴国内外在该领域中的合理经验，实现最佳的矫正效果。④遵循科学的管理规律。即在社区矫正试点过程中遵循管理学的基本原理和规律，科学设立管理机构，有效安排工作人员，以降低刑罚成本，提高工作效率。⑤坚持专业化管理。即通过设置和发展专门的社区矫正机构与专业的工作岗位，对社区管理人员予以多层次和分门类，以便更好地实现对社区矫正对象的监管、矫治、改造与帮扶。⑥与监狱管理相结合。即根据社区矫正与监狱管理在实现刑罚目的意义上的共同性，在二者的密切联系、优势互补中实现对社区矫正对象的矫治工作。⑦精简高效。即尽量设立权、责、利相结合的社区矫正管理机构，防止多头监管、相互扯皮的情况。①

2. 中央和地方对社区矫正基本原则的规定

（1）中央文件规定的基本原则

2004年司法部《司法行政机关社区矫正工作暂行办法》规定，司法行政机关开展社区矫正工作，遵循党委政府统一领导，司法行政机关具体实施，人民法院、人民检察院、公安机关密切配合，社会力量广泛参与的原则。这些原则表明了社区矫正工作应在党委政府的统一领导下开展，以保证社区矫正工作沿着正确的政治方向发展，同时明确了社区矫正工作的主体是司法行政机关，公、检、法等机关是社区矫正工作的协同协作部门，并积极鼓励引入社会力量

---

① 武玉红：《社区矫正管理模式研究》，北京：中国法制出版社2011年版，第132—136页。

参与社区矫正。

2009年两高两部《关于在全国试行社区矫正工作的意见》规定，全面试行社区矫正工作的基本原则是：坚持党对社区矫正工作的领导；坚持从我国国情出发；坚持各有关部门分工负责、相互支持、协调配合；坚持专群结合；坚持从实际出发，分类指导；坚持与时俱进、改革创新。与2004年《司法行政机关社区矫正工作暂行办法》中的规定相比，这里有两点变化：一是提出要立足国情以及社区矫正非监禁刑的属性。前者说明社区矫正的工作既要借鉴他国的有益经验，同时也要立足本土、符合国情，形成和发展出体现中华民族特色的社区矫正制度；后者则指明了社区矫正工作与监狱改造的差异，即社区矫正是刑事执行，不完全是对矫正对象的刑罚处罚，所以要坚持专群结合，坚持从实际出发，分类指导，这正是我国社区矫正的特色。二是提出要坚持与时俱进。由于社区矫正工作在我国仍处于探索实践阶段，尚未成熟，必须要不断地总结社区矫正工作中的问题和经验，改革创新，使之与时代发展的要求相适应，努力探索出一条具有中国特色的社区矫正之路。

2014年两高两部《关于全面推进社区矫正工作的意见》规定，全面推进社区矫正工作的基本原则是：必须坚持党的领导，立足我国基本国情；必须坚持从实际出发；必须坚持依法推进；必须坚持把教育改造社区服刑人员作为社区矫正工作的中心任务；必须坚持统筹协调；必须坚持改革创新。这是在2009年《试行意见》的基础上的进一步发展。由于各地的社区矫正规范均以两高两部的这一规范为蓝本，因此该规范具有举足轻重的意义。本规范又突出强调了两点。一是依法矫正的原则。当社区矫正工作处于试点与探索阶段时，重视法规范的制约作用具有重要意义。尽管社区矫正工作的国家立法尚未成形，但社区矫正工作的开展必须依法而为，不应违背其他法规范的内容与宗旨，不得突破其他成文法规范的规定，不得侵害矫正对象的合法权益。二是重视对矫正对象的教育改造和帮扶问题。随着社区矫正工作的发展，我们必须要认识到社区矫正的目的是促使矫正对象自觉改造、转变错误观念、重新回归社会，教育改造质量是检验社区矫正工作有效性的重要因素。

（2）地方文件规定的基本原则

各地关于社区矫正基本原则的规定也各不相同，一些省市在地方规范性文件中以专门的条款规定社区矫正的基本原则，在省级规范性文件中，如《江苏省社区矫正工作条例》第3条规定："社区矫正工作坚持惩罚犯罪与教育矫正相结合、专门机关与社会力量相结合、维护社会稳定与促进社区服刑人员再社会化相结合的原则。"上海市社区矫正试点工作的基本原则为：①坚持分工协作、形成合力的原则；②坚持政治效果、法律效果和社会效果相统一的原则；③坚持解放思想、实事求是的原则；④坚持改革创新的原则；⑤坚持社区矫治与狱内矫治相结合的原则。①2009年，云南省司法厅印发的《云南省社区矫正对象管理工作规定》第3条规定："社区矫正对象管理工作坚持依法、严格、科学、文明管理的原则。"2010年，江西省委办公厅、江西省人民政府办公厅印发的《江西省试行社区矫正工作实施意见》，规定社区矫正的基本原则为：坚持党对社区矫正工作的领导；坚持社区矫正工作的非监禁刑罚执行性质；坚持各有关部门分工负责、相互支持、协调配合；坚持专群结合。2014年，四川省两院两厅印发的《四川省社区矫正实施细则（试行）》第3条规定："社区矫正工作应当遵循惩罚犯罪与教育矫正相统一、专门机关与社会力量相结合、监督管理与教育帮扶相结合的原则，严格执法、科学矫正。"

在省级以下地方性文件中，关于社区矫正原则的规定比较具有代表性的主要有以下几个地方。2007年，《淄博市社区矫正工作实施细则（试行）》第3条规定："社区矫正工作要坚持'改革创新、以人为本、社会参与、维护稳定'的原则。"2009年，《海北州进一步做好社区矫正工作意见》的通知中规定："社区矫正工作

---

① 司法部基层工作指导司编：《社区矫治试点工作资料汇编》（二），第82—84页。

的基本原则是：（一）坚持解放思想、改革创新的原则。（二）坚持依法适用、依规办理的原则。（三）坚持分工负责、密切配合的原则。（四）坚持公开透明、接受监督的原则。"2010年，黄南藏族自治州人民政府办公室转发的州司法局《关于全面试行社区矫正工作实施意见》中规定，社区矫正工作的基本原则是"全面试行社区矫正工作必须坚持党的领导；必须坚持从州情出发；必须坚持各有关部门分工负责、相互支持、协调配合；必须坚持专群结合；必须坚持从实际出发；必须坚持与时俱进、改革创新"。2016年，《珠海经济特区社区矫正工作办法》中第3条规定："社区矫正工作坚持惩罚犯罪与教育矫正相结合、专门部门与社会力量相结合、维护社会稳定与促进社区服刑人员再社会化相结合的原则。"

这些原则，虽然侧重点各有不同，但总体上以2014年两高两部《意见》中的原则为参照，进一步强调社区矫正工作要依法依规、结合实际、分工负责、协同配合、注重改造以及与时俱进和改革创新。

三、社区矫正应当遵循的基本原则

纵观学界的观点与中央及地方相关文件中关于社区矫正基本原则的内容，有几点共识：一是在矫正目标上，既要注重维护稳定，防止矫正对象对社区安全构成威胁，保障社会秩序的安宁；也要注重人道主义，尊重矫正对象的人格尊严，努力消除公众对其的思维偏见，为矫正对象顺利回归社会创造有利的条件。二是在矫正模式上，既要注重依法矫正和规范管理，也要注重对社区矫正对象的教育改造，还要注重矫正工作的社会性和矫正方法的多样性。三是在矫正任务上，监管、教育、帮扶三大内容应当协调兼顾，三者缺一不可。四是在矫正主体上，既要重视政府的主导作用，发挥政府在集中资源、提供制度层面上的优势，防止有关部门相互扯皮、履职不力，也要重视社会力量在社区矫正工作中的参与，提高矫正的效率，增进公众与矫正对象之间的交流互动。五是在矫正方法上，应当与时俱进、改革创新，努力顺应行刑发展趋势，借鉴域外较为合理的矫正经验，积极探索分类矫正、个别矫正等方式，进一步提高社区矫正工作的质量。因此，本书提出社区矫正应当包括以下基本原则：

1. 分类矫正原则

这是有关社区矫正方法的一项原则。所谓"分类矫正"，就是根据社区矫正对象的犯罪行为与心理、社会危险性、成长与生活环境、受教育和文化程度、事后积极悔罪程度等因素对其进行综合评估，按照一定的标准将社区矫正对象分成不同的类别，并在一定阶段内，对不同类别的矫正对象采取不同的监管、教育和帮扶措施。例如2006年，马鞍山市在安徽省首次建立了社区矫正对象分等级管理与分阶段教育制度。根据社区矫正对象的改造表现、犯罪类型、人身危险性、再犯可能性等情况，矫正对象被分为宽松、普通和严格管理三个类别。不同类型的矫正对象在外出请假次数、向专门机关报告的频率，以及管理的方式上差异明显。[①] 这样既有利于提高社区矫正机关的矫正效率，也可以激励矫正对象自觉改造、早日回归社会。具体而言：

第一，将社区矫正对象划分为刑罚执行与非刑罚执行两类对象。这一区分的意义在于，对不同的改造对象适用的矫正措施不同。对于被判处管制和决定暂予监外执行的人员而言，因其行为违反了法规范，只不过违法的程度较为轻微，或者因其存在暂时不能执行刑罚的个别化事由，因而从法情感上而言，对其的矫正措施应偏重于监管。而对于被宣告缓刑和适用假释的犯罪人员而言，对其进行社区矫正的根据是，由于其具备悔罪表现，或者经过监狱改造，人身危险性较低，乃至刑罚适用的必要性被认为不复存在，因此对其采取的矫正措施应偏重于教育和帮扶。

---

① 李愈、赵跃：《钢城对社区矫正对象分级管理宽松教育者可外出》，载《江淮晨报》2006年11月9日。

第二,将不同类型的社区矫正对象划分为不同矫正等级。将社区矫正对象按照人身危险性程度和再犯风险程度划分等级,并根据不同等级分别安排不同的矫正措施、规定不同的矫正纪律、适用不同的矫正处遇、予以不同的帮扶教育,并采用动态调整的矫正等级浮动制度。这样做的目的是,激励社区矫正对象积极改造、自觉矫正,主动纠正自身犯罪意识和犯罪习惯,早日融入社会。

第三,在分类矫正的基础上,在监管、教育和帮扶矫正对象的过程中,坚持"区别对待"的原则,结合矫正对象的具体情况,采取针对性的措施。例如,2003年4月,北京市在《关于开展社区矫正试点工作意见》中规定:"司法所要逐一对矫正对象进行分析,制定矫正个案。"随后,其《实施细则》又规定:"根据矫正对象的需求,结合犯罪原因、心理类型、现实表现等制定心理矫正方案,进行心理咨询引导,矫正其犯罪意识。"[1]

2. 监管、教育与帮扶相结合原则

监管、教育与帮扶是社区矫正的三项基本内容。作为刑事执行措施的社区矫正,通过对矫正对象的监督管理,实现对矫正对象的心理威慑,体现刑法不可置疑的权威性;作为改造矫正对象的社区矫正措施,通过对矫正对象的思想教育和行为改造,迫使其悔过自己的犯罪行为,纠正自己的犯罪恶习,转变自己的犯罪思想,从而成为能够融入社区生活的守法公民;作为社会化措施的社区矫正,通过政治、经济、教育、心理、就业等层面的帮扶手段,消除引起犯罪行为的客观与主观条件,以彻底实现对矫正对象的矫治工作,维护社区的安宁与稳定。但是,实务中仍有一些地方有待改进。

第一,我国社区矫正机构与公安机关、检察机关以及监狱等的协调与对接机制尚不完善,这直接影响了对矫正对象予以监管的效果。有司法工作人员表示,在矫治过程中,对于一些不配合矫正工作的社区矫正对象,他们能采取的惩罚措施仅限于警告和严重警

---

[1] 鲁兰:《社区矫正教育原则及实务探索》,载《中国司法》2011年第9期。

告。而如果需要对一些社区矫正对象采取治安处罚措施等，则需要与公安机关沟通，并经过登记、报批等一系列的程序，这严重影响了监管的效果。

第二，许多社区矫正机构存在工作经费不足，以及社区矫正工作人员素质有待提升的情形，削弱了社区矫正工作的专业性和严肃性。譬如，对于一些基层的司法行政机关而言，由于社区矫正经费保障不到位，加之其所能申请的政府经费有限，一定程度上影响了社区矫正工作人员的工资待遇和工作积极性，因此，大量的高校毕业生等专业人员缺乏进入社区矫正部门工作的动力，社区矫正任务繁重与人员缺乏的矛盾日益凸显。

第三，教育的内容和形式有待进一步改进。目前，在一些社区矫正机构中，对矫正对象的教育内容仅包括警示教育和普通教育，一般采取通过司法人员口头讲授、播放相关的电影和录像等方法，教育内容和形式显得单调，一些社会化的活动较为缺乏。而许多基层工作人员提出，恰恰是更为社会化的矫正活动，才能够真正作用于矫正对象的内心，唤起其重回社会、改过自新的情感。

第四，对矫正对象的帮扶措施也有待完善。实践中，一些基层社区矫正机构，只有一些临时性的帮扶措施，涉及的社区矫正对象也极其有限，这些问题迫切需要在具体制度的设计中予以进一步明确。

3. 保障公共安全与鼓励罪犯自觉改造相结合原则

这是从社区矫正的功能和作用层面进行的综合考量。一方面，社区矫正的对象，是实施了犯罪行为被人民法院依照《刑法》判决有罪的社会个体。刑事判决的背后，既彰显了道德根基上的、刑事报应主义的朴素情感，又反映出矫正对象因为具有危害社会的个体危险，而被认为具有特殊预防的必要性。因此，从结果意义上来看，社区矫正的一大目标，必然是矫治行为人的不法人格、转变矫正对象的犯罪意识与反社会情感，防止其重新犯罪，从而保障社会的长治久安，维护社区居民的生活安宁与居住社区的秩序稳定。因此，对于社区矫正对象的风险评估、日常监管、矫正流程与内容的设计，应当体现出社区矫正制度保障公共安全的理念。

另一方面，社区矫正对象作为人，不是矫正的客体，而是矫正的主体。矫正措施的设计与执行，只是为社区矫正对象提供一个改造身心、转变观念的外在环境，却不能苛求实现社区矫正对象完全的社会化和"无害化"。因而，一些学者提出了"自愿纠正"的矫正原则，这既是对《联合国非拘禁措施最低限度标准规则》等一批国际公约的自发响应，[①] 也是尊重矫正对象主体资格，重视其在矫正活动中的主体参与性，促进其自觉改造的一个重要考量。

贯彻好此项原则在实务中应当注意：一是对社区矫正对象的人身危险性评估，以及分类管理制度十分必要。不同的犯罪主体，具有不同程度的社会危害性，也意味着具有不同性质的矫正必要性和矫治可能性。监管、教育和帮扶虽然同为社区矫正的任务，但针对不同主体必须有所侧重。只有先对矫正对象进行人身危险性评估，才能明确对其是监管为主，还是教育、帮扶为主，这是实现矫正效益的必然要求。二是一套社区矫正与监狱制度协调对接的机制十分必要。德国著名刑法学者冯·李斯特的"三分法"反映了其矫正、威慑、安保三者有机统一的智慧。对于不需要矫正者，予以威慑后使其不敢再犯。对于能够矫正者，予以矫正后允许其重归社会。对于不能矫正者予以安保，从而避免其危害社会。[②] 当然，这一安保的考量必须以犯罪人的责任刑为上限，不能逾越。目前，对于被宣告缓刑、适用假释、决定暂予监外执行的社区矫正对象，均有相关规范予以适用，社区矫正对象一旦违反相关规定，则可依法收监执行。而管制犯是个例外，需在实践中进一步完善相关制度，增进司法行政机关与公安机关之间的职权配合，避免部分管制犯逃避矫正的情形。三是增加社区矫正对象与社区的相互沟通、理解十分必

---

① 王顺安：《社区矫正理论研究》，中国政法大学2007年博士学位论文，第134页。

② [德]冯·李斯特：《论犯罪、刑罚与刑事政策》，徐久生译，北京：北京大学出版社2016年版，第29—36页。

要。社区矫正不同于监狱矫正的地方就是，其更注重对矫正对象的社会化改造，而不是惩罚。社区矫正应当促进矫正对象与社会的交流，消除彼此的隔阂，谋求社会关系的修复，与社区自身的和谐。一方面，对符合特定条件的社区矫正对象，应当在适度监控的条件下，组织或允许其实施社会服务，使其具备理解社区、接触社区、融入社区的心理动机，从而促进其自觉改造。另一方面，应加强对社区矫正内容的宣传，使更多的社会活动进入社区矫正，使更广泛的社会公众了解社区矫正，从而消除社区与矫正对象的隔膜，增进彼此的交流和理解。

4. 国家主导与社会参与相结合原则

所谓"国家主导"，是指社区矫正工作尤其是法律事务由国家主管机关负责。因为社区矫正的本质是刑事执行措施，而刑罚权的创设和实施主体是一个国家维度的概念。[①] 此外，社区矫正涉及的对象十分广泛、矫正服刑人员的有关事务极其庞杂，只有依托国家职能的有效运作，才能为社区矫正创造稳定性、连续性和秩序性的条件。因此，实务中许多关于社区矫正的文件都或多或少地提及了党政机关对于社区矫正工作的指导、主管与执行职能，许多学者也在论著中强调了各个国家机关在社区矫正事务上的各司其职与相互协调。[②]

而"社会参与"，则强调多方位、多层次、多角度运用社会力量参与社区矫正工作，促使社区矫正对象与社区的和解、和谐，最终使得社区矫正对象能够回归社会。[③] 而所谓"社会力量"，即在社区矫正工作中可以利用的社会人力、组织和设施、技术、资金

[①] 王平，何显兵，郝方昉：《理想主义的〈社区矫正法〉——学者建议稿及说明》，北京：中国政法大学出版社2010年版，第65—69页。

[②] 马辉，周静茹主编：《社区矫正工作实务》，广州：暨南大学出版社2008年版，第4—5页。

[③] 王平，何显兵，郝方昉：《理想主义的〈社区矫正法〉——学者建议稿及说明》，北京：中国政法大学出版社2012年版，第69—75页。

等总称。① 一些学者也将其表述为社会资源。近来，一些基层的司法行政机关工作人员表示，目前我国社区矫正的实际工作虽然取得一定进展，但仍受制于教育方式不够多元和有效、矫治手段过于单一，以及欠缺与社区矫正对象的内心沟通等因素。因而，不论是出于矫正效果的考量，还是出于矫正理念的反思，社区矫正工作中大量非执法的内容需要社会力量的参与。一方面，社区矫正工作中许多专业领域的技术问题，如心理疏导、人文教育、法制宣传等，尚需要更为专业的社会人员的积极参与。另一方面，为了改变现实中人们对社区矫正对象的观念偏见，缓和社区矛盾，社区矫正工作也迫切需要社会主体的广泛关注。而只有更多地引入矫正机构外的社会力量，才能消除矫正对象与社会民众之间的误解，为矫正对象的改造、社区的和谐创造更好的条件。除此之外，这一原则还具有以下意义：

第一，这是形成"大社会、小政府"格局的需要。社区矫正是一项刑事执行活动，属于刑事权力运行的范畴，是国家专属性的政治权力。但完全由政府实施，必然会造成司法行政部门人员编制的过分扩张。而且，即便如此，政府在社区矫正所需供给的服务和知识方面也远不及社会，因此必须在政府主导的前提下通过政府向社会购买服务的方式，确保和加大在社区矫正中的社会参与。

第二，这是突出社区矫正的社会属性，实现刑事执行社会化、开放化的需要。② 只有在国家主导下，不断扩大社会参与的广度和深度，才能达到帮助社区矫正对象复归社会的目标。

第三，这是一个动态变化的过程。随着社会组织和社区建设的不断培育和发展，社区矫正中的社区参与度也将不断提高，这必然会影响到国家主导的方式的革新和变化。实务中，一些基层司法行

---

① 吴宗宪：《社会力量参与社区矫正的若干理论问题探讨》，载《法学评论》2008年第3期。

② 王金元：《社区矫正工作社会化：实施手法与途径探索》，载《华东理工大学学报（社会科学版）》2010年第5期。

政机关工作人员提出了将社区矫正服务外包于私人的积极构想。在国家的监督下，在社会中矫正被矫正者、在交流中影响他们，这是一种双赢的社会治理模式。

  第四，这是国家治理能力现代化的必然要求。党的十八届三中全会提出："全面深化改革的总目标是完善和发展中国特色社会主义制度，推进国家治理体系和治理能力现代化。"在社区矫正过程中，在国家提供体制基础、秩序保障的前提下，将社会力量、公众力量融入矫正犯罪人的动态过程中，这不仅是改造矫正对象、维护秩序的有益途径，也是谋求国家治理与社会参与有机统一、协调共进的重要体现。[①]

[①] 吴何奇：《公众认同视阈下我国社区矫正问题反思》，载《河南警察学院学报》2018年第1期。

第三章　社区矫正的相关法律关系

社区矫正法律关系是社区矫正活动中相关各方之间的权利、义务关系。包括政府与社会、主管部门与配合部门、社区矫正管理机关与社区矫正机构、社区矫正机构及其工作人员与社区矫正对象、社区矫正执法工作者与其他矫正工作者、社区矫正机构工作人员与人民警察的关系等。厘清社区矫正的相关法律关系,对我们准确把握社区矫正工作的性质、目的和任务,更好地完善我国社区矫正法律制度具有十分重要的意义。

一、社区矫正工作中政府与社会的关系

近代以来,随着市场经济的兴起,"国家—社会"的二元结构逐渐形成,传统的公权和私权适用的领域也在发生变化。在刑事政策和犯罪控制模式中,原本由国家公权力垄断的刑罚适用和犯罪改造的领域,逐渐出现了协会、社团等社会力量,不断发展壮大的社会力量开始融合并参与专属于公权力运作范畴的司法领域。[①] 在这一社会背景下,提高犯罪控制效益的根本出路在于改变刑罚运行模式,充分调动社会资源,由社会运行部分刑事执行权,在刑事司法领域中形成公私权的合作。社区矫正正是顺应这一变化出现的刑事执行活动。在这种新的犯罪控制方式中,国家着眼于对犯罪行为的

---

① 董蕾:《公私权界分视角下的社区矫正》,载《国家检察官学院学报》2014年第4期。

规约与惩罚，社区则侧重于对犯罪人的说服与治疗，由此形成了一种公私共处的混合的罪犯矫正模式。前中央政法委书记孟建柱同志曾指出，社区矫正对象"监管靠政府，矫正靠社会"，"做好社区矫正工作，重点在社区、工作在群众"。这实际上既阐明了政府在监管上必须切实负起责任，又强调了发动社会各方参与矫正工作的重要性。

回顾我国社区矫正工作的发展历程，十多年来，社区矫正相关制度初步确立，领导体制和工作机制逐步完善，机构和队伍得到加强，社会参与积极性不断提高，取得了很好的监管教育帮扶效果。实践证明，社区矫正发展了我国社会主义刑罚执行制度，是宽严相济刑事政策在刑事执行方面的重要体现，充分展示了社会主义法制教育人、改造人的优越性。[①] 但是，从调研情况来看，我国各地社区矫正工作的发展还存在不平衡、不充分，在政府经费保障和社会参与等方面还存在一些问题。

1. 经费保障与社会参与的现状

（1）经费保障的状况

从调研的情况来看，目前各地政府对社区矫正经费保障状况大致如下：

一是整体保障水平逐步提升。目前我国社区矫正工作经费的主要来源是政府财政拨款。根据司法部的数据统计，2013年，在落实社区矫正经费保障方面，全国28个省（区、市）、72%的地（市、州）和62%的县（市、区）将社区矫正经费纳入同级财政预算。2013年，全国社区矫正经费预算预计达到8.43亿元。[②] 2014年，在落实经费保障方面，全国31个省（区、市）和新疆生产建设兵团均已将社区矫正经费纳入同级财政预算，有286个地（市、州）和2007个县（市、区）社区矫正经费纳入同级财政预算，分别占全

---

① 孟建柱：《提高矫正水平 促社区服刑人员融入社会》，人民网—时政频道，http://politics.people.com.cn/n/2014/0527/c1001-25072692.html，2017年11月15日登录。

② 《数据库》，载《中国司法》2014年第2期。

国地（市、州）和县（市、区）建制数的 82% 和 70%。2014 年，全国各地社区矫正经费预算总计 11.38 亿元，比 2013 年增加 1.44 亿元。① 以上数据表明，各地政府日益重视社区矫正工作，经费整体保障水平逐步提升。

二是各地保障水平存在差异。从各省市的经费保障情况来看，由于各地区经济发展不平衡，社区矫正经费保障水平不一，不同省市、不同地区之间的差异也较为明显。如，广州市社区矫正办公室给每个试点区司法局每年下拨 10 万元专项补贴，并按每名社区矫正对象每人每年 2500 元的标准纳入同级财政预算。② 湖北省从 2014 年起增设社区矫正"人头经费"，按每名社区矫正对象每年 2000 元的标准对社区矫正工作予以补贴。③ 2016 年 1 月 9 日，《河南日报》登载，河南省社区矫正经费财政预算最低保障标准由社区矫正对象每人每年 1600 元提高至不低于 2000 元。浙江省嘉兴市从 2016 年 7 月 1 日起，全市社区矫正经费保障标准由每人每年 2000 元提高至每人每年 3000 元，增长幅度达 50%。④ 从我们调研情况来看，江苏省一直重视社区矫正经费保障的工作，为此建立了省级社区矫正专项资金常态保障机制，将社区矫正工作经费纳入各级财政预算。2008 年省财政厅和司法厅联合出台了《江苏省省级社区矫正专项资金管理办法》，要求各地根据经济发展状况和社区矫正工作的实际需要，以苏南地区、苏中地区、苏北地区每名矫正对象年均支出 2500 元、2000 元、1500 元为计补基数。省级社区矫正专项资金分别按苏南地区、苏中地区、苏北地区社区矫正对象每人每年 750

---

① 《数据库》，载《中国司法》2015 年第 2 期。

② 李沃生，林春媚：《广州市社区矫正试点工作的主要经验》，载《法治论坛》2008 年第 4 期。

③ 《湖北 2014 年起将增设社区矫正"人头经费"》，凤凰网资讯，http://news.ifeng.com/gundong/detail_2013_12/10/32004646_0.shtml，2017 年 11 月 20 日登录。

④ 《省司法厅副厅长金登尚批示肯定我市社区矫正经费保障工作》，中国嘉兴网，http://www.jiaxing.gov.cn/ssfj/gzdt_5608/qtywxx_5612/201608/t20160830_630617.html，2017 年 11 月 20 日登录。

元、1000元、1050元进行补助。2008年以来,省级专项资金拨付达4.17亿元,有效地保证了社区矫正工作的顺利进行。各级党委、政府也积极落实经费配套措施。如,张家港市将社区矫正工作纳入市社会管理综合治理和平安建设计分考核,社区矫正工作经费列入财政预算,每年市级财政投入在400万元左右,社区矫正工作得到有效保障。宜兴市对社区矫正经费始终实行专项资金专户集中管理,通过财政投入、社会捐资等多种形式,逐年增加经费保障,至目前已投入4000余万元。昆山市各区镇财政部门按每名社区矫正对象3000元的比例划拨工作经费至各司法所,明显高于省里要求的计补基数。

三是一些地方经费保障仍未到位。根据官方公布的数据,截至2014年底,全国仍有18%的地(市、州)和30%县(市、区)未将社区矫正经费纳入同级财政预算。随着"2016年内蒙、天津、河南、辽宁等省(区、市)先后出台《社区矫正经费保障工作实施办法》,按社区服刑人员数量保障社区矫正经费",① 社区矫正经费未纳入同级财政预算的比例进一步缩小。但是,由于社区矫正经费主要由省级以下财政负担,财力薄弱的地方,尤其是中西部地区的广大农村,社区矫正经费保障难以落实,也造成全国各地社区矫正经费保障差距较大,正如司法部社区矫正局负责人所言:"有的地方社区矫正经费保障政策没有很好落实。"② 且不说经济欠发达的中西部地区,以社区矫正经费保障水平位于全国前列的江苏为例,从我们调研的情况来看,由于江苏各地发展不均衡,苏北、苏中地区的经济情况与苏南地区差距较大,经费短缺问题比较突出。在苏北和苏中部分地区,除省司法厅下拨的专项经费外,能专门用于社区矫正的地方配套经费比较有限,专职从事社区矫正工作的社会工作者的收入甚至不及苏南一半,严重影响了社区矫正工作人员的积极

---

① 姜爱东:《扎实做好社区矫正工作的实践与思考》,载《中国司法》2017年第3期。
② 同上。

性。问卷调查显示，只有11.05%的执法工作者和19.82%的社会工作者认为社区矫正经费充足，绝大部分认为社区矫正经费不足、地方配套经费落实不到位。① 有调研认为，从实务工作经验来看，每名社区矫正对象每年的经费投入只有达到2500元以上才能够收到积极效益，但是这种需要显然没有得到满足。2015年调查显示，福建省社区矫正对象的年人均财政开支由500元到2000元不等，其中500元到1000元为45.2%，1000元到1500元为33.3%，1500元到2000元为14%，2000元以上仅为7.5%。数据表明，该省有90%以上的矫正对象没有足够的经费投入。②

经费保障问题是社区矫正工作发展的一个瓶颈环节，社区矫正工作经费保障问题不解决，社区矫正也就成了无源之水、无本之木。社区矫正经费保障不到位的原因主要有：一方面是财政经费安排不到位。我国实行中央、省（自治区、直辖市）、市（地区、自治州）、县（市、自治县）、乡（镇、民族乡）五级财政。目前的情况是：社区矫正经费主要由省级以下财政负担，如前文所述，由于社区矫正经费没有单列，经费保障缺乏坚实的财政基础，受重视程度还不够。在财力薄弱的地方，尤其是中西部一些地区，社区矫正经费保障难以到位，造成全国各地差距较大。另一方面是经济欠发达地区的地方财政难以完全保障。我国实行分税制改革以来，县级财政作为一级财政主体的自主权逐渐增强。如果县级财政困难，必然导致社区矫正的经费保障难以落实。我国一些地方乡镇财政则面临着更多困难，比如税源有限、地方经济发展不景气等，这使得社区矫正的经费保障更是捉襟见肘，难以为继。

（2）社会参与的状况

无论从社区矫正的起源还是从社区矫正的理论根基来看，社会

---

① 以上为本课题组2016年在江苏调研的情况。
② 欧渊华、黄彬：《社区矫正工作问题实证分析——以闽97所司法所为样本》，载《首届海峡两岸社区矫正论坛会议论文》，首都社会建设与社会管理协同创新中心2014年，第444页。

力量的参与都是社区矫正发展不可或缺的重要支撑。从我国社区矫正的实践来看，当前社会力量参与社区矫正的主要状况如下：

一是社会参与力量不断加强。自社区矫正试点以来，社区矫正机构开始与大专院校、科研院所、医院、心理咨询机构、职业培训机构、公司、企业、新闻媒体等合作，或者通过政府购买服务等方式招聘社会工作者，并大力招募社区矫正志愿者。据统计，截至2013年底，全国从事社区矫正工作的社会工作者约7.1万人，社会志愿者约60.1万人。①2014年，司法部会同中央综治办、教育部、民政部、财政部和人社部出台了《关于组织社会力量参与社区矫正工作的意见》，对鼓励引导社会力量参与社区矫正工作，解决好社区矫正对象就业就学和社会救助、社会保险等问题提出要求。2015年，各地继续加强专群结合队伍建设，积极引导社会力量参与社区矫正工作。吉林、重庆、河北、内蒙古、贵州、西藏等省（区、市）司法厅积极争取党委政府支持，协调省编办、人社、民政、财政等有关部门，采取有力措施，充分用好政法专项编制，并通过政府购买服务等方式选录一批社会工作者，充实一线工作力量。浙江省司法厅召开了全省社会力量参与社区矫正工作推进会，研究部署全面推进社区矫正工作社会化的意见措施。山东、福建、河南、四川等地结合本地区实际，研究制定了社会力量参与社区矫正工作相关文件。截至2015年底，全国从事社区矫正的社会工作者8.2万多人，社会志愿者67.9万多人。②到2016年底，各地通过政府购买服务，招聘8.3万名社会工作者，招募69万名志愿者从事社区矫正工作。③从以上数据变化可以看出，近年来，在各地政府和社会组织的共同努力下，社会力量参与社区矫正工作不断得到加强。

二是社会参与模式各有特色。实践中，各地社会力量参与社区

---

① 《数据库》，载《中国司法》2014年第2期。
② 姜爱东：《在深化改革中全面推进社区矫正工作》，载《中国司法》2016年第3期。
③ 姜爱东：《扎实做好社区矫正工作的实践与思考》，载《中国司法》2017年第3期。

第三章 社区矫正的相关法律关系

矫正的方式也不相同,比较具有代表性的为上海模式和北京模式。2002年8月,上海开展社区矫正试点,并创造性地培育了独立于政府的矫正社会工作者组织——上海市新航社区服务总站和上海市社会帮教志愿者协会。新航社区服务总站在市矫正管理局的直接指导下,按照与社区矫正对象1:30的比例,组织社工在本市街道、镇全面参与社区矫正各项工作,重点是日常监管和帮教。截至2016年12月底,上海市社会帮教志愿者协会共有个人会员近2万人,单位会员600余家。协会依托民营企业,在全市建立数个为无业可就、无家可归、无生活来源的"三无"社区矫正对象提供临时住宿、就业和帮教服务的"中途之家",先后安置此类对象数十人。在日常矫正工作中,志愿者多以矫正小组成员的方式参与社区矫正对象的日常监管工作。[①] 在上海模式中,社区矫正工作人员的聘用、培训、管理都交给该第三方社会组织,社区矫正工作以政府购买服务的方式展开,虽然该第三方社会组织也是在政府主导和支持下成立,但它与政府是平等合作的关系,而不是管理与被管理的上下级关系。而在北京模式中,社区矫正工作人员直接由政府机关聘任,对工作人员的招聘、任用、管理、考核、评估及工作范围和工作内容的布置等都直接归属这些司法行政机关,其对社区矫正工作人员的定位是"听我指挥,为我所用"。北京模式以其政府主导之下的高效性而被人们所推崇。虽然就现阶段而言,上海模式和北京模式都带有官方色彩,但是从长远来看,显而易见,上海模式更有利于社会力量的进入。[②]

从我们调研的情况来看,截至2016年,江苏全省共有社区矫正社会工作者3099人,与社区矫正对象配比达1:14,共有社区矫正志愿者48000人。江苏比较注重发挥社会组织、社会力量的作

[①] 上海市社区矫正立法调研课题组:《社区矫正立法问题研究》,载《中国司法》2017年第5期。

[②] 但未丽:《社区矫正的北京模式与上海模式比较分析》,载《中国人民公安大学学报(社会科学版)》2011年第4期。

用，社会志愿者、社区矫正专职工作者已成为不容忽视的中坚力量。如，靖江市成立了青少年社区矫正对象心理特别咨询中心，建立了"同龄互动平台"，该市11个镇街通过建立社区矫正之家，社区矫正志愿者实行一对一帮教，用"人文关怀"力量扶助社区矫正对象回归社会。南京市栖霞区司法局社区矫正中心中途之家，汇集辖区高校心理学教育资源，对城郊接合部外地户籍人员、校园未成年人、女性和老年社区矫正对象的心理矫治等课题与专家团队合作研究，帮助矫正对象树立信心，重建自我。张家港市通过成立社会组织"春晓服务社"，探索形成"政府主导推动、社团自主运作、社会多方参与"的社会工作模式。①

其他一些省份在社会参与上也各有特色。如，2014年，内蒙古司法厅联合人社厅下发文件，将社区矫正社会工作者纳入高校毕业生志愿服务计划实施方案，选聘1402人专职从事社区矫正工作。吉林为全省基层司法所增配1200个社区矫正社会工作者。重庆市通过政府购买服务的方式，聘用1000名工作人员从事社区矫正辅助工作。安徽省司法厅联合人社厅公开招聘专职社区矫正社会工作者2316名，使其与社区矫正对象比例超过1∶20，有效弥补了社区矫正工作力量的不足。②

三是社会力量参与仍然不足。从调研情况来看，目前在我国开展的社区矫正活动中，社会力量的参与与社区矫正工作需求之间仍有较大差距。有学者对河北等地的社区居民抽样调查发现，有39.3%的人对社区矫正完全不了解，有54.2%的人了解一些，对社区矫正很了解的人只占6.5%，其中积极参与社区矫正的民众非常有限。据零点公司对北京的调查，只有2.0%的居民参与过社区矫正工作，而参与者中以退休老人和一部分下岗职工为主，这些人主要

---

① 《十年试点，社区矫正"江苏经验"渐成》，网易新闻中心，http://news.163.com/14/0106/06/9HSTKOLS00014AED.html，2017年11月15日登录。

② 姜爱东：《狠抓落实 全面推进社区矫正工作》，载《中国司法》2015年第3期。

是通过居委会的招募而参加到社区矫正工作中来的。[①]2016年，本课题组对全省（江苏省）1575名志愿者进行了调研，在"您是如何成为社区矫正志愿者的"问题中，有37.42%的志愿者是由单位安排，由志愿者服务组织安排的占15.21%，仅有15.73%系个人主动申请，数据表明志愿者参与社区矫正的主动性不高。

社区矫正中社会力量参与不足的主要原因在于：一方面，从目前我国社区矫正面临的处境来看，"传统刑罚的执行方式"定位相当于给社区矫正加了一个坚硬的外壳，这个外壳将社会力量彻底地排除在外。而这种缺少了社会力量参与的社区矫正只不过是传统刑罚换汤不换药的表达。[②]另一方面，由于目前我国的社区尚未发育成熟，社区居民对公共事务参与有限，尤其在我国中西部地区，居民参与志愿者活动的意识还较为淡薄，自愿从事社区矫正志愿者的人数很少。加之广大基层社区居民对犯罪的认识仍然停留于打击、控制、严惩的层面，大部分人对社区矫正理解程度不高，甚至有抵触，因此，社区居民与其他社会力量参与的积极性与程度都比较低。[③]此外，由于没有引入社会力量的相关法律规定，社会企业和非政府组织难以介入，社会基金来源匮乏，志愿者提供志愿服务的方式也较为单一。

2. 社区矫正中政府与社会参与的相关制度分析

（1）国家层面的相关制度规定

从不同时期中央层面颁布的相关《通知》《意见》《办法》来看，我国一直非常重视政府与社会参与社区矫正工作。如，2003年7月，两高两部在联合下发的《关于开展社区矫正试点工作的通知》中明确指出："试点工作要在各级党委、政府的统一领导下进行。

[①] 崔会如：《社区矫正社会参与的不足及其完善》，载《前沿》2011年第3期。

[②] 王志远，杜磊：《我国基层社区矫正：问题、根源与本质回归》，载《甘肃社会科学》2016年第6期。

[③] 董蕾：《公私权界分视角下的社区矫正》，载《国家检察官学院学报》2014年第4期。

各有关部门要积极参与,大力协作,切实解决试点工作中的实际困难和重大问题,使社区矫正试点工作顺利开展。要充分发挥基层群众自治组织、社会团体和社会志愿者的作用,积极参与和协助社区矫正的试点工作。"

2005年1月,两高两部在联合下发的《关于扩大社区矫正试点范围的通知》中进一步表述为:"扩大社区矫正试点工作要积极争取各级党委、政府的重视和支持,应当坚持党委、政府领导,司法行政机关负责组织实施,法院、检察、公安、司法行政等相关部门紧密配合,社会力量广泛参与的工作机制,确保试点工作健康、顺利地开展。"

2009年9月,两高两部在联合下发的《关于在全国试行社区矫正工作的意见》中明确指出:"要进一步健全社区矫正工作领导体制与工作机制。坚持党委、政府统一领导,司法行政部门牵头组织,相关部门协调配合,司法所具体实施,社会力量广泛参与的社区矫正工作领导体制和工作机制。""积极争取党委、政府的重视支持。紧紧依靠党委、政府的领导,努力把社区矫正工作纳入当地经济社会发展总体规划,列入重要日程,确保社区矫正工作顺利开展。"

2012年1月,在《司法部关于认真贯彻落实最高人民法院、最高人民检察院、公安部、司法部〈社区矫正实施办法〉进一步做好社区矫正工作的通知》中明确为:"要加强与公检法等部门的协调配合,动员社会力量参与社区矫正。要坚持党委、政府统一领导,司法行政机关指导管理、组织实施,相关部门协调配合,社会力量广泛参与的领导体制和工作机制。"

2014年8月,两高两部在联合出台的《关于全面推进社区矫正工作的意见》中再次强调:"建立和完善党委政府统一领导,司法行政部门组织实施、指导管理,法院、检察院、公安等相关部门协调配合,社会力量广泛参与的社区矫正领导体制和工作机制。"

党委政府在社区矫正工作中的角色定位,从"要在各级党委、政府的统一领导下",到"应当坚持党委、政府领导",到"坚持党委、政府统一领导",再到"建立和完善党委政府统一领导",相关用语的变化,反映出我国的社区矫正工作越来越重视党委政府的统一领导。同样,社会参与因其重要性发生变化,在相关文件中语词的分量也逐渐加大。

除两高两部的文件外,2012年,财政部司法部还联合出台了《关于进一步加强社区矫正经费保障工作的意见》,明确提出:"各地应积极完善社区矫正经费保障制度,有条件的地区,可探索建立按照社区矫正人员数量核定社区矫正经费的制度。"2014年11月,司法部、中央综治办、教育部、民政部、财政部、人力资源和社会保障部又联合下发了《关于组织社会力量参与社区矫正工作的意见》。《意见》中要求分充分认识社会力量参与社区矫正工作的重要性,鼓励引导社会力量参与社区矫正工作,做好政府已公开招聘的社区矫正社会工作者的保障工作,着力解决社区矫正对象就业就学和社会救助、社会保险等问题,进一步加强对社会力量参与社区矫正工作的组织领导。

(2)地方层面的相关制度规定

近年来,各地根据中央层面的相关制度规定,结合实际情况,纷纷出台了地方性法规及制度,对政府和社会参与社区矫正工作予以明确规定,有效促进了社区矫正工作的落实。比如,2014年1月16日由江苏省第十二届人民代表大会常务委员会第八次会议通过的《江苏省社区矫正工作条例》,在第3条中将"专门机关与社会力量相结合"提升为社区矫正工作的原则,在第4条中要求"县级以上地方人民政府应当将社区矫正工作纳入国民经济和社会发展规划,建立健全社区矫正工作领导体制和工作机制,加强社区矫正工作机构和队伍建设,鼓励和支持社会力量参与社区矫正工作"。此外,2015年6月,江苏省司法厅、江苏省综治办、江苏省教育厅、江苏省民政厅、江苏省财政厅、江苏省人力资源和社会保障厅还联合下发了《关于组织社会力量参与社区矫正工作的实施意见》,要求"充分认识社会力量参与社区矫正工作的重要性,积极组织和引导社会力量参与社区矫正工作,进一步推进全省社区矫正工作深化发展"。

2012年7月,北京市高级人民法院、北京市人民检察院、北京市公安局、北京市司法局在联合印发的《北京市社区矫正实施细则》第4条中规定:"抽调监狱劳教人民警察、社会工作者和志愿者在司法行政机关的组织指导下参与社区矫正工作。"第51条规定:"各级司法行政机关应当积极争取同级政府的支持,加强相关工作设施建设和基本装备配备。"2012年9月,浙江省高级人民法院、浙江省人民检察院、浙江省公安厅、浙江省司法厅在联合印发的《浙江省社区矫正实施细则(试行)》第2条、第3条中分别规定"司法行政机关负责指导管理、组织实施社区矫正工作","社区矫正社会工作者和志愿者在社区矫正机构的组织指导下参与社区矫正工作。有关部门、村(社区)、社区矫正人员所在单位、就读学校、家庭成员或者监护人、保证人等协助社区矫正机构进行社区矫正"。2014年5月,四川省高级人民法院、四川省人民检察院、四川省公安厅、四川省司法厅在联合印发的《四川省社区矫正实施细则(试行)》第3条中,也将"专门机关与社会力量相结合"提升为社区矫正工作的原则,在第6条中规定:"各级司法行政机关应当积极争取党委政府重视支持社区矫正工作,积极协调相关部门认真落实有关法律规定和文件精神,加大社区矫正经费保障力度,建立社区矫正工作经费全额保障制度,按社区服刑人员数量核定社区矫正经费,保障社区矫正工作健康顺利发展。"

2012年8月,上海市司法局发布的《市司法局关于开展社区矫正工作的若干规定》第4条规定:"司法所承担社区矫正日常工作……组织社会工作者和志愿者,对社区矫正人员开展帮教活动和适应性帮扶工作,配合区(县)司法局对社会工作者的服务进行评估。"第75条规定:"市、区(县)司法局应在同级政府统一领导下,建立司法行政机关组织实施,相关部门协调配合,社会力量广泛参与的社区矫正工作体制和机制。明确工作机构，配备工作人员，落实执法经费和工作经费，保障社区矫正工作的顺利开展。"这些地方性规范，分别从领导体制、工作机制、工作机构、队伍建设以及经费保障等方面，对政府和社会参与有关要求予以明确规定。

3. 社区矫正工作中政府与社会的职责定位与立法建议

总的来说，社区矫正具有二元属性。它是执行与矫正的统一，是惩罚与恢复的统一，也是刑事执行和福利服务的统一。刑事执行是社区矫正制度的基本属性；而它的福利和服务属性，是社区矫正作为一种有别于传统监禁矫正的、开放化和社会趋向的刑事执行的内在属性。社区矫正的这种二元属性决定了政府与社会在社区矫正中的职责定位。

（1）政府主导

由于社区矫正涉及国家的刑事执行制度，具有相当程度的权威性和严肃性，因此应坚持政府组织在社区矫正中的"元治理"的角色，应当明确政府组织在多元主体中的第一责任主体的主导地位。政府主导是社区矫正工作的基本保障。政府主导不仅表现在政府提供社区矫正所需要的财政经费，更表现在政府把握社区矫正的正确方向、发展要求、社会参与程度、社会工作者的执业条件以及专门机关与有关部门关系的合理化。尤其是在目前阶段，我国的社区还不成熟，实际上是以政府组织为基础和核心，基本等同于行政区划的概念。城市社区就是城市政府基础组织的街道、镇、乡，社区矫正的组织、实施机构也就是政府基层组织的司法所。社区的范围局限于该政府基层组织的行政区划范围。自然，从有利于社区矫正发展以及制度建立的角度看，政府的扶持和主导是不可缺少的。

（2）社会参与

党的十九大报告中明确提出，要"加强社区治理体系建设，推动社会治理重心向基层下移，发挥社会组织作用，实现政府治理和社会调节、居民自治良性互动"。因此，应当进一步增强社区矫正的社会参与力量。除了刑事司法机关和政府其他部门的力量参与社区矫正工作之外，还应当鼓励有关的社会机构、组织、个人等积极参与社区矫正工作，为社区矫正工作的顺利进行提供协助和支持。这里的"其他单位、组织"应当包括国家司法机关和政府其他部门之外的所有企业事业单位、社会组织、民间组织、群众团体等。这里的"其他人员"不仅指所有中国公民，也包括一切愿意为社区矫正工作做出贡献的人员，例如，国际组织的人员、在华的外国人等。在社会参与中，尤其要发挥好非政府组织在我国社区矫正体系中的作用。

（3）立法建议

综上所述，本课题组建议立法部门能够根据我国社区矫正中政府和社会参与的实际状况，以及相关制度规范中已形成的经验做法，在未来的社区矫正法中确立政府主导和社会参与的社区矫正工作基本原则，并结合我国经济社会发展的状况，继续加大社区矫正工作的经费保障力度，明确县级以上各级人民政府应当将社区矫正工作纳入国民经济和社会发展规划，并将社区矫正经费列入本级政府预算，居民委员会、村民委员会协助社区矫正机构开展工作所需经费从社区矫正经费中列支。同时，鼓励单位和个人依法对社区矫正工作进行捐赠，单位和个人的公益性捐赠支出符合条件的，按照规定享受有关税收优惠；鼓励企业事业单位、社会组织建立社区矫正教育培训和公益劳动基地，共同促进我国社区矫正工作的健康发展。

二、社区矫正的主管部门与配合部门的关系

从我国社区矫正的实践来看，目前，由国务院司法行政部门主管全国的社区矫正工作，县级以上地方各级人民政府司法行政部门负责本行政区域的社区矫正工作，各级人民政府有关部门依照各自职责，配合司法行政部门做好社区矫正工作。在具体工作职责分

担方面，县级以上地方人民政府在社区矫正工作中起主导作用，县级以上地方各级司法行政部门作为社区矫正管理机构与人民法院、人民检察院、公安机关及其他相关部门按照各自职责做好社区矫正相关工作，村委会、居委会等社会组织和人员协助落实社区矫正措施，初步形成了各级党委、政府统一领导，司法行政机关组织推进落实，法院、检察院、公安、民政、劳动、财政、宣传等相关部门协作配合的社区矫正工作格局，保障了社区矫正工作的顺利开展。

1. 社区矫正主管部门与相关部门协同协作的状况

社区矫正是我国社会管理创新和社会治安综合治理的重要组成部分。社区矫正工作涉及公、检、法、司、监等多个职能部门和民政、人力资源与社会保障等保障部门，为了保证矫正工作的顺利进行、实现良好的矫正效果，需要各单位的紧密协作和无缝衔接。

（1）社区矫正相关部门在协同协作方面好的做法

自社区矫正试点开始，我国就十分重视社区矫正主管部门与相关部门的协作协同问题。从社区矫正的管理体制来看，我国绝大多数省、市、区均成立了社区矫正工作领导小组，领导小组一般由政法委牵头[①]，司法、法院、检察院、公安、监狱、人力资源和社会保障等部门参加，各部门在地方党委、政府的统一领导下加强协作配合。其中，司法行政机关是承担社区矫正具体管理事务的工作主体，公安机关是对矫正对象实施监管权的执法主体，公、检、法、司、监等多个职能部门和民政、人力资源和社会保障等保障部门在社区矫正中发挥职能联动。

从江苏调研的情况来看，相关职能部门在协同协作方面，一方面是强化协同作战，各基层司法行政部门积极加强与相关部门的联动配合，初步建立了联席会议制度。各部门之间通过信息分享平台，定期交换社区矫正对象数据，核查比对漏管脱管人员信息，实施精准监管，对异常人员通知各地调查处理，形成常态机制；对脱

---

① 如北京、上海、浙江等。

逃的社区矫正对象共同进行分析研判,逐人制订追逃计划和实施方案,采取网上追逃、登门敦促规劝等措施,提高追逃效果。人社、民政等部门积极配合落实低保、医保、临时救助等政策措施,为社区矫正对象接受社区矫正提供基本生活保障。另一方面是强化问责问效,依托《江苏省社区矫正工作条例》规定的法律责任,建立健全法律责任追究制度。各级政府将社区矫正工作列入综治平安考核的指标之中,连续多年列入政府工作报告,定期召开社区矫正工作会议,总结经验,表彰先进。

(2)社区矫正相关部门在协同协作方面存在的问题

司法部课题组调研认为,由于社区矫正的立法尚未完善,相关规定也比较笼统,具体执行过程中如何发挥各部门的法定职能还不够具体,缺乏一定的可操作性,在部门之间的协作协同以及工作衔接上还存在一定的问题,主要表现在居住地执行、社会调查评估、交付接收阶段、刑罚执行、信息通报的衔接等方面。[1]本课题组调研发现,在实践中,各部门之间的协同协作还存在以下突出问题:一是法律文书移送不及时,实际工作中,出现部分社区矫正对象已报到较长时间,有的甚至已经结束了矫正,但部分法院仍未移送相关的法律文书;二是社区矫正对象移交不及时,部分法院判处社区矫正后,既未告知矫正对象到户籍地或居住地矫正机构报到,也未向相关机构移送材料,造成了人员漏管;三是部门信息通报不及时,当社区矫正对象违法犯罪或是被治安管理处罚、采取刑事强制措施、作出生效判决等刑事行为后,作为社区矫正的执法主体,司法行政机关却不能在第一时间了解情况,严重影响了社区矫正机构及时采取有效的应对措施。中国政法大学王平教授的课题组认为,社区矫正机构必须在当地党委政府的领导下加强与其他政府部门之间的协作,尤其是与人力资源和社会保障部门、民政部门、教育部门、工商行政管理部门、妇联等部门和机构的协作。但在社区矫正

---

[1] 司法部预防犯罪研究所课题组:《社区矫正衔接机制建设研究报告》,载《中国司法》2016年第6期。

的实地考察中了解到,现在社区矫正工作者感到非常为难的就是在帮助矫正对象办理各种福利性救助的时候,其他政府部门的工作人员不予理解、支持、配合,令他们感到工作没有成就感、尊严感。①

(3) 相关部门之间协同协作不到位的原因分析

由于社区矫正工作在我国从试点运行到全面推行时间跨度较短,当前,社区矫正工作正处于各种矛盾、问题的高发期、凸显期,也是各项规章制度的萌芽期、发展期,概括来说,目前社区矫正相关部门之间协作协同不到位的主要原因在于:一是由于社区矫正的性质不明,有关部门在认识上还存在差距,导致相关部门对社区矫正工作重视不够。二是有关部门的职责还不够明确,《社区矫正实施办法》是目前开展社区矫正工作的基本依据,对司法行政机关与人民法院、人民检察院、公安机关的主要职责作出了规定,对执法工作中各环节的衔接进行了明确,但比较原则、笼统,在实际操作方面还有欠缺。三是社区矫正保障水平严重不足,在机构、场所、人员等方面等还存在较大的缺位。四是一体化协同的机制尚未建立,缺乏有效的责任追究办法。

2. 社区矫正主管部门与配合部门的相关制度分析

(1) 国家层面的制度规定

2003 年,两高两部的《关于开展社区矫正试点工作的通知》中第一次明确了社区矫正相关部门的职责。从《通知》的内容来看,基本上确定了司法行政机关具体负责组织实施、公安机关与其共同承担监督考察社区矫正对象的工作、其他单位负责配合,并充分发动社会团体和社会资源参与的工作格局。从北京等地区的社区矫正工作试点情况来看,实践中基本形成了"政法委统一领导,司法局组织实施,相关部门协作配合,司法所具体执行"的模式。随后,两高两部在《关于扩大社区矫正试点范围的通知》中进一步明确"扩大社区矫正试点工作要积极争取各级党委、政府的重视和支

---

① 王平:《社区矫正制度研究》,北京:中国政法大学出版社 2014 年版,第 233 页。

持,应当坚持党委、政府领导,司法行政机关负责组织实施,法院、检察、公安、司法行政等相关部门紧密配合,社会力量广泛参与的工作机制,确保试点工作健康、顺利地开展。"2009年,两高两部在《关于在全国试行社区矫正工作的意见》中,具体列出司法行政机关、人民法院、人民检察院、公安机关等部门的职责,并强调相关部门要理解、支持和参与社区矫正工作,为开展社区矫正工作创造良好的社会环境。2012年,两高两部在《社区矫正实施办法》第2—6条、第14条、第24—28条、第31条、第32条、第35条、第37条、第39条等条文中,明确规定司法行政机关、人民法院、人民检察院、公安机关、监狱等部门的职责以及配合义务。2014年,两高两部在《关于全面推进社区矫正工作的意见》中,提出要建立和完善党委政府统一领导,司法行政部门组织实施、指导管理,法院、检察院、公安等相关部门协调配合,社会力量广泛参与的社区矫正领导体制和工作机制。完善社区矫正联席会议制度、信息共享制度、情况通报制度等协作配合机制,及时发现和解决社区矫正全面推进过程中出现的新情况和新问题,共同制定和完善有关规章制度。积极争取立法、编制、民政、财政、人力资源和社会保障等部门支持,为社区矫正工作全面推进创造有利条件。2016年,两高两部在《关于进一步加强社区矫正工作衔接配合管理的意见》中,专门提出要加强矫正前、交付执行、监督管理、收监执行等环节的衔接管理。从以上制度发展可以看出,社区矫正各部门职责正进一步明晰,相关部门之间协同配合的要求越来越严格。

(2)地方层面的制度规定

综观各省(市)现有的制度,也都对社区矫正的主管部门以及相关配合部门的权责予以明确。如,《江苏省社区矫正工作条例》第4—6条明确规定了县级以上地方人民政府在社区矫正工作中的主导作用和县级以上地方各级司法行政部门作为社区矫正管理机构的地位,并要求人民法院、人民检察院、公安机关及其他相关部门按照各自职责做好社区矫正相关工作,村委会、居委会等社会组织和人员协助落实社区矫正措施，形成了权责合理分配的社区矫正工作格局。这种工作体制，符合政府各部门的职能分工和江苏省社区矫正工作运行的实际情况。

《北京市社区矫正实施细则》第3条中规定了社区矫正主管部门及相关配合部门的职责，又在第2章"矫前调查、交付与接收"、第3章"对社区矫正人员矫正的实施"、第4章"对社区矫正人员的处罚、收监和减刑"、第5章"社区矫正的解除与终止"、第6章"对社区矫正工作的保障与管理"、第7章"附则"中，进一步细化明确相关部门的职责以及衔接配合的程序性规定。《浙江省社区矫正实施细则（试行）》中明确了社区矫正主管部门及配合部门的职责，并进一步细化了调查评估、法律文书送达、交付执行、变更居住地、减刑、撤销缓刑与假释、建立社区矫正人员信息交换平台、法律监督等方面的衔接配合规定。《四川省社区矫正实施细则（试行）》第3章中，以专门一章规定了人民法院、人民检察院、公安机关、司法行政部门的职责分工，各部门的职责分工规定得极为详细。

上海市在社区矫正工作试点之初（2003年），就由市高级人民法院、人民检察院、公安局、司法局联合下发了《关于社区矫正对象法律文书转递工作的规定（试行）》，对判处缓刑、管制、剥夺政治权利、裁定假释以及暂予监外执行（保外就医）的社区矫正对象的法律文书转递工作专门作出规定。2012年，上海市司法局在下发的《市司法局关于开展社区矫正工作的若干规定》第1章第2条中，明确规定了市司法局负责指导管理、组织实施上海市的社区矫正工作，并从9个方面规定了相应的工作职责；在第3条和第4条中，又分别详细规定了区（县）司法局、区（县）司法局社区矫正机构以及司法所的工作职责；专门规定第10章为"保障机制"，明确要求要建立例会、通报、业务培训、信息报送、统计、档案管理以及执法考评、执法公开、监督检查等制度，保障社区矫正工作规范进行。从上海市的相关规定来看，一方面重视发挥社区矫正主管部门的作用,另一方面比较重视社区矫正部门与其他部门之间的衔接管理,相关制度规定较为完备。

此外,2005年,广东省高级人民法院、省人民检察院、公安厅、司法厅在联合下发的《关于在我省实施社区矫正试点工作的通知》中,明确规定社区矫正试点工作法院、检察院、公安、司法行政等有关部门要依法履行职责,相互配合、相互支持,保证试点工作的顺利进行。2015年1月,陕西省社会治安综合治理委员会办公室、省高级人民法院、省人民检察院、公安厅、司法厅联合印发了《陕西省社区矫正工作联席会议制度》,要求加强公、检、法、司各部门在社区矫正工作中的相互协调和配合。

3. 主管部门与配合部门的关系建议

2016年12月,国务院法制办发布的《中华人民共和国社区矫正法(征求意见稿)》(以下简称《征求意见稿》),对主管部门的规定是无可挑剔的,本课题组完全赞同,但对配合部门的规定值得商榷。具体建议如下:

(1)司法行政部门作为主管部门

从试点情况来看,司法行政机关作为社区矫正的工作主体,对社区矫正工作的具体开展发挥了重要的指导和监督作用,尤其是涉及限制矫正对象的人身自由时,这种作用尤为必要。实践中,司法行政机关作为行使公权力的代表,承担社区矫正的日常工作,负责对矫正对象进行监督管理和教育帮助。如果否定司法行政机关作为社区矫正主体的法律地位,等于是将已经积累了丰富经验的机构置之不用,而重新创制和培养新的执法主体,这无疑有悖于实践经验。因此,在今后的立法中应进一步明确司法行政机关在社区矫正工作中的职责。具体而言,司法行政机关应承担对社区矫正的指导管理、组织实施,拟定社区矫正工作发展规划、管理制度和相关政策并组织实施,监督检查社区矫正法律法规和政策执行情况,实施对社区矫正对象的刑事执行、监督管理、教育矫正和社会适应性帮扶,指导社会工作开展和志愿服务等职能。

（2）人民法院不宜作为配合部门

人民法院参与社区矫正的职能发挥主要体现在3个环节：第一，人民法院在审判环节体现量刑轻刑化和刑事裁判的轻缓化。第二，在判决后交付社区矫正的执行环节，人民法院应注重有关规范性制度建设，完善和规范交付的程序、时限以及考察内容。第三，在监督刑事执行或刑事执行环节，人民法院应当以矫正对象的考察表现予以客观认定并及时作出裁决。

但是，把作为司法机关的人民法院同政府有关部门相提并论，是不符合法治理念的。首先，全面推进依法治国要求进行审判中心化的改革，司法机关与行政机关的区别应当得到强调。其次，社区矫正机构乃至司法行政部门对社区矫正的实施是执行人民法院刑事裁判的具体行为。《征求意见稿》在起草社区矫正法的过程中，不仅把人民法院同政府部门平行并列，而且要求人民法院配合社区矫正机构，是不合时宜的。人民法院在参与社区矫正工作中，应充分发挥其在刑事诉讼中的职能作用，逐步地扩大适用社区矫正的人数，推进社区矫正工作。工作的重点是要在法律框架内行使法律赋予的职权，做到既积极参与，又于法有据。其主要依法承担作出适用社区矫正的判决、裁定或决定等职能。具体为：社区矫正适用前，负责核实罪犯居住地，依法委托社区矫正机构进行调查评估；对符合条件的被告人，依法作出适用社区矫正的判决、裁定、决定；判决、裁定生效后，做好矫正对象法定义务的告知、法律文书的移送、人员的移交和手续的衔接等工作；及时审理社区矫正机构提出的变更刑事执行的建议，在规定时间内作出裁定、决定。

（3）人民检察院不需要另外规定配合义务

之所以不需要另外规定人民检察院的配合义务，主要是因为：其一，根据刑事执行监督的程序，人民检察院对人民法院有关假释、暂予监外执行、缓刑、管制、剥夺政治权利的判决、裁定实行监督。对司法行政、公安机关呈报的假释、保外就医和决定保外就医及社区矫正执法活动实行监督,以保证社区矫正工作依法、公正实施。其二,人民检察院的法律监督职能已有法律明确规定,不宜规定人民检察院的"配合"义务。在我国目前的宪政体制下,检察院是宪法确定的国家法律监督机关。而且根据《刑事诉讼法》和《人民检察院组织法》的规定,对刑事执行机关的执法活动进行监督是检察院的法定职责。基于此,从法理和实践运用角度明确社区矫正的性质,理顺检察机关与社区矫正各工作主体的关系,在权力来源、程序构建、工作内容、职能发挥等各个方面作出明确的规定,才能使检察机关在社区矫正中充分发挥监督职能,实现监督执法、预防犯罪、宣传教育的目的。

(4)其他相关部门的配合需要进一步加强

我们认为,在社区矫正工作中,对社区矫正机构应予配合的是公安机关、监狱管理机关以及其他政府部门,故建议在今后的立法中将相关规定修改为"各级人民政府有关部门应当依照各自职责,配合司法行政部门做好社区矫正工作"。从调研的情况来看,公安机关在社区矫正工作中的职能发挥并不理想,因此,有必要在今后的立法中进一步明确公安机关在社区矫正工作中的参与和配合职能,具体为:公安机关负责核实矫正对象居住地,依法委托社区矫正机构进行调查评估;依法准确适用暂予监外执行措施,并在规定的时限内负责将社区矫正对象移送社区矫正机构;开展社区矫正前法制教育,告知法定义务,依法开展社区矫正对象及法律文书交接工作;配合司法行政机关对社区矫正对象监管,追捕被决定收监执行的在逃社区矫正对象,协助查找脱离监管的社区矫正对象,羁押被决定收监执行的社区矫正对象并投监执行,依法阻止社区矫正对象出境;对社区矫正对象采取强制措施时,法定时间内通知社区矫正机关;对重新犯罪、应予治安处罚的社区矫正对象依法及时处理,等等。进一步明确监狱部门应依法准确适用暂予监外执行措施,依法报请人民法院裁定假释;及时委托社区矫正机构进行调查评估;对社区矫正对象开展社区矫正前法制教育,告知法定义务;

严格执行暂予监外执行罪犯出监和收监程序，对需要收监执行的社区矫正对象及时收监执行；协助开展对假释和暂予监外执行罪犯的社区矫正工作。

总之，社区矫正工作衔接、配合中的上述问题，需要在党委、政府的统一领导下，进一步完善我国社区矫正相关规则制度，规范社区矫正的入矫、监管、教育帮扶、解矫等具体实行程序，建立健全各部门之间的工作衔接机制，加快信息交换平台的建设，定期召开联席会议，沟通情况、统一认识、明确责任，保障社区矫正工作的顺利开展和各项矫正措施落到实处，杜绝脱管、漏管现象的发生。由于法律是一个权利、义务、责任的体系，没有责任指涉的立法难有实效，建议我国在今后的立法中设立法律责任专章，进一步明确地方和各部门的法律责任、职责权限，保障参与社区矫正工作的机构和人员依法履行职责，强化社区矫正各部门之间的衔接、配合和监督制约。

三、社区矫正管理机构与社区矫正机构的关系

从实践来看，社区矫正管理机构与社区矫正机构的职责并不完全相同。我国《刑事诉讼法》第258条规定："对被判处管制、宣告缓刑、假释或者暂予监外执行的罪犯，依法实行社区矫正，由社区矫正机构负责执行。"由于社区矫正具有刑事执行的性质，因此，社区矫正机构应具备行政主体资格。它不应是行政机关普通意义上的内部机构、派出机构、办事机构，而是能够以自己名义作出行政行为的独立的行政主体。我们认为，社区矫正机构应是在司法行政机关直接领导下独立组织实施社区矫正工作的行政机构。而社区矫正管理机关则是对社区矫正机构的运转、资源的调配、人员的管理、经费的保障等进行管理、指导，并协调公、检、法、司等部门在社区矫正工作中加强协同、配合的行政机关。区分社区矫正管理机关和社区矫正机构是理顺社区矫正法律关系的当然要求。

1. 社区矫正管理机构与社区矫正机构的现状

（1）社区矫正管理机构设置的状况

根据司法部统计，截至2014年底，社区矫正工作已在全国31个省（区、市）和新疆生产建设兵团的147个地（市）、2879个县（市、区）、40686个乡镇[（街道）以上建制均包含新疆生产建设兵团的师、垦区、团建制数]开展，实现了全国所有省、市、县、乡四级全面开展。全国共有31个省（区、市）和新疆生产建设兵团的司法厅（局）经所在省（区、市）、兵团编办批准设立了社区矫正局（处、办）。全国共有323个地（市、区）司法局单独设立社区矫正局（处、室）、2607个县（市、区）司法局单独设立社区矫正局（科、股），分别占全国地（市、州）和县（市、区）建设数的97%和91%左右。①2016年，全国各省（区、市）司法厅（局）普遍成立了社区矫正局（处）。上海等21个省（市）司法厅（局）成立社区矫正局。北京、天津、辽宁3个省（市）经编制部门批准按队建制设立社区矫正总队、支队和大队。②从江苏的情况来看，经各级编办批准，省、市、县三级社区矫正工作机构已全部建立。省司法厅设立社区矫正工作局，为正处级建制。13个省辖市中有7个市司法局成立社区矫正管理局，其中，南京市社区矫正管理局为直属行政机构；5个市设立社区矫正工作处，均为内设正科级建制；南通市司法局在社区矫正工作处增设社区矫正执法支队。全省99个县（市、区）中社区矫正工作机构建成率100%，其中45个设立社区矫正管理局（或执法大队）。从各省（市）社区矫正管理机关设置的情况来看，有的地方称为社区矫正局（处），有的地方称为社区矫正总队、支队和大队，有的地方称为社区矫正工作局，有的地方称为社区矫正管理局（处），有的地方则称为社区矫正执法支

---

① 《数据库》，载《中国司法》2015年第3期。

② 《数据库》，载《中国司法》2017年第2期。

队、大队,不仅名称上不统一,职能上也不完全一致,社区矫正管理机关设置尚未统一规范。

(2)社区矫正机构设置的状况

从调研的情况来看,当前各地社区矫正机构的设置主要有3种形式:一是成立社区矫正工作机构;二是依托基层司法所开展社区矫正工作;三是设立社区矫正中心。据司法部数据统计,与2013年底统计的306个地(市、州)和2496个县(市、区)单独设立社区矫正机构相比,2014年全年分别增加17个和111个,分别增长5%和3%左右。到2016年底,全国98%的地(市、州)和县(市、区)司法局均成立了社区矫正工作机构。截至2016年底,全国共有司法所40371个,其中,立户列编所39010个,占司法所总数的96.63%;实行以县(区)司法局管理为主的双重管理体制的司法所34962个,占总数的86.60%。① 社区矫正中心作为社区矫正工作的重要场所,各地均在积极推进建设。截至2016年11月,全国已建立县(区)社区矫正中心1730个,占全国县(市、区)建制数的60%多。② 本课题组在对执法工作者的问卷调查中,79.22%的执法工作者认为县(市、区)人民政府为社区矫正工作提供了必要的场所、设施和装备;70.42%的执法工作者认为县(市、区)人民政府司法行政部门规范了社区矫正中心建设,使其发挥了应有的作用。但是,从全国来看,目前仍有近2%的地(市、州)和县(市、区)司法局尚未建立社区矫正工作机构;有的地方仅是加挂牌子,不能满足承担社区矫正职责要求;社区矫正工作机构在设立上还存在名称不统一、级别不一致、行政隶属关系不清晰等问题,迫切需要在实践中进一步规范和完善。

2. 关于社区矫正管理机构与社区矫正机构的相关制度

(1)国家层面的制度规定

---

① 《数据库》,载《中国司法》2017年第6期。
② 姜爱东:《扎实做好社区矫正工作的实践与思考》,载《中国司法》2017年第3期。

2004年，司法部在《司法行政机关社区矫正工作暂行办法》中规定："省（自治区、直辖市）、市（地、州）和县（市、区）司法行政机关应当设立社区矫正工作领导小组办公室，作为同级社区矫正工作领导小组的办事机构，负责指导、监督有关法律、法规和规章的实施，协调相关部门解决社区矫正工作中的重大问题，检查、考核本地区社区矫正实施情况。乡镇、街道司法所具体负责实施社区矫正。"2009年，两高两部联合下发了《关于在全国试行社区矫正工作的意见》，意见中提出要切实加强社区矫正工作机构和队伍建设，在各级司法行政机关建立专门的社区矫正工作机构，加强对社区矫正工作的指导管理。2012年，两高两部又在联合下发的《社区矫正实施办法》中，明确规定司法行政机关负责指导管理、组织实施社区矫正工作，县级司法行政机关社区矫正机构对社区矫正人员进行监督管理和教育帮助。司法所承担社区矫正日常工作。2014年，两高两部在《关于全面推进社区矫正工作的意见》中提出，要进一步理顺社区矫正工作体制机制，建立和完善党委政府统一领导，司法行政部门组织实施、指导管理，法院、检察院、公安等相关部门协调配合，社会力量广泛参与的社区矫正领导体制和工作机制。要切实加强社区矫正机构建设，建立健全省、市、县三级社区矫正机构，重点加强县级司法行政机关社区矫正专门机构建设，切实承担起社区矫正工作职责。从国家层面的制度变化来看，社区矫正管理机关和社区矫正机构经历了从社区矫正工作领导小组办公室到建立专门的社区矫正工作机构，再到明确县级司法行政机关社区矫正机构对社区矫正人员进行监督管理和教育帮助，社区矫正管理机关与社区矫正机构的职责分工越来越清晰。

（2）地方层面的相关制度规定

《江苏省社区矫正工作条例》中规定："县级以上地方人民政府司法行政部门管理本行政区域内的社区矫正工作……县（市、区）人民政府司法行政部门社区矫正机构（以下简称社区矫正机构）负责执行社区矫正。司法所承担社区矫正日常工作。"上海市司法局在《市司法局关于开展社区矫正工作的若干规定》中明确："市司法局负责指导管理、组织实施本市的社区矫正工作；区（县）司法局负责对所在区（县）的社区矫正人员进行监督管理和教育帮助；区（县）司法局社区矫正机构具体履行前款所列职责；司法所承担社区矫正日常工作。"《四川省社区矫正实施细则（试行）》中规定："省级司法行政部门设立社区矫正工作管理机构，市、县两级司法行政机关设立社区矫正机构（社区矫正执法支队、大队），建立健全社区矫正组织管理体系。"从江苏、上海和四川三地的规定来看，已将社区矫正管理机关与执行机构作了明确的区分。《北京市社区矫正实施细则》中规定："司法行政机关负责指导管理、组织实施社区矫正工作；区县司法局对社区矫正人员进行监督管理和教育帮助。司法所承担社区矫正日常工作。"《浙江省社区矫正实施细则（试行）》中规定："司法行政机关负责指导管理、组织实施社区矫正工作；县级司法行政机关社区矫正机构对社区矫正人员进行监督管理和教育帮助。司法所承担社区矫正日常工作。"从北京、浙江的细则中可以看出，两地尚未将社区矫正管理机关与社区矫正机构进行明确区分。

3. 社区矫正管理机构与社区矫正机构设置的建议

社区矫正机构的设置关系到社区矫正工作的长远健康发展，是社区矫正立法要解决的根本性问题，迫切需要在立法中予以明确。从社区矫正工作实践和以上制度梳理来看，部分省市对两个机构作了明确的区分，一些省市对此却未进行明确区分。由于社区矫正管理机关与社区矫正机构的职能不完全相同，我们建议，社区矫正管理机关与社区矫正机构应分开设置。区分社区矫正管理机关与社区矫正机构，是构建符合我国社区矫正实践规律的社区矫正组织体系的内在要求。一方面，社区矫正是矫正工作社会化的产物，当然离不开政府的主导。正因如此，社区矫正工作要求构建一个政府与社会相互结合的工作平台。这个平台不是单纯的政府机构，也不是纯粹的社会组织，而是政府与社会的桥梁和纽带，这个平台就是社区矫正机构。但是，司法行政部门内部必须存在管理社区矫正工作的专门机构，它作为纯粹的政府机构是不同于社区矫正机构的。对这个管理机构应当赋予专门的名称，这就是社区矫正管理机构。在2016年国务院法制办颁布的《中华人民共和国社区矫正法（征求意见稿）》中，所使用的社区矫正机构也正是上述意义上的社区矫正机构，但《征求意见稿》却对社区矫正管理机构只字未提。因此，我们建议在立法中区分社区矫正管理机构与社区矫正机构，以便清楚界定它们各自的职能和权限。另一方面，社区矫正机构必然是立足于县（市、区）司法局并向乡镇、街道司法所延伸。这种基本的结构，应当由法律界定清楚，可是《征求意见稿》并未涉及。建议在社区矫正法中明确社区矫正机构由县（市、区）的社区矫正工作中心和乡镇、街道的社区矫正工作站构成。

县级社区矫正机构（社区矫正工作中心）是社区矫正的执法主体，根据相关机关的委托开展适用社区矫正的调查评估，依法及时办理接收和解除社区矫正手续，建立规范社区矫正对象执行档案，组织实施对社区矫正对象的监督管理，开展对社区矫正对象的教育矫正，积极协调对社区矫正对象的社会适应性帮扶。乡镇、街道的社区矫正工作站承担社区矫正日常工作，接受指派开展适用社区矫正调查评估，建立工作档案，成立矫正小组，协助实施监督管理、教育矫正和社会适应性帮扶，加强与刑满释放人员安置帮教机构的衔接。

此外，我们建议要在相关法律制度中进一步统一规范社区矫正管理机构和社区矫正机构的名称、标识以及场所、设施，以保障和促进社区矫正工作有序、顺利开展。

四、社区矫正机构工作人员与社区矫正对象的关系

社区矫正对象是指我国《刑事诉讼法》规定的被判处管制、宣告缓刑、裁定假释或者适用暂予监外执行的4类人员。社区矫正对

象是特殊的人群，往往受家庭和社会的影响，在情感和交往上会出现障碍。这就对社区矫正机构提出了很高的要求，亟须具备社会工作、心理学、社会学、教育学等专业知识的人员加入其中，通过制定科学的矫正方案，充分运用个案工作、小组工作、社区工作、心理疏导等专业的矫正方法，对社区矫正对象进行心理和行为矫正，促进矫正对象再社会化，帮助其更好地融入社会。因此，社区矫正机构中的工作人员与社区矫正对象之间既要符合一定的人员比例要求，也需要具有多种知识背景的人员参与其中。

1. 社区矫正机构中的工作人员与社区矫正对象的现状

截至2016年底，全国司法所专兼职工作人员达123343人。其中，专职在编人员79877人，占总人数的64.76%；聘用人员33982人，占总人数的27.55%（聘用人员中，政府购买公益岗位人员为27123人，占79.82%）；兼职人员9484人，占总人数的7.68%。[①]2016年全年新接收社区矫正对象48.6万人，办理解除矫正49.8万人。截至2016年底，全国累计接收社区矫正对象318.5万人，累计解除矫正249.4万人，现有社区矫正对象69.1万人，社区矫正对象在矫正期间的重新犯罪率一直处于较低水平，取得了良好的法律效果和社会效果。[②]从调研的情况来看，当前我国社区矫正机构工作人员与社区矫正对象在实践中还存在以下问题：

一是社区矫正工作的主体力量不足。依据《社区矫正实施办法》规定，社区矫正以司法行政机关为执行主体，社团、社工为工作主体，司法行政机关作为政府力量组织、领导和推动社区矫正工作，社团、社工等配合社区矫正工作的具体实施。实践中，社区矫正工作的实际运行与责任主体主要是司法行政机关的基层司法所。但基层司法所作为县区司法局在乡镇人民政府（街道办事处）的派出机构，承担着面向基层社会和广大人民群众提供法律保障、法律

[①]《数据库》，载《中国司法》2017年第6期。
[②]姜爱东：《扎实做好社区矫正工作的实践与思考》，载《中国司法》2017年第3期。

服务、法制宣传教育等多项任务，存在工作人员严重不足的窘境。从在我国中部 H 省 S 市 H 区所进行的调研来看，自 2012 年启动社区矫正工作以来，全区累计接收社区矫正对象 214 人，80 人已完成矫正，在矫人员 134 人，而开展社区矫正工作的司法行政干警只有 11 名且多身兼数职，平均每个基层司法所的工作人员为 1—2 人，有些司法所仅有 1 人。① 根据本课题组的调研，截至 2015 年底，江苏省执法工作者共计 2411 人，社会工作者 3099 人，与社区矫正对象配比分别是 1∶18 和 1∶14，能够基本满足社区矫正工作的实际需求。对执法工作者的问卷调查显示，就执法工作者与社区矫正对象的比例，39.10% 的受访者认为 1∶10 以内比较合理，34.19% 的则认为 1∶15 以内比较合理；同样，就社会工作者与社区矫正对象的比例，33.78% 的受访者认为 1∶10 以内比较合理，31.93% 的认为 1∶15 以内比较合理。可见，即使在江苏省这样试点较早的省份，社区矫正队伍建设还存在进一步发展的空间。从实际工作来看，对社区矫正对象的监督管理、禁止令的执行、矫正方案的制定、提供矫正项目的培训、相关的帮困扶助以及追脱离监管等工作的开展，都亟须充分的人员保障。可以说，当前社区矫正工作顺利开展的首要障碍就是矫正工作人员的严重短缺。

二是社区矫正对象的称谓不统一。从社区矫正工作实践来看，各地对刑事诉讼法中规定的 4 种矫正对象的称谓并不统一，有的地方在相关规章制度中直接使用"社区矫正对象"的称谓，有的地方称之为"社区矫正人员"，有的地方称之为"社区服刑人员"，还有的制度文件中则称之为"社区矫正罪犯"。我们认为，社区矫正人员既包括社区矫正执行机构的工作人员，也可以包括社区矫正对象，甚至还包括社会工作者、志愿者等。因此，"社区矫正人员"这一词，应该是指所有参与社区矫正工作的人员。从广义上说，凡是参与到社区矫正中的人员均可以称之为"社区矫正人员"。用

---

① 董蕾：《公私权界分视角下的社区矫正》，载《国家检察官学院学报》2014 年第 4 期。

"社区矫正人员"这一属概念，特指社区矫正中的对象，在逻辑上难以成立，也无法让广大民众清楚地知道"社区矫正人员"就是社区矫正的对象——罪犯。作为一个法律用语，不能准确表达其内涵，很容易引起误解。"社区服刑人员"是基于将社区矫正定性为刑罚执行的一种称谓，本书认为社区矫正的性质为刑事执行，管制和暂予监外执行的对象属于刑罚执行，缓刑和假释的对象不属于刑罚执行，因此，用"社区服刑人员"的称谓，与本书所持观点不相吻合。直接使用"罪犯"一词，又有标签化的倾向，不利于对社区矫正对象进行教育帮扶。也正因为上述种种原因，对社区矫正对象的称谓至今尚未统一。

2. 关于社区矫正工作者与社区矫正对象的相关制度

（1）国家层面的相关制度规定

2003年，两高两部在联合下发的《关于开展社区矫正试点工作的通知》中规定，对被判处管制的、被宣告缓刑的、被暂予监外执行的、被裁定假释的以及被剥夺政治权利，并在社会上服刑的，"在符合上述条件的情况下，对于罪行轻微、主观恶性不大的未成年犯、老病残犯，以及罪行较轻的初犯、过失犯等，应当作为重点对象，适用上述非监禁措施，实施社区矫正。"对5种社区矫正对象使用的称谓是"社区服刑人员"。2009年两高两部在联合下发的《关于在全国试行社区矫正工作的意见》中进一步明确，社区矫正是非监禁刑罚执行活动，适用范围主要包括被判处管制、被宣告缓刑、被暂予监外执行、被裁定假释，以及被剥夺政治权利并在社会上服刑的5种罪犯。《意见》中对社区矫正对象所用的称谓仍是"社区服刑人员"。并提出要加强社区矫正工作机构和队伍建设。在各级司法行政机关建立专门的社区矫正工作机构，加强对社区矫正工作的指导管理。建立专群结合的社区矫正工作队伍，充实司法所工作力量，确保有专职人员从事社区矫正工作。2012年，两高两部在联合印发的《社区矫正实施办法》中，对社区矫正对象所用的称谓是"社区矫正人员"，并根据《中华人民共和国刑法》《中华人民共和国刑事诉讼法》的规定，将社区矫正对象调整为"被判处管制、被宣告缓刑、被暂予监外执行、被裁定假释"的4种对象。2014年，在两高两部联合下发的《关于全面推进社区矫正工作的意见》中，又对社区矫正对象使用"社区服刑人员"的称谓。同时要求各地要着力加强县乡两级专职队伍建设，配齐配强工作人员，保证执法和管理工作需要。要从各自实际出发，积极研究探索采取政府购买服务的方式，充实社区矫正机构工作人员，坚持专群结合，发展社会工作者和社会志愿者队伍，组织和引导企业事业单位、社会团体、社会工作者和志愿者参与社区矫正工作。从国家层面的制度来看，对加强社区矫正机构和队伍建设的要求越来越高，社区矫正对象也发生了变化，但是对社区矫正对象的称谓却一直未能统一。

（2）地方层面的相关制度规定

在《江苏省社区矫正工作条例》中，明确规定社区矫正对象为"被判处管制、宣告缓刑、假释、暂予监外执行的罪犯"，并将之称为"社区服刑人员"。同时规定，社区矫正工作人员由社区矫正执法工作者、社区矫正社会工作者组成。在《北京市社区矫正实施细则》中，规定社区矫正适用于以下4类人员：被判处管制的罪犯，被宣告缓刑的罪犯，被裁定假释的罪犯，被决定、批准暂予监外执行的罪犯。将社区矫正对象称为"社区矫正人员"。在《四川省社区矫正实施细则（试行）》中，将4种社区矫正对象称为"社区服刑人员"，并明确规定"社区矫正工作人员队伍以司法行政机关社区矫正机构人民警察和执法人员为主体、社会工作者为辅助、社会志愿者为补充。"在《浙江省社区矫正实施细则（试行）》中，则将4种社区矫正对象称为"社区矫正人员"，并规定"社区矫正社会工作者和志愿者在社区矫正机构的组织指导下参与社区矫正工作"。在上海市司法局下发的《市司法局关于开展社区矫正工作的若干规定》中，也将4种矫正对象称为"社区矫正人员"，并规定"区（县）司法局负责对所在区（县）的社区矫正人员进行监督管理和教育帮助；司法所承担社区矫正日常工作；参与社区矫正的社会工作者组织配合司法行政机关开展社区矫正工作；参与社区矫正的社会帮教志愿者组织配合司法行政机关开展对社区矫正人员的各类帮教活动。"从地方层面的制度来看，各地对社区矫正对象的称谓也未统一，但已经将社区矫正机构的工作人员基本明确为社区矫正执法工作者、社区矫正社会工作者以及志愿者几类。

3. 关于社区矫正机构工作人员与社区矫正对象的建议

结合社区矫正实践，本书认为：一方面要加强社区矫正工作队伍建设。建议进一步明确社区矫正工作者包括社区矫正执法工作者、社区矫正社会工作者以及志愿者，社区矫正执法工作者由社区矫正机构的公务员担任，社区矫正社会工作者应当具备国务院司法行政部门规定的执业条件，并依照社区矫正机构的委托履行社区矫正职责。同时，进一步规范和统一社区矫正社会工作者的职业标准，加强对社区矫正工作者的技能培训，引导其向正规化、专业化、职业化方向发展。各级人民政府应积极培育社会工作者组织，鼓励、支持和帮助社会工作者组织的发展，积极促进政府购买服务模式的转型。通过政府购买社会服务的方式，从单位聘用社工制逐步转为政府向社会组织购买社区矫正工作服务，即由"社区矫正机构—社会工作者"政府购买模式转向"社区矫正机构—社会工作者组织"政府购买模式。

另一方面要统一社区矫正对象的称谓。关于社区矫正对象，《征求意见稿》使用了"社区矫正人员"的称谓，容易引发歧义，也容易引起社区矫正工作者的不满。因为该词使社区矫正工作者与社区矫正对象之间的角色区分变得模糊了。我们认为，两高两部一直使用的"社区服刑人员"也不合适，因为该词是建立在社区矫正是刑罚执行这一观念之上的，对此前文已有所论述。因此，建议使用"社区矫正对象"来称谓接受社区矫正的罪犯。当然，对"社区矫正对象"这一称谓也会有人质疑，似乎"对象"一词仅仅意味着接受社区矫正的罪犯处在社区矫正工作者的对立面上，强调了社区矫正的实行方与接受方的对立性，显示了罪犯接受社区矫正的被动性。其实，上述疑虑是大可不必的。教育学上也使用"教育对象"一词，但往往强调教育对象的主动性和教育关系双方的主体间性。社区矫正机构与社区矫正对象之间也不是单纯的主体与客体的关系，同时包含着帮助、鼓励改造与自觉改造之间的关系内涵。

五、社区矫正执法工作者与其他矫正工作者的关系

社区矫正工作者包括社区矫正执法工作者、社区矫正社会工作者、社会志愿者等从事社区矫正工作的人员。从三类人员的职责定位来说，社区矫正对象刑事执行的"关键节点"必须由社区矫正执法者负责，包括矫正对象的接收、建档、监管、考评、奖惩、解除矫正等；社区矫正社会工作者、志愿者等社会力量的介入必须在国家公权力的授权下与国家公权分工协作，主要负责矫正评估、社会调查、实施专业矫正、调动社会资源等。由于专业的社会工作者在社区矫正的日常工作中发挥着不可替代的独特作用，法律应鼓励社区矫正机构招录具有社会工作资质的人成为专业工作人员，鼓励专业性的社会工作者组织通过政府购买服务或其他方式参与社区矫正工作，逐步建立以社区矫正执法工作者为核心、以社会工作者为纽带、以社会志愿者为基础的社区矫正工作网络。

1. 社区矫正执法工作者与其他矫正工作者的现状

目前，社区矫正执法工作者由社区矫正机构和司法所的公务员担任，社区矫正社会工作者由县（市、区）人民政府公开招聘，县级以上地方人民政府司法行政部门定期开展社区矫正工作培训，以提高矫正工作者队伍水平。从江苏调研情况来看，各地执法工作者、社会工作者以及志愿者对社区矫正工作业务均较为熟悉。在社会工作者中，大专及以上文化程度的占91.69%，本科及以上文化程度占54%以上；志愿者中，每年接受2次及以上社区矫正理论或实践的专门培训的接近60%。矫正工作者队伍素质的提高有力地促进

了社区矫正工作水平的提升。但是，从全国社区矫正工作来看，一些地区社区矫正工作者队伍还存在以下问题：

（1）基层司法所的执法工作者人员不足

2003年我国社区矫正试点开始后，机构建设和队伍建设并未同时全面展开，即社区矫正工作的开展需在哪一级建些什么机构，以及这些机构的人员配备、编制数、职责和任务是什么，一直未有明确说法和相应规定，而仅是简单地把这项工作直接放在司法所。关于司法所在社区矫正中的地位与职责，2003年两高两部制定的《关于开展社区矫正试点工作的通知》表述为"街道、乡镇司法所要具体承担社区矫正的日常管理工作"，2012年印发的《社区矫正实施办法》表述为"司法所承担社区矫正日常工作"。按此表述，司法所的任务是社区矫正的"日常管理"，实际上就是具体面对社区矫正对象的第一线机构，从事的是社区矫正的具体执行工作。但实际上，司法所并不适合长期作为社区矫正执行机构。社区矫正的长期开展需要具有稳定性和相关专业知识的专职矫正工作者，需要一支可持续建设和职业化发展的执法队伍，而司法所难以提供这样一支队伍。除了社区矫正，司法所还同时承担法律服务、法律宣传、人民调解等其他8项工作任务。在司法实践中，从事社区矫正工作的人员与从事其他8项工作的人员常常一人多职或互相借用。有学者调查发现，除了北京、上海，在相当部分的省市地区，一个司法所只有一两人具有执法工作者身份，不少司法所甚至至今都未实现一所一人。如截至2016年8月10日，四川全省共有4600多个司法所，但具有执法资格的只有4000人左右，平均每所只有0.8人[①]。基层司法所执法工作者身兼多职的情况在全国确实普遍，这不仅难以确保社区矫正顺利充分执行，也不利于社区执法者队伍的专业化和职业化建设。因此，不少省市采取抽调监狱民警辅助参与社区矫正的方法，比如，北京市、浙江省、湖北省、云南省等从所

---

① 但未丽：《社区矫正官执法身份的实然与应然》，载《首都师范大学学报（社会科学版）》2017年第2期。

辖监狱、劳教所抽调警察到司法所参与社区矫正工作；天津市是将原司法警官学院具备警察身份的人员整体调入社区矫正部门从事社区矫正工作，从市司法局到司法所实行垂直管理；有的省市则违规直接给司法助理员穿上警服。这些措施尽管在一定程度上缓解了社区矫正执法工作者人员不足的燃眉之急，但这些做法毕竟并非长久之计。

（2）社会工作者的素质参差不齐

由于缺乏对社区矫正工作人员的专业化培训，社区矫正工作所需的具备法学、心理学、社会学和教育学等知识的专业人才匮乏。有学者对我国中部 H 省 S 市 H 区的调研发现，该区现有的社会工作者中，法律专业的占 15%，具有国家心理咨询师二级资格的仅 1 人。2012 年开展社区矫正试点以来，专门针对社区矫正工作人员的培训仅有 1 次。本课题组调研发现，目前社区矫正的各项具体工作主要由社会工作者来进行，社会工作者除公开招聘和购买社会服务之外，还有一些其他的任职途径，由于相关法律法规没有对从事社区矫正的社会工作者规定执业资格条件，致使社会工作者的素质参差不齐。调查数据显示，认为"社会工作者大多知识结构单一，但相互之间能优势互补，提供服务较为全面"仅占 27.85%。此外，有 88.60% 的社会工作者认为收入太低，不足以应付日常开销，不打算继续从事社区矫正工作。

（3）社会志愿者参与社区矫正工作的状况并不理想

社会志愿者匮乏，其构成成分单一是社会公众参与不足的集中体现。有学者对我国 6 个地区 354 个司法所调查发现[①]，其中 264 个（占 74%）已经聘请 1—2 名社会志愿者，但仍有 1/4 多的司法所未聘请。目前司法所聘请社会志愿者的主要成分相对单一，村（居）委会成员是志愿者的主体，其他社会成员介入不多。在本课题组对

---

① 6 个地区 354 个司法所分布是：内蒙古自治区（122 个），江西省（162 个），河北省（12 个），安徽省（13 个），河南省（26 个），广东省（19 个），每个司法所抽取 1 名工作人员对社区矫正执行情况进行了问卷调查。

志愿者的调研中，在志愿者的身份调查中，在校学生仅 1.93%，国家机关退休人员占 8.66%，工会、共青团、妇联等组织工作人员占 10.59%，企业事业单位人员占 24.52%，其他社会组织的人员仅占 16.88%。在"您是如何成为社区矫正志愿者的？"这一问题中，仅有 15.73% 的人员系个人主动申请，15.21% 的人员系志愿者服务组织安排。在"随着参与社区矫正工作时间的推进，您对社区矫正工作持何种态度？"这一问题中，认为兴趣越来越大仅占 47.30%，还不到被调查对象的一半。以上数据表明，当前社会志愿者参与社区矫正工作的参与面、积极性、主动性均并不理想。

2. 关于执法工作者与其他矫正工作者的相关制度

（1）国家层面的制度规定

2003 年 7 月 10 日，两高两部联合下发《关于开展社区矫正试点工作的通知》规定："司法行政机关要牵头组织有关单位和社区基层组织开展社区矫正试点工作，会同公安机关搞好对社区服刑人员的监督考察，组织协调对社区服刑人员的教育改造和帮助工作。街道、乡镇司法所要具体承担社区矫正的日常管理工作。"这是社区矫正最早的法律依据和关于司法行政机关在社区矫正中的职责规定，但我们并未见到任何关于社区矫正工作人员的执法权限和执法主体资格的表述。再看 2004 年 5 月司法部发布的《司法行政机关社区矫正工作暂行办法》，依然只规定了作为社区矫正执行机构的乡镇、街道司法所的职责等。此后的 2011 年 2 月，全国人大常委会发布的《刑法修正案（八）》中将社区矫正写进刑法，也只概括性规定对判处缓刑、管制、假释的犯罪分子"依法实行社区矫正"。接着，司法部于 2012 年 1 月出台了规范社区矫正实行程序的《社区矫正实施办法》，同样仅规定县级司法行政机关负责社区矫正判决（决定）前的调查评估工作、为社区服刑人员建立执行档案和有权决定是否批准其进入特定区域或者场所，以及司法所应为社区矫正人员制定矫正方案和矫正工作档案等。2012 年 3 月，全国人大发布的《关于修改〈中华人民共和国刑事诉讼法〉的决定》，也只规定"对被判处管制、宣告缓刑、假释或者暂予监外执行的罪犯依法实行社区矫正，由社区矫正机构负责执行"等，至于其他则只字未提。2016年12月1日，国务院法制办出台专门的《中华人民共和国社区矫正法（征求意见稿）》也未涉及社区矫正执行人员的任何执法主体身份规定。对社会工作者和志愿者也仅是在两高两部的相关文件中规定了"社会工作者和志愿者在社区矫正机构的组织指导下参与社区矫正工作"，"建立健全社会工作者和社会志愿者的聘用、管理、考核、激励机制，切实加强社区矫正工作队伍的培训，提高队伍综合素质，提高做好社区矫正工作的能力和水平"，其他则语焉不详。

（2）地方层面的制度规定

《江苏省社区矫正工作条例》第二章专门规定社区矫正机构和人员，明确"社区矫正工作人员由社区矫正执法工作者、社区矫正社会工作者组成。""社区矫正执法工作者由社区矫正机构和司法所的公务员担任。"同时明确社区矫正执法者的职责和社会工作者的选用条件。《北京市社区矫正实施细则》第4条中规定："区县司法局对社区矫正人员进行监督管理和教育帮助。司法所承担社区矫正日常工作。抽调监狱劳教人民警察、社会工作者和志愿者在司法行政机关的组织指导下参与社区矫正工作。"《浙江省社区矫正实施细则（试行）》中也只规定："社区矫正社会工作者和志愿者在社区矫正机构的组织指导下参与社区矫正工作。"上海市司法局在《市司法局关于开展社区矫正工作的若干规定》中也仅是规定了社区矫正工作者的职责，对社区矫正执法工作者、社会工作者、志愿者的性质、人员构成等未作详细规定。相比较而言，《四川省社区矫正实施细则（试行）》中则对社区矫正机构和人员规定较为详细，该《细则》第8条专门规定："社区矫正工作人员队伍以司法行政机关社区矫正机构人民警察和执法人员为主体、社会工作者为辅助、社会志愿者为补充。社区矫正机构配备人民警察，组织执行刑罚，对违反监督管理规定的社区服刑人员实施制止、惩戒、收监等措施。社区矫正执法人员由政法专编的公务员担任,依法履行刑罚执行职责,承担矫正接收、事项审批、调查取证等执法工作,对社区服刑人员进行监督管理,组织开展教育帮助活动。社区矫正执法人员持省司法厅统一核发的社区矫正执法证开展社区矫正执法工作。社区矫正社会工作者面向社会公开招聘,由具有社工资质或者相当专业知识的人员担任,承担联系沟通社区服刑人员、开展谈话教育、心理矫正、社会适应性帮扶等专业化工作。社区矫正社会志愿者面向社会公开招募,由具有教育学、心理学、社会学等专业知识的人员担任,与社区矫正社会工作者一起,协助开展工作。"

3. 对社区矫正工作中执法工作者与其他矫正工作者的建议

从调研的情况来看,建议各地还要切实加强社区矫正工作队伍建设,着力加强县、乡两级专职队伍建设,配齐配强工作人员,保证执法和管理工作需要。要从各自实际出发,积极研究探索采取政府购买服务的方式,充实社区矫正机构工作人员,坚持专群结合,发展社会工作者和社会志愿者队伍,组织和引导企业事业单位、社会团体、社会工作者和志愿者参与社区矫正工作。要进一步加强执法能力和作风建设,加大业务培训力度,开展经常性岗位练兵活动,不断提高业务素质和工作能力,努力建设一支高素质的社区矫正工作队伍。此外,还有以下几点具体建议:

(1) 建议明确社区矫正机构工作人员的含义和范围

社区矫正执法工作者与社区矫正社会工作者这对概念是社区矫正实践贯彻政府主导与社会参与相结合原则的体现和产物。社区矫正执法工作者是公务员,在社区矫正工作中体现政府的主导性;社区矫正社会工作者不是公务员,而是参与社区矫正工作并具有专业知识、具备专业技能的社会人士。在《中华人民共和国社区矫正法(征求意见稿)》中笼统地使用"社区矫正机构工作人员"一词,不能显示上述两种身份和两种角色。因此,建议在立法中规定社区矫正机构工作人员包括社区矫正执法工作者和社区矫正社会工作者,并明确两者的权责。

（2）建议明确执法工作者的身份

较之于监狱矫正，社区矫正更强调维持矫正对象与社会的联系，更尊重矫正对象的社会属性，它以开放的社区环境保持和强化矫正对象的责任心、自尊心，从而能更顺利地使矫正对象完成再社会化。虑及于此，联合国在向全世界推广缓刑制度时建议成员国在对缓刑犯进行监督时，无论何时均不宜由警察监督，应由有关缓刑机构内的有资格的特别人员承担此项工作。社区矫正执法工作者的身份在两高两部发布的相关文件中一再缺位，不是偶然的，更不完全是立法忽视，而主要应归因于社区矫正执法主体队伍的事实上缺失。我国社区矫正工作自试点以来，关于社区矫正执法工作者的身份，理论界与实务界一直未停止争论，到底属于公务员还是属于警察也一直未有定论，导致至今尚未建成全国统一规范的执法工作者队伍，社区矫正执法者身份不够明晰。

这种状况，亦导致我国社区矫正工作实践中基层工作者面临以下窘境：一是执法权欠缺。从调研情况来看，由于基层司法行政机关同时承担多项职责，加之具有执法权的公务员很少，这部分公务员往往又兼职从事人民调解、公共法律服务等事务或被政府部门抽调去从事其他工作，因而，具体的矫正工作往往由聘用的社工来做，导致在一线从事社区矫正工作的绝大多数是没有执法权的社工。社工执法权的阙如，使得矫正活动不仅缺乏执行力和威慑力，也使社区矫正对象对社工的工作缺乏认同感，存在抵触和对抗情绪。二是专职化不够。社区矫正是一项非常复杂、专业性较强的工作，不仅需要矫正工作者具备法学、社会学、教育学、心理学等方面的专业知识，还需要比较丰富的社会经验，要促进社区矫正工作的健康发展，必须走专业化的道路。社区矫正专业化的组织前提，即是社区矫正工作队伍的专职化。目前，社区矫正执法工作者尚未实现专职化，这既是司法行政机关职责多、人员少的无奈结果，也反映出一些地方对社区矫正工作尚未足够重视。三是工作动力不足。由于执法权缺乏和专职化不够，加之缺乏与其工作性质相称的薪金和福利，实际工作中，部分社区矫正工作者对在专业和事业上发展的前景感到迷茫，自我认同感缺失，工作中缺乏信心和动力。这种状况不利于保障社区矫正执法工作的权威性和队伍的稳定性，不利于增强工作人员的责任感与荣誉感。

本书认为，鉴于社区矫正的性质，社区矫正执法工作者的身份宜为公务员，不适宜全部由警察来构成执法管理队伍，警察身份不仅与联合国标准相左，理论上障碍较大，而且实践中问题较多，与社区矫正执法队伍建设理念不契合。同时考虑到社区矫正工作是一项长期性的工作，很多从业人员为矫正工作付出毕生的精力，如果将矫正工作与普通行政管理工作混为一谈，则无法为从事矫正工作的人士，特别是基层一线矫正工作者提供充分的职业发展空间，也不利于矫正工作队伍建设。所以，有必要为矫正工作人员设置专业职务体系。[①] 因此，为了保障社区矫正工作的健康发展，促进社区矫正工作队伍的专职化、专业化，增强矫正工作者的荣誉感和责任心，本书建议结合我国的具体国情，借鉴域外经验[②]，设立社区矫正官[③]制度，发展社区矫正官职务体系。在具体制度的设计中应注意把握好以下几点：首先，社区矫正官是司法行政部门的国家公务员。这就明确了社区矫正官的隶属关系，社区矫正官的编制属于司法行政部门，社区矫正官不是警察，不具有警察专属的执法权。这也符合世界各国的通行做法。例如：在瑞士，社区矫正由各州司

---

① 司绍寒：《我国社区矫正执法队伍建设研究》，载《河南司法警官职业学院学报》2014年第4期。

② 实行社区矫正官制度的代表国家是英国。在英国，矫正工作是国家刑事执行体系中的一个重要方面，中央和地方的缓刑机构管理人员共计1.75万人，称为矫正官，具有专业资格，经考试录用，专职从事刑事执行的工作，属国家公务员序列，由内政大臣任命，接受国家缓刑司的统一管理。美国等国没有"社区矫正官"的统一称谓，而是区分了"缓刑官"和"假释官"。从社区矫正管理人员的专职化而言，英美等国没有实质区别。参见武玉红：《社区矫正管理模式研究》，北京：中国法制出版社2011年版，第168页；吴宗宪：《社区矫正比较研究（上）》，北京：中国人民大学出版社2011年版，第266页。

③ 社区矫正官是指具备法定资质，依法专门负责社区矫正工作，拥有公务员身份与社区矫正执法权的工作人员。参见顾榕：《应组建社区矫正官队伍》，载《人民检察》2017年第22期。

法局的社会服务处负责；在日本，社区矫正的执行机构是由置于司法行政部门之内的更生保护局负责。[①] 其次，社区矫正官是专职性的执法工作者。将司法行政部门内负责社区矫正工作的公务员专职化，是提高社区矫正管理水平和矫正效果的重要组织保障。只有专职的社区矫正管理人员和专业性的社区矫正社会工作者相互配合，才能提高社区矫正工作的专业化水准。同时，社区矫正管理工作的专职化，也有助于管理经验的积累、相互借鉴和协同创新，对于提高我国整体的社区矫正管理水平，统一管理标准具有重要的促进意义。再者，明确社区矫正官的执法权限。根据矫正工作的不同阶段、不同内容，社区矫正官的执法范围可包括如下几类：①矫正程序管理；②矫正内容实施监督；③矫正考核和奖惩决定；④组织教育、帮扶工作；⑤其他。其中，矫正程序管理，主要是社区矫正官在入矫、解矫等程序性工作中应当发挥主导作用，以体现矫正工作的正式性和庄严性。矫正内容的实施、监督与考核，主要包括对需要有执法权的矫正工作须由矫正官亲自实施，如组织成立矫正小组，重点矫正对象的走访、请假事项的审批等；对于一些不需要有执法权的矫正工作，如组织社区服务、进行心理矫治等，可以由专业性的社工和志愿者进行，但社区矫正官须对之进行监督。矫正考核和奖惩决定，主要是对于符合矫正奖励要求或出现违反矫正要求的矫正对象，及时、严格地进行考核，并根据矫正规定和程序要求给予相应的奖惩决定。组织教育和帮扶，主要是社区矫正官在矫正对象的教育和帮扶中，要充分发挥组织作用，以配合由社工、志愿者和其他组织提供的专业性的教育和帮扶工作。除此之外，社区矫正官还应担负起对其他社区矫正工作者的管理、与社区民警的沟通协作、矫正变更之后的部门协调等工作。只有明确社区矫正官的执法权限范围，才能充分整合矫正资源和力量，发挥社区矫正官在矫正工作中的组织和领导作用。最后，明确社区矫正官的选拔方式。

---

① 郭建安，郑霞泽：《社区矫正通论》，北京：法律出版社2004年版，第104页。

社区矫正官的选拔考核，可以采取转隶和公开招录的方式，转隶是指对目前司法行政部门有公务员身份，有一定的社区矫正经验，并愿意从事社区矫正工作的人员经过选拔考核后直接转任；公开招录是指社区矫正官职位不仅对原社区矫正执法工作者开放，也可以对具有执业经验和有从事社区矫正管理志向的社工和其他社会人员开放，在同等条件下，原先从事过社区矫正工作的社会工作者、志愿者等人员可以优先录用。

　　社区矫正官制度的设立，绝不仅仅是给予原来的司法行政部门内负责社区矫正工作的公务员一个"矫正官"的头衔，还具有其他重要的意义。首先，能够有效克服社区矫正工作者警察化的两难困境。目前社区矫正执法力量薄弱是公认的事实，但如果由此便将社区矫正工作警察化，不仅不符合社区矫正作为刑事执行而非刑罚执行的性质要求，而且也有导致社会治理"泛警察化"的后果，同时，也面临警种归属、管辖模式、编制限制等多重问题。设立社区矫正官制度，通过法律的形式确定和强化社区矫正的执法主体性，进一步加强与警察的配合，才能共同形成一股符合社区矫正性质并适合我国国情的社区矫正执法力量。其次，将大大强化司法行政部门的执法力量。社区矫正官的专职化，意味着在司法行政系统内部建立了一支专门的力量，社区矫正执法队伍日益正规化，执法力量将不断加强，有利于矫正工作者全心全意从事社区矫正工作。所有的社区矫正工作汇集到社区矫正官那里，由其承上启下地开展工作，社会工作者、志愿者在社区矫正官的统一领导下，协助开展工作。这既能够解决司法行政机关和社会工作者的社区矫正主体资格问题，通过社区矫正官这一载体把各种力量和资源统一起来，又能够解决社区矫正多头管理等问题，最大限度地提高社区矫正工作的效率和社区矫正工作的质量。最后，将有效提升社区矫正工作队伍的素质。社区矫正官职位的获得，需要经过专业性的选拔考核，以确保录用人员的质量，这将极大提升矫正工作队伍的素质。同时，社区矫正官的选拔考核，为社工和社区矫正志愿者等提供了一个职位流动的渠道，既能够促进他们不断加强学习，提升业务能力和素质，也能够稳定社工和社区矫正志愿者队伍，增强他们参与社区矫正工作的动力和信心。此外，社区矫正官制度的建立，也有利于与国际刑事执行制度的发展趋势接轨，有利于我国与其他国家在刑事执行体制上的交流和合作，并树立我国政治稳定与文明的良好形象。[①]

概言之，社区矫正官制度的设立，对于克服我国当下的社区矫正工作的实务困境，促进工作的专职化、专业化，提高矫正质量具有重要的意义，值得我国在社区矫正立法时给予必要的考虑。

（3）建议规范社会工作者的名称和职责

社区矫正的社会工作者，有的地方称之为社会工作者，有的地方称之为社区工作者，名称也未统一。我们认为，社会工作者是指由政府管理机构或非政府管理机构根据一定条件直接雇用并对社区矫正对象开展相关工作的全日制工作人员，包括具有相关知识背景的专业人员，比如心理咨询师、精神健康医疗人员等。这类人员具有自己的专业知识和技能，能在当地的社区矫正机构开展日常工作，包括接受社区矫正对象的日常报告、生活状况、工作状况、交友和活动情况的统计，针对不同人群提供专业的治疗和培训。这部分专业人士由于承担着大量基础性的工作，也由于其专业性和全职性，因此是社区矫正工作的主力军，是矫正工作人员中非常重要的力量。因此，在实践中需要进一步规范名称和工作职责，以及招录的条件和程序。从发展的趋势来看，建议政府直接向相关社会组织整体购买社会服务，社会工作者由社会组织直接委派，这样既有利于社会组织的健康发展，也有利于社会工作者的成长和交流，从而进一步提升社会工作者队伍素质。

六、社区矫正执法工作者与人民警察的关系

《社区矫正法》立法过程中，基层社区矫正执法工作者最关

[①] 陈和华：《论我国社区矫正的制度建设》，载《犯罪研究》2010 第 1 期。

注、理论界和实务界争议最激烈的就是,社区矫正是否应当由人民警察执法以及如何配置人民警察,这直接影响到社区矫正工作的健康发展。因此,无论是从理论还是从实践来看,社区矫正执法工作者与人民警察的关系问题都是一个迫切需要厘清的问题。

1. 社区矫正工作中人民警察参与的现状

当前,人民警察参与社区矫正实践主要有以下三种模式:一是执法工作者加社区民警模式。即社区矫正日常执法工作由社区矫正机构、基层司法所的执法工作者(公务员)来承担,遇有社区矫正对象不服管、脱管、追逃等相关事宜,请社区民警参与。二是执法工作者加专职矫正警察模式。如天津、四川等地,已采取调警、招警等形式,为社区矫正工作机构配备一定数量的矫正警察,与社区矫正执法工作者共同来完成社区矫正相关工作。三是执法工作者加挂职警察模式。如北京、江苏等地,由当地司法厅局牵头采取互帮共建的形式,委派监狱、戒毒系统民警到司法局(所)挂职,挂职民警主要协助地方司法局社区矫正机构开展社区矫正工作。

我们在调研时也发现,实际工作中,由基层司法行政部门承担社区矫正工作仍显压力大、措施软、手段少、力不从心。社区矫正工作人员[①]在走访过程中,当面对一些态度恶劣、不配合矫正的矫正对象时,普遍缺乏必要的执法手段和器械,使得实地走访工作承受了较大的职业风险。因此,不少社区矫正工作人员希望能具备警察身份或配备矫正警察,致使警察化成为实务工作人员中的普遍呼求。对执法工作者的问卷调查显示,87.72%的受访者认为增设矫正警察有助于提高社区矫正工作的权威性,68.88%的认为有助于提高执法工作者的能力,73.18%的认为有利于推动刑事执行协调化;对社会工作者的问卷调查显示,90.49%的受访者认为增设矫正警察有助于提高社区矫正工作的权威性。这些数据表明,社区矫正工作人员的警察化呼求需要在党委、政府的支持下作进一步的研究,以有

---

① 这里的社区矫正工作人员主要包括社区矫正执法工作者和社区矫正社会工作者,下文同理。

效回应这一普遍关切。

2. 关于执法工作者与人民警察的相关制度规定

（1）国家层面的制度规定

两高两部在2003年《关于开展社区矫正试点工作的通知》中要求："公安机关要配合司法行政机关依法加强对社区服刑人员的监督考察，依法履行有关法律程序。对违反监督、考察规定的社区服刑人员，根据具体情况依法采取必要的措施；对重新犯罪的社区服刑人员，及时依法处理。"该《通知》只是要求有关部门要依法履行各自的职责，相互配合、相互支持，保证试点工作的顺利开展，对社区矫正工作者是否应为警察没有要求。在2005年的《关于扩大社区矫正试点范围的通知》、2009年的《关于在全国试行社区矫正工作的意见》、2012年的《社区矫正实施办法》以及2014年的《关于全面推进社区矫正工作的意见》中也都是作了类似的表述，明确了各部门的职责，并没有涉及社区矫正工作者是否应为人民警察的问题。2016年，国务院法制办在《中华人民共和国社区矫正法（征求意见稿）》中，也只是原则性地规定了"国务院司法行政部门主管全国的社区矫正工作。县级以上地方人民政府司法行政部门负责本行政区域的社区矫正工作。人民法院、人民检察院、公安机关和其他有关部门依照各自职责，分工负责、协调配合，共同做好社区矫正工作"，没有对社区矫正工作者的身份予以明确。

（2）地方层面的制度规定

《江苏省社区矫正工作条例》中仅规定："社区矫正执法工作者由社区矫正机构和司法所的公务员担任。社区矫正执法工作者执行公务时应当出示社区矫正工作证件。"没有明确要求社区矫正执法工作者必须是人民警察。《北京市社区矫正实施细则》中规定："抽调监狱劳教人民警察、社会工作者和志愿者在司法行政机关的组织指导下参与社区矫正工作。有关部门、村（居）民委员会、社区民警、成年社区矫正人员所在单位或就读学校、家庭成员或监护人、保证人等协助司法行政机关进行社区矫正。"明确了社区矫正执法工作者由抽调的监狱劳教人民警察担任。在《浙江省社区矫正实施细则（试行）》与上海市《市司法局关于开展社区矫正工作的若干规定》中，只是细化了社区矫正各部门的职责，没有涉及社区矫正执法工作者是否为人民警察的问题。《四川省社区矫正实施细则（试行）》中则明确规定了"社区矫正工作人员队伍以司法行政机关社区矫正机构人民警察和执法人员为主体、社会工作者为辅助、社会志愿者为补充。社区矫正机构配备人民警察，组织执行刑罚，对违反监督管理规定的社区服刑人员实施制止、惩戒、收监等措施"。由此可见，各地在对社区矫正执法工作中是否配备人民警察的问题上，做法并不相同。

3. 关于社区矫正工作者警察化的争论

当前，关于社区矫正工作者警察化的问题，赞成和不赞成的观点一直争论不休、相持不下。

（1）不赞成社区矫正工作者警察化的观点

不赞成者认为，如果社区矫正政府化、行政化甚至重新由公安警察化转为司法警察化，那么，社区矫正的推行反而意味着政府职能和机构的扩张。某种程度上社区矫正便只是将犯罪人从政府一个部门的管理转向另一个部门，甚至可能是监狱的"异形"扩张。它不仅失去了本来的性质和意义，甚至会背离其原本的轨道。如果实行社区矫正的结果意味着政府"管"的事情越来越多和政府管理职能特别是机构和编制的扩张，而不是政府服务职能的加强，那么，中国的社区矫正就会成为"政府矫正"或"司法行政矫正"。还有一些学者认为，社区矫正工作者警察化不符合社区矫正的国际通行做法，易于造成警察国家的不良形象。此外，社区矫正执法工作者警察化的诉求完全可以通过合理配置社区矫正机构与公安机关的职权加以满足，即便设置了矫正警察，也不能真正解决社区矫正中存在的现实问题。由于矫正警察的数量有限，难以形成足够的警力，在全国警务信息联网、追逃等方面也离不开公安机关的配合。

(2) 赞成社区矫正工作者警察化的观点

赞成者认为，从国家社区矫正制度的健康规范发展的需要看，社区矫正执法队伍的警察化是不二之选。其一，国家整体制度设计决定了社区矫正执法队伍必须是警察。社区矫正本质上是一种刑事执法活动，其主要工作内容恰恰就是依法对犯罪公民的日常行为进行监督，对依法不许可的行为进行限制，及时制止和惩罚其不法行为，这种针对人身自由的执法权力必须由警察来行使。其二，社区矫正执法队伍警察化，不会造成警察权的扩大。在国家建立社区矫正制度以前，一直就是由公安机关监管，现在只是将原来由公安机关行使的监管职责和权力依法转移给司法行政机关的社区矫正机构，不存在警察权扩大的问题。其三，社区矫正执法队伍警察化是规范社区矫正工作的迫切需要。社区矫正作为一项刑事执法工作，每一项监管教育措施都关涉到矫正对象的基本权利，这不仅要求监管教育措施合法适当，而且要求一支纪律严明、能够依法规范自身行为的高素质队伍。其四，社区矫正执法队伍警察化是稳定基层社区矫正工作队伍的需要。在县级以下司法行政机关，社区矫正与其他工作相比，不仅要求最高，任务最重，而且风险也最高，成为基层司法行政机构工作人员避之唯恐不及的工作，其直接结果就是基层社区矫正工作人员流动十分频繁，直接影响了社区矫正工作的规范健康发展。只有通过社区矫正执法队伍警察化，使社区矫正执法人员与司法行政其他公务人员适度分开，同时，建立与完善相应的职业保障制度，方可使社区矫正执法队伍保持相对稳定。

4. 对社区矫正工作中人民警察参与的建议

社区矫正执法工作者与人民警察的关系有两种可能的方案，一是社区矫正执法工作者警察化，于是产生矫正警察；二是对社区矫正执法工作者不予警察化，但明确规定公安机关参与社区矫正的工作任务，使社区矫正机构能够主导和制约公安机关安排参加社区矫正工作的人民警察。无论是从社区矫正的性质,还是从现实可行性来看,第一种方案都是不可取的。因此,建议采取第二种方案的思路,即通过区分警察保障与警察参与,建立完善的警察参与社区矫正制度。管制犯、暂予监外执行犯的社区矫正属于一种刑罚执行活动,而缓刑犯、假释犯的社区矫正不属于刑罚执行活动,人民警察在这两类社区矫正对象的社区矫正中的作用应当有所区别。据调查统计,将刑罚执行类的社区矫正对象与非刑罚执行类的社区矫正对象区分之后,刑罚执行类的社区矫正对象占社区矫正对象总数比例不到20%,现有的社区矫正执法工作者和互帮共建的监狱戒毒人民警察以及社区警察参与协同工作的模式完全能够满足实际工作的需要。对于缓刑犯和假释犯的社区矫正不要求人民警察参加矫正小组,仅要求其发挥保障作用即可,因此,自然就不需要再增设矫正警察了。

第四章　社区矫正立法体例

一、社区矫正立法体例的研究范畴

立法体例，即法律规范的表现形式。社区矫正规范立法体例的研究范畴，包括社区矫正的立法形式和立法结构。前者是指社区矫正规范总体上以何种形式在立法上呈现；后者是指社区矫正规范在立法上的排列方式。

关于社区矫正的立法形式，目前存在三种学说：一是修法说，即修改《刑法》《刑事诉讼法》和《监狱法》等相关法律，增加社区矫正的主要内容。二是单独立法说，即制定《社区矫正法》。三是综合立法说，将社区矫正的相关规范与《监狱法》的规范结合起来，制定一部《刑事执行法》。[①]

可以肯定的是，"修法说"并不可取。原因是社区矫正作为刑事执行方式，同时包含了实体与程序的内容，实体与程序相互配合、互为补充，以达至社区矫正的目的。社区矫正法的内容决定了不管是将其放在作为刑事实体法的刑法还是作为刑事程序法的刑事诉讼法中都有失妥当；另外，将社区矫正法实体和程序内容分别纳入刑法和刑事诉讼法的做法也不适宜，因为正是借由程序与实体的交叉规定，社区矫正法的功能才能得到最大程度的实现。因此社区矫正单独立法或者与同为刑事执行法的监狱法合并立法似乎更为可

[①] 刘行星：《社会管理模式创新视野下的社区矫正》，载《南方论丛》2013年第1期。

取。从实践来看，我国选择了单独立法的体例。2016年12月1日，《中华人民共和国社区矫正法（征求意见稿）》（以下简称《征求意见稿》）已经颁布，《社区矫正法》出台应为时不远。

结合目前我国社区矫正的立法进程，本书认为，我国社区矫正立法应遵循"两步走"原则，首先制定《社区矫正法》，然后将《社区矫正法》与《监狱法》合并为《刑事执行法》。这样做的合理性在于：社区矫正的性质属于刑事执行，纳入《刑事执行法》是其应有之义；从《刑事执行法》的内部组成部分看，《社区矫正法》与《监狱法》使用的对象相互补充，相辅相成；从刑事法律体系的整体来看，《刑事执行法》与作为刑事实体法的刑法、刑事程序法的刑事诉讼法相并列，共同构建了我国的刑事法律体系。在这个意义上，"修法说""单独立法说"与"综合立法说"之间并非彼此冲突：正是借由《刑法修正案（八）》和《刑事诉讼法》第258条，社区矫正才正式出现在立法之中，因此"修法"是"单独立法"的前提；《社区矫正法》的单独立法是将《社区矫正法》与《监狱法》合并形成《刑事执行法》的条件，因此"单独立法"是"综合立法"的基础。三种模式实际上反映了社区矫正立法从无到有、由浅入深、从抽象到具体的动态过程。

在明确社区矫正的立法形式之后，接下来需要探讨的是社区矫正的立法结构，即《社区矫正法》的各章的体例安排、诸多实体与程序规范的排列方法。社区矫正工作自2003年在全国试点以来，各省、自治区、直辖市出台了大量关于社区矫正的立法、规章、司法文件，学者也提出了诸多版本的立法建议稿，加上《征求意见稿》的出台，关于社区矫正的规范已经实现了从中央到地方，从官方到民间，从理论到实务的"全覆盖"。所以本书选取其中一些规范性文件作为研究范本，在对于其进行梳理、分析、比较的基础上，形成本文关于社区矫正立法体例的建议。

二、现有社区矫正规范性文件的体例考察

1.《征求意见稿》

名称	制定主体	公布时间	章数	章目
《征求意见稿》	国务院法制办公室	2016年12月1日	5	一、总则 二、实施社区矫正的程序 三、监督管理 四、教育帮扶 五、附则

2. 地方性立法、规章与司法文件

（1）地方性立法——《江苏省社区矫正工作条例》

名称	制定主体	实施时间	章数	章目
《江苏省社区矫正工作条例》	江苏省人民代表大会常务委员会	2014年3月1日	6	一、总则 二、社区矫正机构和人员 三、矫正执行 四、保障和监督 五、法律责任 六、附则

（2）地方性法规——《珠海经济特区社区矫正工作办法》

名称	制定主体	实施时间	章数	章目
《珠海经济特区社区矫正工作办法》	珠海市人民政府	2016年6月18日	8	一、总则 二、社区矫正机构、人员和场所 三、监督管理 四、教育矫正 五、社会适应性帮扶 六、保障措施 七、法律责任 八、附则

（3）地方司法文件——以东中西部的样本选取为例

①东部地区：《北京市社区矫正实施细则》《辽宁省社区矫正工作实施办法（试行）》

名称	制定主体	实施时间	章数	章目
《北京市社区矫正实施细则》	北京市高级人民法院、北京市人民检察院、北京市公安局、北京市司法局	2012年7月1日	7	一、总则
				二、矫前调查、交付与接收
				三、对社区矫正人员矫正的实施
				四、对社区矫正人员的处罚、收监和减刑
				五、社区矫正的解除与终止
				六、对社区矫正工作的保障与管理
				七、附则
《辽宁省社区矫正工作实施办法（试行）》	辽宁省社区矫正工作领导小组办公室	2011年10月12日	9	一、总则
				二、社区矫正工作组织及职责
				三、非监禁刑案件审前社会调查工作
				四、社区服刑人员的接收
				五、对社区服刑人员的监管
				六、对社区服刑人员的教育帮扶
				七、对社区服刑人员的考核奖惩
				八、社区矫正的终止和解除
				九、附则

第四章 社区矫正立法体例

②中部地区：《湖南省社区矫正实施细则》《广西壮族自治区社区矫正实施细则（试行）》

名称	制定主体	实施时间	章数	章目
《湖南省社区矫正实施细则》	湖南省高级人民法院、湖南省人民检察院、湖南省公安厅、湖南省司法厅、湖南省社区矫正工作领导小组办公室	2013年1月	11	一、总则
				二、社会调查评估
				三、交付与接收
				四、监督管理
				五、教育矫正
				六、社会适应性帮扶
				七、考核奖惩
				八、解除与终止社区矫正
				九、未成年人社区矫正
				十、执法监督
				十一、附则
《广西壮族自治区社区矫正实施细则（试行）》	广西壮族自治区高级人民法院、广西壮族自治区人民检察院、广西壮族自治区公安厅、广西壮族自治区司法厅	2014年12月23日	11	一、总则
				二、调查评估
				三、交付接收
				四、矫正实施
				五、监督管理
				六、教育帮扶
				七、考核与奖惩
				八、矫正解除与终止
				九、未成年人社区矫正
				十、保障机制
				十一、附则

③西部地区：《重庆市社区矫正实施细则》《四川省社区矫正实施细则》

名称	制定主体	实施时间	章数	章目
《重庆市社区矫正实施细则》	重庆市高级人民法院、重庆市人民检察院、重庆市公安局、重庆市司法局	2014年1月2日	12	一、总则
				二、职责分工
				三、调查评估
				四、交付执行
				五、监督管理
				六、教育矫正
				七、考核与奖惩
				八、矫正终止
				九、未成年人社区矫正
				十、执法监督
				十一、保障机制
				十二、附则
《四川省社区矫正实施细则》	四川省高级人民法院、四川省人民检察院、四川省公安厅、四川省司法厅	2015年12月4日	14	一、总则
				二、机构队伍
				三、职责分工
				四、调查评估
				五、交付执行
				六、监督管理
				七、教育帮扶
				八、考核奖惩
				九、未成年人社区矫正
				十、解除矫正
				十一、矫正档案
				十二、法律监督
				十三、工作保障
				十四、附则

3. 专家建议稿

作者	章数	章目
北京师范大学刑事法律科学研究院赵秉志教授	13	一、总则
		二、机构与人员
		三、社区服刑人员
		四、基本程序
		五、监督管理
		六、教育矫正
		七、帮困扶助
		八、奖惩与考核
		九、特殊服刑人员的矫正
		十、保障与促进
		十一、监督机制
		十二、法律责任
		十三、附则
上海政法学院刘强教授	6	一、总则
		二、社区矫正专门国家机关
		三、社区矫正机构和工作队伍
		四、社区矫正程序
		五、未成年社区服刑人员的教育矫正
		六、附则
南京师范大学中国法治现代化研究院课题组刘远教授	7	一、总则
		二、社区矫正的机构和人员
		三、社区矫正前程序
		四、社区矫正的具体实行
		五、奖励与惩罚
		六、法律责任
		七、附则

三、社区矫正立法之应然体例

1. 总则与分则之二分体例

如果对上述规范性文件的立法体例进行梳理，可以发现区分总则和分则几乎是所有规范性文件的选择。这种立法体例的科学性在于：总则是规范性文件中最为核心的部分，它规定了社区矫正的根本性问题和共通性内容；分则对于社区矫正的各项制度进行了具体规定，是对于总则的贯彻与展开。总则指导分则，分则反映总则，二者彼此配合、相辅相成。

2. 总则内容

名称	条文数	内容
《中华人民共和国社区矫正法（征求意见稿）》	9	一、立法目的
		二、适用对象
		三、原则
		四、社区矫正主管部门、配合部门
		五、社区矫正协助部门
		六、社会力量参与
		七、社区矫正机构工作人员的职责
		八、社区矫正人员的权利和义务
		九、社区矫正经费管理
《江苏省社区矫正工作条例》	6	一、立法目的
		二、适用对象
		三、原则
		四、政府在社区矫正中的职能
		五、社区矫正主管部门、配合部门
		六、社区矫正协助部门、社会力量参与

第四章 社区矫正立法体例

续表

名称	条文数	内容
《珠海经济特区社区矫正工作办法》	7	一、立法目的
		二、适用对象
		三、原则
		四、政府在社区矫正中的职能
		五、主管部门、协助部门
		六、村委会、监护人等参与者的职责
		七、上下级政府部门监督
《北京市社区矫正实施细则》	5	一、立法目的、依据
		二、社区矫正的适用对象
		三、公检法司的职责分工
		四、社区矫正主管部门、协助部门、社会力量参与
		五、社区矫正人员的权利
《辽宁省社区矫正工作实施办法（试行）》	4	一、立法目的、依据
		二、社区矫正的定义
		三、社区矫正的适用对象
		四、社区矫正的任务
《湖南省社区矫正实施细则》	7	一、立法目的、依据
		二、社区矫正的适用对象
		三、社区矫正人员的权利和义务
		四、公、检、法、司的职责分工
		五、社区矫正主管部门、协助部门、社会力量参与
		六、社区矫正领导体制和工作机制
		七、司法行政机关的职责

续表

名称	条文数	内容
《广西壮族自治区社区矫正实施细则（试行）》	7	一、立法目的、依据
		二、社区矫正的适用范围
		三、社区矫正的任务、原则
		四、职责分工
		五、矫正机构
		六、辅助机构及人员
		七、服刑人员的义务和权利
《重庆市社区矫正实施细则》	6	一、立法目的、依据
		二、社区矫正的适用对象
		三、社区矫正的原则
		四、社区矫正的主管部门
		五、社区矫正人员的义务
		六、社区矫正人员的权利
《四川省社区矫正实施细则》	6	一、立法目的、依据
		二、社区矫正的适用对象
		三、社区矫正的原则
		四、社区矫正的任务
		五、社区服刑人员的权利义务
		六、司法行政机关职责
北师大刑科院专家建议稿	8	一、立法目的、依据
		二、立法任务
		三、社区矫正概念
		四、社区矫正的任务
		五、社区矫正的基本原则
		六、社区矫正的工作机制
		七、居住地
		八、其他术语

第四章 社区矫正立法体例

续表

名称	条文数	内容
刘强专家建议稿	13	一、立法目的、根据
		二、社区矫正概念
		三、社区矫正的适用对象
		四、社区矫正的任务
		五、社区矫正的原则
		六、社区服刑人员的接收管理
		七、迁居的处理
		八、经费保障
		九、鼓励社会参与
		十、主管部门
		十一、社区矫正工作者的职权
		十二、社区服刑人员的权利
		十三、社区服刑人员的义务
南京师范大学中国法治现代化研究院课题组	8	一、立法目的与根据
		二、适用范围
		三、分类矫正、个别矫正的原则
		四、监管教育帮扶相结合原则
		五、公共安全与鼓励罪犯自觉改造相结合
		六、主管与配合
		七、社会参与
		八、政府主导

除了上述规范性文件以外，《社区矫正法》的总则内容还应适当以《监狱法》的总则部分为参照。这是因为《社区矫正法》与《监狱法》同属刑事执行法、适用的对象都是"有罪的人"，为两部法律能够在未来的《刑事执行法》中实现良好衔接，同时考虑到《监狱法》的出台使监狱工作已经进入了全面法制化的轨道、取

得了良好的成效，我们有必要在制定《社区矫正法》时参考《监狱法》的总则内容：

名称	总则条文数	内容
《监狱法》	10	一、立法目的、根据
		二、监狱的性质、监狱服刑的对象
		三、原则
		四、监狱的职责
		五、警察的职权
		六、检察院的职责
		七、罪犯的权利和义务
		八、经费保障
		九、监狱财产受法律保护
		十、主管机关

梳理从中央到地方、从实务到理论规定的社区矫正总则内容，结合《监狱法》的相关规定，我们认为，《社区矫正法》的总则至少应该包括以下几个方面的内容：

第一，立法的根据和目的。《立法建议稿》仅规定了立法目的而没有涉及立法依据，此一点殊不可取。应当将"根据宪法，制定本法"写入社区矫正立法之中。首先，这是落实依宪治国精神、维护宪法权威的需要；其次，宪法的基本原则比如尊重和保障人权原则（第33条第3款），人格尊严不受侵犯原则（第38条）等对于社区矫正具体工作的开展具有指导和规范作用；最后，将宪法作为立法根据可与同为刑事执行法的《监狱法》第1条保持协调，为日后综合立法打下基础。

第二，社区矫正的性质和对象。社区矫正的对象在上述所有社区矫正规范性文件中都有规定，有的还在现行的法律规定之外做了延展，比如"在符合法定条件的情况下，对于罪行轻微，主观恶性不大的未成年犯、老病残犯以及罪行较轻的初犯、过失犯等，应

第四章 社区矫正立法体例

当作为重点对象,优先适用非监禁刑,实施社区矫正"等类似规定,这符合轻刑化的趋势,也有利于社区矫正制度的发展。但是,社区矫正的性质没有被全部反映在上述总则条文中。之所以没有规定,可能是考虑到这部分争议较大,研究尚不成熟。社区矫正的性质关乎整个法律的定位和各项具体制度(如监管模式的选择、执法人员是否需要警察化等),对于实践走向(重监管还是重教育、重惩罚还是重矫正)有至关重要的意义,因此应当在总则中予以明确规定。

第三,社区矫正的原则和任务。社区矫正法的基本原则,是社区矫正观的原则性体现,是准确理解和正确执行社区矫正法的基本法条依据。从以上各社区矫正的规范性文件来看,社区矫正的基本原则已被普遍规定在总则之中。但社区矫正的三大任务"监管""教育""帮扶"只是被部分规范性文件纳入总则规定之中。社区矫正的任务对于指引、明确社区矫正具体工作有重要作用,以"帮扶"为例,帮扶制度能够体现出社区矫正相对于其他刑事执行措施的独特之处,是社区矫正工作的重大创新,是减少重新犯罪的重要措施,是完善刑事执行制度的重要改革。它不仅有利于在刑事执行工作中体现人道主义精神,而且也有利于预防重新犯罪、实现构建和谐社会的目标。"监管""教育""帮扶"三大任务缺一不可,都应当被明确规定在总则之中。

第四,社区矫正的职责分工。社区矫正的职责分工从宏观上表明开展社区矫正工作的机构、人员及相互关系。社区矫正工作需要主管部门、相关部门、配合部门、社会力量的协调配合。主管部门即各级司法行政机关,相关部门即检察院、法院,配合部门即公安机关、监狱管理机关以及其他政府部门,社会参与不仅包括村民委员会、居民委员会、社区矫正对象所在单位或者就读学校、家庭成员、监护人、保证人等,还包括企业事业单位、社会组织和社会工作者、志愿者等社会力量。将职责分工纳入总则内容有利于进一步明确各个部门在社区矫正中的地位和作用,使之相互配合、积极参与,共同做好社区矫正工作。

第五，矫正对象的权利义务。矫正对象的权利义务应该被写进总则之中，这不仅是因为权利义务是法律的基本和核心内容，也不仅是因为同样作为刑事执行法的《监狱法》明确将罪犯的权利义务写进了总则之中、《社区矫正法》的总则要与之因应，而且是因为社区矫正的特殊性质：它是基于犯罪人较低的人身危险性而采取的非监禁刑事执行措施。目前实务中存在过度强调义务而忽视权利的倾向：由于矫正对象是"犯罪的人"，应该对其进行监管、确保其严格地遵守纪律、履行义务，实践中大部分地区也确实是出于风险防控的考虑对矫正对象严加约束。但是，如果对矫正对象只强调义务，无疑是把"高墙思维"带入了社区矫正工作，社区矫正就"变了味"，十分不利于矫正对象的社会复归。强调社区矫正对象的权利体现着社区矫正观，对于实现"矫正"目标、帮助矫正对象复归社会具有重要意义，对于社区矫正工作人员开展具体工作有指引、提示的作用。因此，应当在总则中对于社区矫正对象的权利进行全面、细致地规定，矫正对象除了具有"人格不受侮辱，其人身安全、合法财产和辩护、申诉、控告、检举以及其他未被依法剥夺或者限制的权利不受侵犯"等监狱服刑人员的权利之外，还拥有接受教育、心理矫治、接受帮扶等其他权利。

第六，社区矫正经费的保障。经费保障之所以需要规定在总则之中，主要原因是在实践中经费短缺的问题比较突出，直接影响到社区矫正工作的实际运行效果。以江苏省为例，在苏北和苏中部分地区，除省司法厅下拨的专项经费外，能专门用于社区矫正的地方配套经费比较有限，普通专职社区矫正社会工作者的收入甚至不及苏南一半，严重影响了社区矫正工作人员的积极性。问卷调查显示，只有11.05%的执法工作者和19.82%的社会工作者认为社区矫正经费充足，绝大部分受调查者认为社区矫正经费不足、地方配套经费落实不到位。[①] 因此要在总则中明确将社区矫正经费列入本级

[①] 本课题组：《江苏省社区矫正工作调研报告》，第13页。

政府预算，不仅如此，还可以鼓励单位和个人依法对社区矫正工作进行捐赠，鼓励企事业单位、社会组织建立社区矫正教育培训和公益劳动基地，共同促进社区矫正工作的发展。

3. 分则内容

社区矫正立法的分则部分是对于总则精神的贯彻和落实，主要涉及各项制度的运行与展开。通过对现有社区矫正规范性文件的梳理，可以发现分则内容具有相当大的重合，这说明各规范制定主体对于部分内容的重要性已经达成了共识。在经验层面，重合部分作为共识性内容可以为将来的社区矫正立法提供参考。至于各规范性文件之间未重合的部分，则需要立法者结合立法精神与实践需要进行筛选。本书认为，社区矫正立法分则应当包括以下内容：

第一，社区矫正的机构、人员。该部分普遍地在各规范性文件中以专章形式出现，是总则中关于职责分工的具体展开。在该章中，社区矫正的主管部门、相关部门、配合部门、社会力量的地位作用、任职条件、工作职责都应该界定清晰。

第二，实体方面需规定"监管""教育""帮扶"三大任务。作为重要的实体性内容，各规范性文件都对于社区矫正的三大任务分别进行了规定，所不同者，有的是专章规定、有的是合并规定。可以考虑将"监管"部分独立成章，而将"教育"与"帮扶"合并成章，这主要是因为"监管"与"教育""帮扶"相比更具刚性、强调对于矫正对象的管控，而后两者则更具柔性、着重于社会复归。

第三，程序方面需对调查评估等矫正前程序进行专章规定。调查评估可以准确、全面地了解矫正对象有关情况，是重要的程序性事项之一。社区矫正法兼具实体与程序之内容，各规范性文件之间存在的分歧是：是将包括调查评估、矫正地确定、矫正宣告、矫正终止等在内的程序性事项单独成章，还是按照一定顺序与程序性事项做交叉规定？采取前一种立法模式者，如《征求意见稿》、北京师范大学刑事科学研究院《社区矫正法（专家建议稿）》；与之相对，多数规范性文件的立法体例是按照社区矫正进行的顺序（从入矫到解矫）将实体与程序混合规定。

我们认为，应当将入矫前程序作单独规定，而将其他程序性事项与实体事项交叉规定。原则上，程序和实体应当作交叉规定，这是因为首先社区矫正法作为刑事执行法，不论是实体条款还是程序条款，都要服务于《社区矫正法》的立法目的——保证社区矫正工作的顺利进行。这实际上决定了程序和实体根本不可能被截然分开。另外，如果按照《征求意见稿》的做法，将"解矫"等程序性规定放在"监督管理"和"教育帮扶"之前，不仅颠倒了前后顺序，而且违背了实体决定程序的基本原理。但是，矫正前程序可以构成前述"实体与程序相辅相成"原则的例外，原因是这部分内容涉及的只有程序性规定，缺少实体性规定，因而也不存在两者配合的问题；另外，将上述程序单独成章，在规范上更加清晰、统一、一目了然，有利于实际操作和运行。因此，对于入矫之前的程序性规范，应设立"矫正前程序"专章，将程序性事项进行统一规定。

第四，保障措施需要专章规定。保障措施是否完备直接关乎社区矫正的具体效果，是总则中经费保障条款的展开和延伸。为避免保障措施在实践中流于形式，有必要将相应措施以制度的形式规定在分则之中，以更好地达到社区矫正的目标。保障措施主要是经费保障，除此之外还包括为社区矫正提供必要的场所、设施，以及民政部门、人力资源与社会保障部门、社会力量的积极参与。

第五，明确考核奖惩与法律责任。考核奖惩的对象是社区矫正对象。在上述社区矫正的规范性文件中，考核奖惩基本上被独立成章，规定于分则之中。该章除了明确考核主体、考核原则等一般内容之外，最重要的是规定"奖""惩"的事由及种类。这是因为行为后果的明确宣示是法律明确性的基本要求，可以有效保障矫正对象的知情权，促使其积极参与社区矫正。考核奖惩与法律责任的对象不同，后者是指司法行政人员和警察的法律责任。法律责任的欠缺将会使得规范的效力大打折扣,甚至有的学说认为[1],缺失了"威胁为后盾"的规则就无法被称为法律规则。另外,法律责任的设置也是落实"权责统一"的具体举措,有利于"把权力关进制度的笼子里",督促社区矫正工作人员依法办事,保障矫正对象的合法权利不受公权力之侵犯。

第六,对于特殊对象的矫正应当单独成章。与一般矫正对象相比,未成年人、老年人、传染病人在身体和心智上存在缺陷,外国人在风俗、文化上与我国公民不尽相同,这就决定了上述对象的矫正方针和措施与一般矫正对象存在相异之处,因此在立法体例上适宜将对于特殊矫正对象的矫正内容单独成章,以贯彻"分类矫正"的要求,保障特殊对象的合法权利,促使其顺利回归社会。

---

[1] 英国法学家奥斯丁认为,"法律是以威胁为后盾的命令",参见 [英] 哈特:《法律的概念》,张文显、郑成良、杜景义等译,北京:中国大百科全书出版社1996年版,第18页。

第五章 社区矫正前程序

社区矫正前程序是确保社区矫正工作顺利实施的第一步，一般包括审前调查评估、社区矫正地的确定、社区矫正对象的接收等程序。本章将对社区矫正前各程序在实践中运行的状况、存在的问题以及相关制度逐一进行梳理分析，并提出制度完善与立法建议。

一、审前调查评估程序

审前调查评估是对被告人或罪犯是否适宜进行社区矫正的可行性评估。目前，各地审前调查评估制度总体上比较完善，实务进展也比较顺利，但在调查评估"人、财、物"的配置方面仍暴露出了一些具体的问题。只有从程序和实体两个方面，即在程序上坚持"评估先行"原则，将审前调查评估作为适用社区矫正的必经前置程序，并在实体上将调查评估报告作为必备的证据材料，才能从根本上为实务问题的解决找到出路。

1. 审前调查评估制度的现状

（1）矫正前调查评估制度的特点

社区矫正审前调查评估作为社区矫正的第一道入口关，是连接刑事裁决和矫正执行的关键一环，是过滤拟适用社区矫正对象以保证矫正科学性和有效性的主要步骤，也是实现刑事处遇个别化的重要保证。目前，社区矫正实务中审前调查评估呈现出如下几个特点：

一是审前调查的规章制度相对完善，具有一定指导性和可操作性。在诸多关于社区矫正的规范性文件中均对审前调查进行专门规定，表明了该项环节在社区矫正工作中的重要性。2003年发布的《关于开展社区矫正试点工作的通知》中规定："在判处非监禁刑、减刑、假释工作中，可以征求有关社区矫正组织的意见，并在宣判、宣告后，将判决书、裁定书抄送有关社区矫正组织。"2012年两高两部联合印发的《社区矫正实施办法》第4条亦专门规定了审前调查制度，涉及调查的情形、调查的主体、调查的内容、调查的结论形式，具有一定的可操作性，对实务中审前调查的具体开展提供了较为明确的指导。此外，不少地区也根据两高两部的文件并结合本地的实际情况，出台了一些专门的关于审前调查的地方规范性文件。早在2006年，江苏省高级人民法院、人民检察院、公安厅、司法厅就出台了《刑事案件未成年被告人审前调查实施办法（试行）》，在该省正式确立了审前调查制度；2011年，浙江省亦印发了《浙江省社区矫正审前社会调查实施办法（试行）》，共6章29条，对审前调查的调查程序、调查采信、法律责任、法律监督等进行了进一步的细化规定。此外，具有代表性的还有2012年安徽省出台的《关于适用社区矫正社区影响评估暂行办法》，以及2013年吉林省出台的《关于对拟适用社区矫正的被告人、罪犯进行社区影响调查评估的暂行办法》。

二是审前调查坚持全面调查和直接调查原则。所谓全面调查，即凡是同案件形成和案犯处遇有关的各种事实因素，包括对被告人或者罪犯的居所情况、家庭和社会关系、一贯表现、犯罪行为的后果和影响、居住地村（居）民委员会和被害人意见、拟禁止的事项等都纳入调查的范围，以此查明引起被调查对象走上违法犯罪道路的真实原因。所谓直接调查原则，即调查人员必须做到直接接触、实地考察，以保障调查结论的准确性和可靠性。上述江苏、浙江等地文件均要求，调查人员应走访调查对象户籍所在地或经常居住地的公安派出所、村（居、社区）及其家庭、工作单位或就读的学校等，采取个别约谈、查阅资料、召开座谈会、调查取证等方式进行调查。全面调查和直接调查原则，为调查过程的严肃性和调查结论的准确性提供了一定的保证。

三是审前调查的方式主要以计分评估为主。所谓计分评估，即将调查的诸多事项作为考核的因素，并根据其重要性分别设置不同的权重和标准分值，以此来最终评估受调查人员是否适宜进行社区矫正。如下图所示，即为某地对被告人调查评估的样表：

序号	调查内容	标准分值	评估分值	备注
1	被告人是否迷恋网络游戏	2		
2	被告人有无吸毒、赌博、嗜酒等恶习	2		
3	被告人是否容易冲动、有无暴力倾向	2		
4	被告人性格是否孤僻，是否有较重的报复心理	2		
5	被告人在个人成长中有无重大挫折	2		
6	被告人在个人成长中是否缺少关爱	2		
7	被告人是否与有劣迹的人员交往过密	2		
8	被告人家庭成员中有无不良恶习和违法犯罪记录	4		
9	被告人生活作风是否正派	2		
10	被告人是否认罪悔罪	10		
11	被告人有无父母	3		
12	被告人有无配偶	3		
13	被告人家庭是否和睦	4		
14	被告人家庭有无责任感	4		
15	被告人家庭对其有无约束力	4		
16	被告人家庭有无固定住所	4		
17	被告人家庭有无稳定的收入和经济来源	4		
18	被告人家庭居住地有无良好的治安环境	4		
19	罪犯家属意见	5		
20	被害人及家属意见	5		
21	村、街道意见	10		
22	辖区公安派出所意见	10		
23	辖区司法所意见	10		

评分说明：无1—8项所列情形的、有9—18项所列情形的，得满分，反之不得分；对于19—23项，意见为"同意纳入"的，得满分，反之不得分。

四是调查评估结论采信率比较高。以江苏省为例,自2006年开始实行刑事案件未成年被告人"审前调查评估"以来,法院对社区矫正机构提供的未成年人和成年人刑事案件审前评估报告的采信率分别达到90%和85%。① 此外,对于一些不被采信的调查评估报告,一些地方还规定了"采信反馈"制度。如2014年出台的《山东省社区矫正调查评估工作规范(暂行)》第19条第2款规定:"在判决、裁定、决定作出后七日内,委托机关当以书面形式告知县级司法行政机关调查评估意见采信情况。不予采信的,应当说明原因。"

(2)矫正前调查评估制度的主要问题

根据上文的分析,目前我国的社区矫正审前调查评估制度已经建立起了较为完整的规范体系,细化了调查评估规则和方式方法,使得调查评估成为社区矫正工作中相对完善的一个组成部分。但是,受诸多因素的影响,目前调查评估的实际操作与规范性文本之间还存在不小的张力,这既包括实务中遇到的一些具体的困境,也包括一些制度设计方面的缺陷。

一是调查的人力资源保障有所不足。审前调查评估是一项专业性极强的工作,要求调查人员具有法学、心理学等方面的知识,并掌握一定的社会调查技能。目前审前调查主要由基层司法所具体承担,但是基层司法所人员配置不稳定、知识结构不尽合理且缺乏系统培训,对审前调查的质量会造成一定的影响。司法所工作人员普遍较少,又承担人民调解等9项职能,人少工作量大的矛盾十分突出。而审前调查的工作量本身很大,要求很高,时间很急,而且要求两名以上工作人员开展调查,实际上,有的只是一人进行调查,调查报告也存在内容不客观、评估不全面等质量问题。② 尤其是随

---

① 《新阶段如何做好社区矫正审前调查》,社区矫正宣传网,http://www.chjzxc.com/index.php/Article/info/id/3007.html,2018年6月1日登录。

② 朱荣政:《完善社区矫正审前调查评估工作的思考》,载《人民调解》2010年第9期。

着这几年社区矫正的扩大适用,调查评估的任务逐年递增,繁重的调查评估工作和不断增加的社区矫正对象与司法所薄弱的矫正力量之间的落差越来越大,调查评估的质量和社区矫正的管理质量都会受到一些影响。

二是对外地户籍的犯罪嫌疑人及罪犯进行调查评估存在一定的困难,即存在"人户分离"的现象。在调研中,江苏省张家港市金港镇司法所工作人员反映,这类犯罪嫌疑人及罪犯流动性比较大,一般没有十分稳固的社区和生活范围,即使有也是在非矫正执行地的原籍,致使对这类人员的调查评估只趋于表面,往往不能深入了解,调查结果也难免会出现偏差。还有一些被调查人员的现居住地与户口所在地不一致,如果委托被调查人员户籍所在地进行审前调查评估,只能了解到人户分离前的一些情况,对近期现状无法掌握,并且反馈率较低。如果是由被调查人的现居住地进行审前调查评估,那么对其家庭情况、成长经历、一贯表现等又无法得知,这就使调查评估工作不能充分发挥作用。

三是调查评估期限较为紧张。在调研中,苏州市吴中区司法局的工作人员反映,有的法院没有预留足够的时间以进行科学、有效、合理的调查评估,加之被调查对象在调查前后往往表现不一,致使调查评估活动更加形式化。《社区矫正实施办法》并没有关于调查评估期限的规定,但在一些地方性文件中,如《浙江省社区矫正审前社会调查实施办法(试行)》《湖南省实行社区矫正社会调查评估暂行办法》则有所涉及,一般规定"受委托机关应当在接到委托函之日起7个工作日内完成社区矫正社会调查评估工作"。之所以如此规定,与被判缓刑的多是一些简易案件、审期较短有关,但没有充分兼顾到审前调查的具体流程。现行审前调查流程是由法院委托县(市、区)司法局,县(市、区)司法局指派乡镇(街道)司法所进行调查,调查结果然后再反馈县(市、区)司法局,最后由县(市、区)司法局反馈给法院,环节太多,司法所实际开展审前调查的时间难以保障,容易出现超期限完成报告和法院没有接到报告便进行判决的现象。①

四是调查评估报告本身的准确性较难保证。目前,矫正机构形成最终评估意见的依据主要来自三个方面:一是被调查人认罪悔过态度及其亲属接纳程度;二是其家庭基本生活状况;三是社区居民对被调查人能否适用非监禁措施采取的积极或消极态度。上述内容多以询问笔录、调查问卷等形式体现,缺乏必要的数据与科学分析。而且,调查本身也难以保证所获数据和资料的客观性和准确性。如实践中普遍存在受害方不理解或不配合的抵触情绪、被调查人居住地社区对其的排斥情绪,尤其是调查过程中还会遇到一些复杂社会关系的干扰,这些都会严重影响调查评估本身的准确性。

五是调查评估报告得不到法院的充分尊重。尽管目前调查评估结论的采信率比较高,但存在不少判决结果先于审前调查的现象。这种情况,一方面与我国《社区矫正实施办法》没有将审前调查设为必经的前置程序有关,另一方面则体现了学理层面对此问题认识得不深入。在调研中,各地司法所反映,在一些情况下如果调查评估意见与法院的意见相悖,法院经常不会采纳,依旧判缓刑并适用社区矫正,但这种社区矫正对象往往不配合社区矫正工作,最后有很高的比例又被重新收监执行,对社区矫正工作的开展造成了不良影响。

2. 矫正前调查评估制度的分析

上述提及的目前审前调查评估制度所存在的问题并不是孤立的,其原因也不仅仅在于"人、财、物"配置上的不足,而是还存在更深层次的原因。调查评估的期限紧张、调查评估的客观性存疑、判决先于调查评估的情形等均与审前调查评估是否应当成为适用社区矫正的必经前置程序、审前调查评估的法律效力及由此而决定的审前调查评估的性质等问题有关。

(1) 审前调查评估是否应当成为适用社区矫正的必经前置程序

---

① 朱荣政:《完善社区矫正审前调查评估工作的思考》,载《人民调解》2010年第9期。

第五章 社区矫正前程序

关于审前调查评估是否应当成为适用社区矫正的必经前置程序，即"评估先行"，目前的规范性文件中对此规定并不完全统一。《社区矫正实施办法》第4条规定："人民法院、人民检察院、公安机关、监狱对拟适用社区矫正的被告人、罪犯，需要调查其对所居住社区影响的，可以委托县级司法行政机关进行调查评估。"从文义层面解释，这一授权性规范是指只有上述机关认为有必要调查适用社区矫正对所居住社区影响时，才需要启动调查评估程序。相反，若上述机关认为无调查的必要，则不需要启动该程序。因此，尽管实务中在适用社区矫正前绝大多数都进行了审前调查，但该程序仍然不是进行社区矫正必经的法定前置程序。但是，有地方性规范如《湖南省适用社区矫正调查评估办法》第15条规定："在委托期限届满前没有收到《湖南省适用社区矫正调查评估意见书》的，委托机关不得裁判或者向决定机关提交委托调查评估的案件。"此处显然将调查评估作为决定是否适用社区矫正的前置程序。

本书认为，审前调查评估应当作为决定是否适用社区矫正的必经前置程序，即需要坚持"评估先行"原则。理由在于：

首先，从调查评估的专业性和经验角度而言，司法行政机关是具体承担社区矫正工作的执行机关，在长期的社区矫正工作中积累了大量的经验，相比法院等决定机关对拟适用社区矫正人员能否进行社区矫正的可行性、有效性方面更有发言权。由司法行政机关先进行审前调查，使社区矫正机构工作人员提前介入，全面掌握拟接受社区矫正的人员的基本情况，预先对其及家属进行沟通交流，使他们了解社区矫正有关要求，能够有效增强拟接受社区矫正人员的悔罪意识，提高接受社区矫正的愿望，为以后社区矫正监管、教育工作的顺利开展打下良好的基础。

其次，从明确责任的角度而言，实践中因为法院无视司法行政机关的相反意见，而裁判适用社区矫正的对象脱离监管、重新犯罪的概率比较高，且一旦出现这些情形，往往是由司法行政机关的工作人员承受通报、扣分等责任，法院等决定机关却并不承担任何法律上的不良后果。这种"决定者不负责，执行者负责"的后果承担模式成为个别法院不审慎裁决、转移矛盾、逃避责任的"避风港"，不合理地增加了司法行政机关的职业风险，且与目前司法行政机关本身的职权范围和弱势地位不相称。为了改变这一不合理的状况，法院等决定机关就有必要充分听取审前调查的评估意见，至少应仔细考虑该意见。

最后，从社区矫正适用条件而言，以缓刑为例，审前调查评估的内容实质上包含了法律规定的适用缓刑需要考虑的条件，这一点通过将审前调查的内容与我国《刑法》规定的缓刑适用条件相互对照就可以看出。社区矫正的执行不同于监禁，它必然会对社区产生影响；而司法行政机关既是社区矫正的执行机关，又一般是审前调查的机关，与法院等其他决定机关相比，其对被调查对象适用社区矫正的可行性更为了解，经验更为丰富，评估结论也更为可靠。审前调查的评估意见能够同时为缓刑等的适用条件提供证明，为了节约诉讼成本并保证社区矫正的顺利进行和取得预期的效果，法院等决定机关就应当将审前调查的评估意见作为判处管制、宣告缓刑的重要参考依据。

（2）审前调查评估的法律效力

将审前调查评估作为必经的前置程序，接着会产生另一个重要问题，即如何看待审前调查评估的法律效力。即，法院等决定机关是否必须采纳司法行政机关的审前调查评估意见，也就是说当评估报告不建议适用社区矫正时，而法院根据犯罪情节、人身危险性等因素认为可以判处管制、宣告缓刑时，法院能否不采纳该建议？

首要的问题就是将司法行政机关纳入裁判权的行使过程中，是否有悖于法院独立审判的基本法治原则。以有期徒刑为例，法律没有规定法院在对被告人判处有期徒刑前需要征求监狱关于该被告人是否适合监禁的意见，即使是被告人符合我国《刑事诉讼法》第254条规定的暂予监外执行的法定情形，根据《最高人民法院关于适用〈中华人民共和国刑事诉讼法〉的解释》第432条第1款的规定，法院也可以独自对已羁押的被告人在判处有期徒刑的同时决定暂予监外执行，仍然不存在监狱机关参与的前置程序。与之相比照，若将审前调查作为决定适用社区矫正必经的前置程序，也就是说在人民法院判处管制、宣告缓刑前必须征求司法行政机关的意见，那么，这种程序设置是否妨碍人民法院独立行使审判权则不无疑问。比如，如果司法行政机关由于某种原因未能在法院指定的期限内提交调查评估报告，可否延长相应的刑事诉讼期限或延期审理？若法院不待调查评估结论的作出就径直判处管制、宣告缓刑，该判决是否有效？这些问题都说明，将审前调查作为社区矫正必经的前置程序，在后果上至少会使司法行政机关对法院裁判权的行使形成程序上的制约。

这种程序上制约的性质取决于调查评估意见的法律效力。在调查评估的意见与法院的倾向性意见不一致时，一般认为有以下两种选择：一是一律以评估意见为准。如前文所述，这种方式实质上赋予了司法行政机关对被告人判处管制、宣告缓刑的否决权，在某种程度上分享了法院的审判权。其优点是司法行政机关才是进行社区矫正的评估机关和执行机关，具有较为充足的工作经验；缺点是调查评估的结论会不可避免地受到调查主体的个人经验、调查对象的选择、评估量表的分析等因素的影响，具有比较大的主观性。二是评估意见仅供法院等决定机关作一般性的参考。这种方式实质上没有赋予评估意见实体上的法律效力，仅仅使调查评估过程具有程序上的前置意义。其优点是能够充分地保证法院独立行使审判权，避免了司法行政机关干涉之虞；缺点是目前在制度设计上缺乏对法院相应的"责任倒查"机制。所谓责任倒查机制是指如果法院拒绝采纳不建议适用社区矫正的评估意见而仍判处管制、宣告缓刑，当该社区矫正对象出现重新犯罪、脱管等情况时，法院也必须纳入被追究责任的范围。而在目前的实务中，社区矫正对象重新犯罪、脱管的责任主要是由司法行政机关承担，致使司法行政机关普遍感到不公正对待，影响其工作积极性。

本书认为，这两种解决思路都不妥当。首先，第一种解决思路其实是对审判权的分割。法院独立审判不仅仅是司法原则，也是宪法原则。若对被告人判处管制、宣告缓刑需要以司法行政机关的可行性评估为准，则会使司法行政机关实质上参与审判权的行使，造成与宪法性原则的冲突而无效，这也是《社区矫正实施办法》将调查评估结论定性为"意见"的基本考量。第二种解决方式是现行实务中的通行做法。该做法之所以能够在实务中通用，根本原因在于符合各方对法院独立审判的共识。司法行政机关的真正诉求并不是使法院在判处管制、宣告缓刑时以其的评估意见为准，而是要改变目前的追责方式。有的法院对矫正可行性的评估意见不在裁判文书中作任何论证和说明，只是"一判了之"；而司法行政机关则承担着与其资源、职权不相称的追责风险。为了改变这一现状，不少从事社区矫正工作的一线人员呼吁，当法院不采纳司法行政机关作出的不建议适用社区矫正的意见而仍然判处管制、宣告缓刑时，至少也应将法院也纳入到追责的程序中。然而，这样一种"责任倒查"机制的作用仅仅是一种横向的责任分担，并没有真正回答评估意见的法律地位和效力问题。因此，有必要在此基础上探寻第三条解决问题的思路。

第三条思路即将司法行政机关的评估意见作为证明矫正可行性与否的证据材料，法院无论是否采纳，尤其是在不采纳时，都需要在裁判文书中进行详细的论证与说明。而且，评估意见作为证据材料还可以接受法庭质证和辩论，将其纳入量刑辩护的过程中，必要时调查评估人员还可以到庭说明情况。

本书认为，审前调查评估的法律效力属于必备的证据材料。理由在于：首先，将审前调查作为判处管制、宣告缓刑必经前置程序，同时又将司法行政机关对法院审判程序上的制约仅仅限制在审理期限等技术性问题上，不会对审判权的行使造成实体上的影响。这样，既体现了法院对司法行政机关积累的社区矫正经验的充分尊重，也体现了司法行政机关对法院积累的审判经验的充分尊重。其次，这种方式既维护了法院独立审判的原则，同时也避免了简单地责任分担式的制度设计。将评估意见作为证据材料在法庭上质证和辩论，意味着法官在形成心证和决定适用法律的过程中，就已经将矫正可行性纳入了考虑范围，公众也有理由相信法官的裁判是在审慎思考之下作出的。至于最终是否判处管制、宣告缓刑，则属于法官法定自由裁量的范围，执行机关不能以执行效果不好为由认为法官的裁判属于我国《刑事诉讼法》第253条第3项规定的"原判决、裁定适用法律确有错误的"情形，并以此来"倒查"法院的责任。

（3）审前调查评估的性质

根据上文的分析，审前调查评估的性质应当从程序和实体两个侧面进行理解。在程序侧面，就审前调查的启动程序而言，审前调查评估一般是依委托而发起的，而不是依职权行为，也不是单纯的自下而上的社区意志传递，但从审前调查评估的对象角度来看，其作为拟判处社区矫正的人员，是司法行政机关代表国家意志对其人格等状况所作的一种调查和评估，具有公权力性质，与控辩双方在庭审过程中提交的人格证言有所不同。在此层面上，报告的性质等同于法院、检察院和公安机关提交的调查或侦查报告，并且在内容上有明确的要求和目的指向，而不能仅限于一种可听可不听的形式审查。[①] 就审前调查评估的程序地位而言，它是决定是否适用社区矫正的必经前置程序，即"评估先行"程序，属于必经程序，而不是可选择的程序。审前调查评估的启动主体对拟适用社区矫正的犯罪人必须委托司法行政机关进行调查评估，无此前置程序不得适用社区矫正。在实体侧面，为了尊重法院独立审判的原则，同时也尊重司法行政机关作为社区矫正执行机关的经验和作用，审前调查评估意见应当作为证据材料来对待。但结合审前调查程序的先行性，

---

① 任文启：《完善我国社区矫正审前调查评估制度的思考——基于文本和现实的比较分析》，载《甘肃政法学院学报》2016年第2期。

审前调查评估意见的实体性质应当完整地描述为法院等其他决定机关裁决适用社区矫正的必备证据材料。

将审前调查评估的性质作上述理解，不仅有利于实务中问题的解决，同时还能够为我国《社区矫正法》的立法工作提供助益。首先，这种理解能很好地克服调查启动主体的单一性、调查内容的不统一、评估意见的低质化等问题。通常情况下，适用社区矫正对被告人来说是一种轻缓的犯罪后果承担方式，辩方往往对审前调查的启动具有较强的倾向性和主动性。若赋予辩方审前调查的启动权或启动建议权，尤其是在控方、审方都没有启动审前调查程序时，更有利于保护被告人的权利，毕竟评估报告能够对被告人管制、缓刑适用条件的符合性提供更为科学和可靠的证明。同时，作为控方的检察机关为了全面收集证据和提出合理的量刑建议，也需要具有审前调查的启动权。出于节约诉讼成本的考虑，审判机关也可以在其认为必要且不构成重复评估时启动审前调查程序。其次，对于调查评估意见的准确性问题，例如调查内容的不统一、评估意见的低质化，其根源在于调查评估的主观性及技术限制，在某种程度上是不可避免的。为了将这些问题的不良影响降到最低，只有采用对评估意见进行质证、辩论的程序控制方式，才能去伪存真、去粗取精，得出适用社区矫正可行性与否的相对合理结论。

3. 矫正前调查评估制度的完善建议

为了更好地发挥审前调查作为社区矫正准入机制的筛选作用，克服实务中遇到的问题和困难，立足于上述对社区矫正制度的分析和性质界定，围绕着如何完善审前调查的过程、保证调查评估意见的准确性，本书特提出完善审前调查评估制度的一些建议。

（1）规范设计调查评估内容，统一调查评估报告的格式

审前社会调查的目的是对被调查人的人身危险性、再犯罪可能性和是否宜适用社区矫正等情况进行调查。因此，调查的重点应当围绕影响被调查人的各种主客观因素而展开，调查评估报告的内容应该涵盖被调查人的个人基本情况、家庭成员情况及整体评价、一

贯表现、社会经历和社会关系、犯罪行为的后果和影响、居住地社区环境影响和是否取得被害人谅解、拟禁止的事项等方面。同时，针对假释、暂予监外执行、缓刑、管制等不同类型的被调查人，调查评估的方向和内容也要有所侧重。而对于调查评估报告，调查评估应量化标准，对被调查人的人身危险性和再犯罪风险进行科学分析、判断并最终形成有针对性的调查报告，做到定量分析与定性判断相结合，提高审前社会调查报告的科学性和准确性。

（2）提高调查评估人员的专业水准，形成多元性的调查评估主体

现有的司法所工作人员作为一线社区矫正执行人员，更熟悉社区情况，自应参与对本辖区内社区对象的调查评估工作。但审前调查评估毕竟是一项专业性工作，要在进一步配齐、配强基层司法所人员的基础上，重视和加大对现有工作人员的业务培训力度，针对审前调查评估程序、调查规范、综合分析和作出评估意见等方面进行系统培训。与此同时，要积极吸收具有相关专业知识的人员参与社区矫正工作。比如，可以通过规范准入制度，招收具备心理学、法学、社会学等相关学科知识基础的社区矫正工作人员。还可以通过政府购买服务，与专业性的社会组织合作，使其参与社区矫正审前调查评估之中，提高调查评估的专业性和科学性。此外，实务中社区矫正机构受委托开展调查评估的工作量过于繁重，造成评估人员、评估手段、评估经费的短缺，严重影响了调查评估的科学性和准确性。因此，调查评估通常要由决定机关，如人民法院自行进行或委托给具有相应资质的社会工作者组织作为独立的第三方进行调查评估，以合理分担工作职责，同时也为对调查评估意见的质证留有法律空间。

（3）建立异地协助调查机制，解决"人户分离"的调查评估难问题

随着我国经济的快速发展，流动人口不断增多，尤其是东部发达地区，外地人口在当地城市人口中所占的比重越来越高。这部分

外来人口中拟适用社区矫正的人员，其居住地和户籍地不统一，如何协调和兼顾居住地和户籍地，一直以来都是摆在审前调查工作面前的现实难题。为解决这一问题，建立审前调查异地委托机制成为当务之急。在此，我们可以借鉴山东省即墨市于2008年推行的针对外地籍未成年人社区矫正对象的做法：即墨市司法局与当地法院协商规定，对于在当地犯罪的外地犯，除委托其户籍地司法行政机关开展调查外，由其在本地居住地辖区司法所同时对其进行调查，两份调查报告综合后形成庭审建议。人民法院判定犯罪人适用社区矫正后，由居住地社区矫正机构将其纳入当地社区矫正管理范围。根据此经验做法，各省市的司法行政部门之间可探索建立起异地协助调查机制，规定犯罪人案件所在地的社区矫正机关接受检察院或法院的审前调查委托后，可根据该机制委托犯罪人户籍所在地社区矫正部门于规定期限内协助调查，通过两地的合作调查，实现对外地罪犯在社区矫正适用上的平等对待。①

（4）确定审前调查评估的前置性，多措并举提高调查评估的效率

前文已述，审前调查评估程序应当作为决定是否适用社区矫正的必经前置程序。同时，还应多措并举，提高调查评估的效率。首先，调查评估作为一个社会工作，要通过加大宣传力度，让社会各界了解和支持社区矫正审前调查工作，让群众知道依法配合调查是每个公民的义务，打消群众对调查工作的顾虑，自觉地向调查工作人员反映被调查对象的真实情况，使审前调查客观真实，为人民法院对被告人准确量刑，为对社区矫正对象进行科学矫正提供有利的依据。其次，可以建立弹性的调查评估的期限制度。原则上，调查评估需要在7个工作日内完成，但对于一些特殊情况，尤其是异地调查的情形，应当可以适当延长。最重要的是，要建立调查评估机关与法院等审判机关的沟通机制，既要保证法院及时将委托调查评估的文书送达调查

---

① 高昭绪，张世岩：《即墨推行未成年人社区矫正庭前调查制度》，新华网，http://www.sd.xinhuanet.com/sdzfwq/2008-10/31/content_14791795.htm，2018年7月1日登录。

机关，又要对一些特殊情况进行制度化的沟通协商。

（5）明确调查评估意见的法律属性，探索建立调查主体的诉讼参与机制

对调查评估报告审查程序的完善需要建立在明确审前调查评估报告属性的基础上。审前调查评估是通过对拟使用社区矫正人员的性格特点、犯罪原因、成长经历、个人生活环境、交友、犯罪前后表现、家庭与社区帮扶条件等情况进行走访调查，并从专业角度进行评估，提出是否适合进行社区矫正方面的建议。前文已述，调查评估报告应当作为证据材料，更准确地说，调查评估报告本质上属于言词证据，是对各种被调查主体相关意见的固定，将其作为一种书面证言更为恰当。既然审前调查评估报告是一种关于被告个性特点与人身危险性等方面的证言集合体，就应当在庭审上出示并接受控辩双方的质证。[①] 社区矫正审前调查人员一般是由受法院或控辩双方委托的案外人员担任。调查人员承担对犯罪人调查情况进行客观评价并提出是否建议适用社区矫正的义务，具有类似于专家证人或鉴定证人的地位，所以可以考虑将其界定为诉讼参与人，在必要时可以出庭作证或接受质证。

4. 立法建议

综上所述，本书认为，在我国的《社区矫正法》中，可以对审前调查评估作如下规定：

【矫正前调查评估的概念】实行社区矫正，应当在刑事裁判前对被告人、罪犯的人身危险性以及对所居住社区有无重大不良影响进行调查评估。

矫正前调查评估意见是人民法院裁判实行社区矫正的重要参考因素。矫正前调查评估意见应当经过法庭质证。

【矫正前调查评估的进行】人民检察院、被告人及其辩护人、人民法院、监狱、公安机关可以自行进行矫正前调查评估，也可以

[①] 邓陕峡：《我国社区矫正审前社会调查评估研究——以法院委托调查为视角》，载《昆明理工大学学报（社会科学版）》2015年第4期。

委托社区矫正机构或者社会工作者组织进行矫正前调查评估。

接受调查的单位和个人应当予以配合，如实提供有关情况和资料。

二、社区矫正地的确定及变更

《社区矫正实施办法》第3、4条规定，社区矫正对象的社区矫正地是他们的居住地。为规范社区矫正活动，考虑到居住地的变动性，《社区矫正实施办法》第14条的第2、3款规定了社区矫正对象因居住地发生变更而相应的矫正地变更程序。[①] 地方司法行政部门围绕着《社区矫正实施办法》所确定矫正地确定及变更程序为蓝本作出尝试性的规定。从法律统一性、国家推行居住证政策及矫正的实际情况来看，社区矫正地及变更的规定有一定的价值，社区矫正的矫正效果也值得肯定。但是不能否认，社区矫正制度作为一项新设制度，在肯定地方先行先试的合理性时，由于我国地方性法律规定多元化及地方性特色，对社区矫正地的确立及变更的规定遭遇了一些"水土不服"的问题。

1. 社区矫正地确定存在的问题

社区矫正地确定存在的问题主要在于居住地的理解定位上。

一是法律上缺乏对"居住地"是否包含临时居住地的界定。居住地分为经常居住地与暂时居住地两类，对经常居住地规定的权威性法律文件应当追溯到《最高人民法院关于贯彻执行〈中华人民共和国民法通则〉若干问题的意见（试行）》，该《意见》第9条明确规定："公民离开住所地最后连续居住一年以上的地方，为经常

[①] 《社区矫正实施办法》第14条规定："社区矫正人员未经批准不得变更居住的县（市、区、旗）。社区矫正人员因居所变化确需变更居住地的，应当提前一个月提出书面申请，由司法所签署意见后报经县级司法行政机关审批。县级司法行政机关在征求社区矫正人员新居住地县级司法行政机关的意见后作出决定。经批准变更居住地的，县级司法行政机关应当自作出决定之日起三个工作日内，将有关法律文书和矫正档案移交新居住地县级司法行政机关。有关法律文书应当抄送现居住地及新居住地县级人民检察院和公安机关。社区矫正人员应当自收到决定之日起七日内到新居住地县级司法行政机关报到。"

居住地。但住医院治疗的除外。"暂时居住地通常而言是指居民暂时居住的地方,暂时不是短时间的意思,而是在一定时间(1年以下)为了特定事项而居住的场所,待事项完成后即离开。社区矫正地的"居住地"是否包含临时居住地,目前没有法律明确。

二是由于《社区矫正实施办法》对"居住地"概念无具体规定,各地在实践中制定了一些"土办法"。如:(1)《江苏省社区矫正工作流程》中明确规定:"本流程中所称的'居住地'应该同时具备下列条件:社区服刑人员在居住地有固定住所并且能够连续居住六个月以上;社区服刑人员居住地有固定的生活来源。根据上述标准不能确定居住地的,社区服刑人员户籍所在地视为居住地。"(2)判处缓刑较多的广东省,对户籍非本省的矫正对象,一般不进行判前委托调查评估,且主要以"居住证"作为认定"居住地"的评判标准。居住证申请条件为在本市居住半年以上,有合法稳定就业、合法稳定住所等,有效期限为1年,并在居住满1年之日前1个月内,办理签证手续,逾期未办理签证手续的,居住证使用功能终止,由户籍所在地执行社区矫正。居住证认定标准导致大批矫正人员不得不离开收入高且熟练的工作岗位,返回户籍地接受社区矫正。[①](3)《湖南省社区矫正实施细则》第8条规定:"对拟适用社区矫正的被告人、罪犯,应当委托[②] 被告人、罪犯居住地县级司

[①] 湖南省安乡县安全乡村民辛某,2000年从某职业学院毕业后,先后在深圳市5家小型企业从事模具设计与制造工作。2013年由企业出面统一办理了居住证,户籍四川的妻子也在附近的工厂打工,儿子在附近上幼儿园。2015年12月25日,辛某驾驶面包车时撞伤陈某,经抢救无效死亡,停车主动报案,交警部门认定辛某负主要责任。2016年2月17日刑拘,3月2日逮捕。2016年7月22日深圳市宝安区人民法院判处辛某犯交通肇事罪,有期徒刑一年,缓刑二年,因羁押未及时办理"居住地"续签,法院认定无效,执行通知书邮寄到户籍地,未委托户籍地司法行政机关进行社区调查评估。辛某因关押5个多月,无法续签居住证;又因巨额赔偿,负债20多万元。原以为只需到户籍地报到一次以后就可以回深圳继续打工还债,2016年8月16日在户籍地接受入矫宣告时,得知每月要打指纹卡且不能离开本县外出工作,在本地又找不到适合工作且收入很低,无力还债。当时妻子就找他离婚,情急之下,他爬到司法局七楼楼顶准备跳楼自杀。《社区矫正"居住地"执行衔接配合机制探讨》,常德市司法局官网,http://sfj.changde.gov.cn/art/2017/11/17/art_8450_1126705.html,2018年7月31日登录。

[②] 《社区矫正实施办法》规定可以委托。

法行政机关进行社会调查评估。"第 11 条规定："县级司法行政机关在接到社会调查评估委托函后，对社会调查评估对象居住地在本辖区的，当及时组成社会调查评估小组，开展社会调查评估工作；对社会调查评估对象居住地不在本辖区的，应当及时通知委托机关另行委托。"一般不论户籍是否在本地，也不管居住时间长短，是否有稳定的工作等条件，只要村（居）委会能证明矫正对象有房子（含租住）、有生活来源且本人也愿意在当地接受社区矫正，县级司法行政机关就确认为"居住地"，并向委托机关出具建议适用社区矫正评估意见。①（4）这种"居住地"的规定不明确，认定标准不一致，导致部分"住所地"（户籍所在地）与"经常居住地"不一致，长期在外务工的社区矫正对象入矫困难，日常监管难度增大，抵触情绪上升，严重阻碍了社区矫正制度的有效施行。

2. 社区矫正对象居住地变更过程中存在的问题

社区矫正中矫正地变更是指社区矫正人员长时性或暂时性离开居住地而引起矫正地改变的法定事实。但是在实际工作中，由于《社区矫正实施办法》对这项工作的具体程序规定比较笼统，在实际操作中又因为地域的限制而变得非常困难和不便。表面上看，居住地变更是两个县级司法行政机关之间的业务交接，实际中操作起来存在着很多具体问题。具体问题有②：一是居住地司法行政机关不愿意接收社区矫正对象。这种现象几乎是普遍存在的，由于现实的生计问题无法解决，往往使当事人处于两难的境地。有些司法局口头上答应，实际上什么函件也不给，害得矫正对象两头跑，跑多次没有结果，耗费了大量的钱财。这实质上是一种推诿扯皮的现象。例如，矫正对象小祁和丈夫在上海打工，小祁在上海生了孩子后，由于无人照顾，想转到公婆打工的浙江去。但由于转入地并不

---

① 《社区矫正"居住地"执行衔接配合机制探讨》，常德市司法局网站，http://sfj.changde.gov.cn/art/2017/11/17/art_8450_1126705.html，2018 年 7 月 31 日登录。

② 社区矫正地变更在实践中遭遇到的问题及本部分引用案例，请参阅包继华：《社区服刑人员矫正地变更中的困难》，载《中国社会工作》2016 年第 15 期，第 6—7 页。

是她的户籍所在地，她的申请被当地司法部门拒绝。又如，矫正对象李某，其户籍所在地与实际居住地都在上海，但他从事工程方面的工作，工作地点都在外地，而且往往一个工程耗时要一年多，他想要转到工作地进行社区矫正，但该地以他户籍不在为由拒绝了。还有一种情况是接收地提出一定的要求，矫正对象因无法完成而被拒之门外。如，郝某夫妇在上海没有好的工作，生活压力太大，想回老家并向当地司法部门提出矫正转入申请，但对方提出每人必须付5000元的人头费才愿意接收，最终夫妇俩因没钱交人头费而遭到拒绝。二是转出程序耗时长。社区矫正对象本人提出社区矫正关系转出的要求后，要经过转出地与转入地两地司法部门的批准，但由于各地操作程序的不同，往往要耗费大量的时间和精力。如，矫正对象朱某要转回老家安徽，他在2015年9月底提出申请，但最终转出时已经是2016年2月了，中间他请了4次假回安徽办理此事。三是法律规定过于笼统。《社区矫正实施办法》对居住地变更规定过于笼统，又没有详细的实施细则予以说明，具体应该用什么样的法律文书都没有说明，造成了实际操作困难。

3. 社区矫正地确定及变更管理制度的完善

当前，单纯依靠社区矫正机构难以解决社区矫正工作面临的众多复杂问题，而我国基层社区组织功能尚未健全完善。因此，科学地改进社区矫正"居住地"制度显得尤为重要。我们认为，可以采用以下原则：一是按照综合评估原则，确定社区矫正对象的居住地。社区矫正地的确定面临最大的问题是：人户分离且居住地不明确。应当从有利于社区矫正对象改造、便于管理的角度考虑，在审前调查阶段，结合评估社区矫正对象的家庭、工作等情况，确定社区矫正对象居住地。二是按照灵活变通原则，有序有效地保障社区矫正地的变更，确保矫正内容的实施。对确有需要变更社区矫正地（居住地）的矫正对象，社区矫正机关在法律权限内可以给予变更；对上交思想汇报或参加公益劳动等教育矫正活动确有困难，如对于远洋海员等特殊工种的社区矫正对象，创新采用"互联网+"

模式，用现代科技手段灵活矫正方式方法，以给予社区矫正对象最大的矫正便利来保障他们的合法权益，节约社会司法资源及成本。①在具体操作上，可以按照以下思路：

第一，充分利用调查评估程序核实，精准确定社区矫正被告人、罪犯的居住地。《社区矫正实施办法》第4条第1款规定："人民法院、人民检察院、公安机关、监狱对拟适用社区矫正的被告人、罪犯，需要调查其对所居住社区影响的，可以委托县级司法行政机关进行调查评估。"第5条规定："对于适用社区矫正的罪犯，人民法院、公安机关、监狱应当核实其居住地，在向其宣判时或者在其离开监所之前，书面告知其到居住地县级司法行政机关报到的时间期限以及逾期报到的后果，并通知居住地县级司法行政机关。"上述规定，实际上要求人民法院、人民检察院、公安机关、监狱无论在委托调查评估环节，还是在具体决定社区矫正适用环节，当然地考量居住地的合理性与准确性，这在一定程度上有助于降低社区矫正地争议的发生，也使社区矫正制度真正落地。受委托的司法行政机关在调查评估时，应当将社区矫正对象居住地的条件纳入调查内容。

第二，坚持司法优先原则，对初次报到的社区矫正对象应当做好登记接收工作。实践中，存在有关单位确定社区矫正对象矫正地之后，县级司法行政机关以居住地不在本地为由拒绝接收和执行社区矫正的情况。从司法文书效力角度来看，上述司法机关有违背司法优先原则之嫌疑。换言之，即便县级司法行政机关经审查认为社区矫正对象的居住地明显不属于本县（市、区）的，也不应当使社区矫正人员在社区矫正地确定前脱管。县级司法行政机关可以先将社区矫正对象列为临时监管对象（开展临时登记接收工作），与此同时，与社区矫正对象真实的居住地县级司法行政机关协商办理转交手续（原登记接收县级司法行政机关应将变更情况通报社区矫正

---

① 胡鹏威：《社区矫正制度中"居住地"法律适用问题探究》，江苏法院网，http://www.js.jcy.gov.cn/jcyj/swtt/201612/t3212433.shtml，2018年3月2日登录。

决定机关）。在转交手续办理过程中，原登记接收县级司法行政机关不得停止对社区矫正对象的监管。当对社区矫正对象执行地管辖存在争议时，有争议的县级司法行政机关应当尽快层报共同的上一级司法行政机关来决定。

第三，统一、完善社区矫正交付执行制度。改变当前地方立法（"土办法"）所确定的社区矫正地认定标准和概念不统一，造成交付执行过程中意见分歧层出不穷的局面，全国性的社区矫正交付执行制度建立显得尤为重要。通过对社区矫正地（居住地）、交付执行流程、争议解决机制等基础性的概念、标准的明确，减少各地在交付执行过程中产生意见分歧，提升社区矫正司法、执法行为的规范化。现实中，决定社区矫正适用的机关及县级司法行政机关除了决定、负责执行社区矫正工作之外，繁杂事务比较多，加之我国比较注重自由刑（监禁刑），对社区矫正刑事执行措施颇有疏漏，因此，在社区矫正交付执行过程中，难免会出现偏差。所以应当强化法律监督以促进社区矫正交付执行各个环节有效衔接。具体而言，检察机关应对决定机关核实社区矫正对象居住地、社区矫正对象报到、社区矫正机构登记接收以及执行地争议解决等情况实行全程法律监督，依法受理社区矫正对象的控告申诉，及时督促有关职能机关履行职责，推动社区矫正交付执行工作有序开展。[①]

第四，将社区矫正中矫正地变更类型化。明确迁居型变更、暂离型变更和外出型变更三种类型，对每一种矫正对象变更居住地，作出明确规定，以免现实中的推诿扯皮。对于迁居型矫正地变更由新矫正地的社区矫正机构进行矫正，对新迁社区矫正对象的矫正应增加适应性教育和帮助以便其尽快适应新环境，其他方面的矫正措施按照新矫正地原有社区矫正措施实施即可；对于暂离型矫正地变更由受委托的异地社区矫正机构进行矫正；对离开居住地所在县级区域到异地临时居住超过较长时间的社区矫正对象，由经常居住地

[①] 顾顺生：《社区矫正执行地争议问题解决思路》，载《人民检察》2015年第11期，第78页。

管理机关委托暂时居住地相关部门负责日常监督管理。①

4. 立法建议

综上所述，本书认为，在社区矫正地的确定上，应充分考虑有利于矫正对象接受监管、教育、帮扶以及能够帮助其顺利回归社会等因素，对社区矫正地难以确定的，建议以其户籍地为社区矫正地。

由于矫正地的变更情形十分复杂，《社区矫正实施办法》尚未对此作出明确的规定，各地在社区矫正地的变更上的做法也各不相同，至今仍未形成共识，目前如果在立法中草率地规定单一的执行方式，恐怕在实践中也难以执行到位。因此，本书在《社区矫正法》立法建议稿中，采取原则性加灵活性的规定，将社区矫正地的变更权交由社区矫正裁判或决定机关，由社区矫正裁判或决定机关根据具体情况来决定。

具体立法建议如下：

【社区矫正地的确定】被告人、罪犯的居住地为社区矫正地。

被告人、罪犯有多个居住地的，可以考虑其个人意愿，以最有利于其顺利回归社会的居住地为社区矫正地。

被告人、罪犯的社区矫正地难以确定的，其户籍地为社区矫正地。

【社区矫正地的变更】社区矫正过程中，确需变更社区矫正地的，由社区矫正工作中心报请社区矫正裁判或决定机关决定。

三、社区矫正对象的接收程序

确定社区矫正对象的矫正地之后，便需要讨论社区矫正对象的接收程序。社区矫正对象的接收程序，是指在有关机关作出实施社区矫正的判决、裁定或决定并生效之后，社区矫正对象自行至指

---

① 田兴洪，谭晔，周义：《论社区矫正中矫正地变更的若干问题》，载《长沙理工大学学报（社会科学版）》2015年第3期，第152—154页。

定的社区矫正机构报到或在有关机关的押送下完成交接，社区矫正机构及其工作人员依法办理接收手续的活动。从参与主体上讲，这一程序涉及人民法院、公安机关、监狱机关、司法行政机关多个部门的相互配合与协调，具有一定的复杂性。此外，从内容上讲，它又可以概括为以下两个方面的内容：一是社区矫正对象的报到和交接，二是社区矫正对象相关法律文书的接收。也就是说，一为"对人的接收"，二为"对物的接收"。其中，社区矫正对象的报到、交接程序，是社区矫正对象自觉或在有关机关的监督之下至社区矫正机构进行社区矫正的程序。报到与交接，是分别针对不同的矫正对象而言的：对于被判处管制、宣告缓刑、假释的社区矫正对象，由其自行前往社区矫正机构主动报到；对于被人民法院或监狱管理机关、公安机关决定暂予监外执行的社区矫正对象，则由决定机关与社区矫正机构办理交接。社区矫正对象相关法律文书的接收程序，是指有关机关将法律文书交付给负责社区矫正执行的社区矫正机构的程序。根据社区矫正对象的类别不同，有关机关送达、社区矫正机构接收的法律文书也不尽相同。

　　社区矫正对象的接收程序是社区矫正工作的重要环节，也是将社区矫正对象纳入社区矫正机构进行管理和教育的起点。这一程序具有以下特征：第一，基础性。接收程序是开展后续社区矫正工作的基础，是社区矫正的首先环节。如果社区矫正对象的接收程序没有搞好，后续的监督管理、教育矫正等工作也将难以谈起。第二，严肃性。接收程序必须遵循严格的法律程序，其以人民法院、监狱管理机关或公安机关作出的生效判决、裁定或决定为依据，以法律文书和相关材料为载体，以履行法律手续为表现形式。第三，时效性。社区矫正对象的接收必须在一定时期内完成，如《社区矫正实施办法》第6条规定："社区矫正人员应当自人民法院判决、裁定生效之日或者离开监所之日起十日内到居住地县级司法行政机关报到。"不在规定时期内完成报到、交接的，应当承担相应的法律责任。第四，复杂性。社区矫正对象的接收工作涉及多个部门（法院、公安、司法行政机关等）的相互衔接和相互协作，稍有不慎便会造成社区矫正工作的疏漏，影响矫正工作的质量。[①]

与其他程序相比，社区矫正对象的接收程序涉及的理论问题较少，以实际操作性规定为主。结合各规范性法律文件中对于社区矫正对象接收程序的相关规定，本书主要着眼于实践中社区矫正对象接收程序中呈现的问题，并梳理各地区社区矫正实践中的有益经验，为实现社区矫正对象接收中的无缝衔接提出立法建议。

1. 各规范性法律文件的相关规定

目前，涉及社区矫正对象的接收程序的相关规定，除了国家层面的司法文件之外，各省（自治区、直辖市）、市也结合本地区具体的社区矫正实践制定了详细的实施细则。

（1）国家层面的司法文件

国家层面的司法文件，对社区矫正对象接收程序作了原则性的规定。这些规范性法律文件主要有：① 2012 年 1 月 10 日两高两部联合下发的《社区矫正实施办法》中第 5 条规定："对于适用社区矫正的罪犯，人民法院、公安机关、监狱应当核实其居住地，在向其宣判时或者在其离开监所之前，书面告知其到居住地县级司法行政机关报到的时间期限以及逾期报到的后果，并通知居住地县级司法行政机关；在判决、裁定生效起三个工作日内，送达判决书、裁定书、决定书、执行通知书、假释证明书副本等法律文书，同时抄送其居住地县级人民检察院和公安机关。县级司法行政机关收到法律文书后，应当在三个工作日内送达回执。"第 6 条规定："社区矫正人员应当自人民法院判决、裁定生效之日或者离开监所之日起十日内到居住地县级司法行政机关报到。县级司法行政机关应当及时为其办理登记接收手续，并告知其三日内到指定的司法所接受社区矫正。发现社区矫正人员未按规定时间报到的，县级司法行政机关应当及时组织查找，并通报决定机关。暂予监外执行的社区矫

[①] 姜祖桢主编：《社区矫正理论与实务》，北京：法律出版社 2010 年版，第 159 页。

正人员，由交付执行的监狱、看守所将其押送至居住地，与县级司法行政机关办理交接手续。罪犯服刑地与居住地不在同一省、自治区、直辖市，需要回居住地暂予监外执行的，服刑地的省级监狱管理机关、公安机关监所管理部门应当书面通知罪犯居住地的同级监狱管理机关、公安机关监所管理部门，指定一所监狱、看守所接收罪犯档案，负责办理罪犯收监、释放等手续。人民法院决定暂予监外执行的，应当通知其居住地县级司法行政机关派员到庭办理交接手续。"② 2016 年 8 月 31 日，两高两部出台《关于进一步加强社区矫正工作衔接配合管理的意见》，内容一共包括 24 条，其中第 5—9 条涉及社区矫正对象的接收程序。第 5 条规定："对于被判处管制、宣告缓刑、假释的罪犯，人民法院、看守所、监狱应当书面告知其到居住地县级司法行政机关报到的时间期限以及逾期报到的后果，并在规定期限内将有关法律文书送达居住地县级司法行政机关，同时抄送居住地县级人民检察院和公安机关。社区服刑人员前来报到时，居住地县级司法行政机关未收到法律文书或者法律文书不齐全，可以先记录在案，并通知人民法院、监狱或者看守所在 5 日内送达或者补齐法律文书。"第 6 条规定："人民法院决定暂予监外执行或者公安机关、监狱管理机关批准暂予监外执行的，交付时应当将罪犯的病情诊断、妊娠检查或者生活不能自理的鉴别意见等有关材料复印件一并送达居住地县级司法行政机关。"第 7 条规定："人民法院、公安机关、司法行政机关在社区服刑人员交付接收工作中衔接脱节，或者社区服刑人员逃避监管、未按规定时间期限报到，造成没有及时执行社区矫正的，属于漏管。"第 8 条规定："居住地社区矫正机构发现社区服刑人员漏管，应当及时组织查找，并由居住地县级司法行政机关通知有关人民法院、公安机关、监狱、居住地县级人民检察院。社区服刑人员逃避监管、不按规定时间期限报到导致漏管的，居住地县级司法行政机关应当给予警告；符合收监执行条件的，依法提出撤销缓刑、撤销假释或者对暂予监外执行收监执行的建议。"第 9 条规定："人民检察院应当加强对社区矫正交付接收中有关机关履职情况的监督,发现有下列情形之一的,依法提出纠正意见:(1)人民法院、公安机关、监狱未依法送达交付执行法律文书,或者未向社区服刑人员履行法定告知义务;(2)居住地县级司法行政机关依法应当接收社区服刑人员而未接收;(3)社区服刑人员未在规定时间期限报到,居住地社区矫正机构未及时组织查找;(4)人民法院决定暂予监外执行,未通知居住地社区矫正机构与有关公安机关,致使未办理交接手续;(5)公安机关、监狱管理机关批准罪犯暂予监外执行,罪犯服刑的看守所、监狱未按规定与居住地社区矫正机构办理交接手续;(6)其他未履行法定交付接收职责的情形。"

(2)地方性司法文件

地方性司法文件,则在国家层面司法文件的基础上,对接收程序予以了细化。这些文件具体包括:①2012年9月13日,浙江省两院两厅联合出台的《浙江省社区矫正实施细则(试行)》中第7条规定:"对于适用社区矫正的罪犯,人民法院、公安机关、监狱应当核实其居住地,在向其宣判时或者在其离开监所之前,应当开展社区矫正相关教育,书面告知其到居住地县级司法行政机关报到的时间期限以及逾期报到的后果,并采取派员送达、邮政特快专递等方式书面通知居住地县级司法行政机关。"第8条规定:"人民法院、公安机关、监狱应当在判决、裁定和决定生效起三个工作日内,采取派员送达、邮政特快专递等方式,向社区矫正人员居住地的县级司法行政机关送达判决书、裁定书、决定书、执行通知书、假释证明书副本等法律文书,同时抄送其居住地县级人民检察院和公安机关。监狱应当同时向居住地县级司法行政机关提供出监社区矫正人员改造质量评估报告等相关材料。县级司法行政机关收到法律文书后,应当在三个工作日内采取相应方式送达回执。"第9条规定:"社区矫正人员应当自人民法院判决、裁定生效之日或者离开监所之日起十日内到居住地县级司法行政机关报到。县级司法行政机关应当及时为其办理登记接收手续,并告知其三日内到指定的

第五章 社区矫正前程序

司法所接受社区矫正。发现社区矫正人员未按规定时间报到的,县级司法行政机关应当及时组织查找并通报决定机关。县级司法行政机关发现社区矫正人员已报到但其相关法律文书尚未送达,经查证属实后应当为其办理登记接收手续,并书面通报决定机关,决定机关应当查明情况、及时送达相关法律文书。"第 10 条规定:"县级司法行政机关应当设立集中统一的登记接收工作场所,具体负责社区矫正人员登记接收工作。主要包括接收社区矫正人员相关法律文书和材料、登记社区矫正人员基本信息、办理法定不批准出国(境)人员登记报备手续、告知社区矫正执行地的司法所等。社区矫正人员的判决书、裁定书、决定书、执行通知书、假释证明书副本等法律文书,以及登记接收过程中形成的相关法律文书和材料,县级司法行政机关应当在两个工作日内将上述相关法律文书和材料的复印件(或电子版、扫描件)送达社区矫正人员执行地司法所。社区矫正人员登记接收工作可在县级司法行政法律服务中心或社区矫正机构驻法院工作室进行。"第 11 条规定:"暂予监外执行的社区矫正人员,由交付执行的监狱、看守所将其押送至居住地,与县级司法行政机关办理交接手续。人民法院决定暂予监外执行的,应当通知其居住地县级司法行政机关派员或社区矫正机构驻法院工作室人员到庭办理交接手续。罪犯服刑地与居住地不在同一省、自治区、直辖市,需要回居住地暂予监外执行的,服刑地的省级监狱管理机关、公安机关监所管理部门应当书面通知罪犯居住地的同级监狱管理机关、公安机关监所管理部门,指定一所监狱、看守所接收罪犯档案,负责办理罪犯收监、释放等手续。"② 2012 年 5 月 21 日,北京市高级人民法院、北京市人民检察院、北京市公安局、北京市司法局联合出台了《北京市社区矫正实施细则》,其中,第 10 条规定:"对于已适用管制、缓刑、假释的罪犯,人民法院、看守所、监狱应当在宣判当日或者在其假释出监所当日,向其宣读和送达社区矫正告知书,告知其到居住地区县司法局报到的时间期限以及逾期报到的后果,并将《判处管制(宣告缓刑、假释)通知书》

当日送达居住地区县司法局。对于公开审理的适用管制、缓刑、假释案件,人民法院可以通知其居住地区县司法局在宣判当日派员到庭参加旁听。"第 11 条规定:"对于已适用管制、缓刑、假释的罪犯,人民法院应当在判决、裁定生效之日起三个工作日内,看守所、监狱应当在假释罪犯出监所之日起三个工作日内,派员或者以特快专递方式向其居住地区县司法局送达法律文书和相关材料一式两份。人民法院送达管制、缓刑罪犯的法律文书和相关材料包括:执行通知书,刑事判决书,结案登记表,接受社区矫正保证书,社区矫正告知书,送达回执等。看守所、监狱送达假释罪犯的法律文书和相关材料包括:假释裁定书,刑事判决书,最后一次减刑的裁定书,出监所鉴定表或改造表现鉴定材料,接受社区矫正保证书,社区矫正告知书,送达回执等。人民法院、看守所、监狱向区县司法局送达法律文书的同时,还应将刑事判决书、裁定书分别抄送罪犯居住地区县人民检察院和公安分县局。"第 12 条规定:"区县司法局收到法律文书和相关材料,经审查符合本细则第十一条前三款规定要求的,做好登记后,在收件之日起三个工作日内将法律文书和相关材料一份转居住地司法所,并向送达机关寄发回执。送达的法律文书和相关材料不齐或有误的,区县司法局应当在收件之日起三个工作日内通知送达机关。送达机关应当在接到通知之日起三个工作日内予以补齐、更正并送达。"第 13 条规定:"被适用管制、缓刑、假释的罪犯应当自人民法院判决、裁定生效之日或者假释出监所之日起十日内,持人民法院、看守所、监狱送达本人的刑事判决书、裁定书、假释证明书和有效身份证明,到居住地区县司法局报到。"第 14 条规定:"被适用管制、缓刑、假释的罪犯报到当日,居住地区县司法局应当查验法律文书、核实身份、住址等基本信息,核验无误后办理登记手续,宣告遵守事项,发放报到告知书,告知其自即日起三日内到居住地司法所接受社区矫正,并通知司法所做好接收准备。区县司法局发现社区矫正人员未按规定时间报到的,应当立即研究和组织、指导、督促居住地司法所进行追

第五章 社区矫正前程序

查,并书面通报公安分县局、判决机关或原服刑监所协助追查。司法所发现社区矫正人员未按规定时间报到下落不明的,应当立即追查,书面通报公安派出所协助追查,并向区县司法局书面报告。区县司法局接报后,应当立即研究和组织、指导、督促司法所进行追查,书面通报公安分县局、判决机关或原服刑监所协助追查,并向区县人民检察院书面通报。"第15条规定:"对于看守所、监狱暂予监外执行的罪犯,由监所提前与居住地区县司法局联系并通知保证人到场后,将其押送至居住地司法所进行交接。因病情严重正在住院治疗,不宜押送的,监所可与区县司法局、保证人商定地址进行交接。交接当日,监所应当现场与保证人办理接纳安置手续,与区县司法局交接法律文书和相关材料。区县司法局按照本细则第十四条第一款的规定,现场办理报到登记手续等有关事宜,之后由监所将罪犯交保证人领回。监狱、看守所送达暂予监外执行罪犯的法律文书和相关材料包括:暂予监外执行通知书或决定书,暂予监外执行审批表,病残鉴定表或鉴定书,暂予监外执行具保书,刑事判决书,最后一次减刑的裁定书,接受社区矫正保证书,出监所鉴定表或改造表现鉴定材料,送达回执等各一式两份。看守所、监狱向区县司法局送达法律文书的同时,还应将暂予监外执行通知书或决定书分别抄送罪犯居住地区县人民检察院和公安分县局。"第16条规定:"在外省市看守所、监狱服刑的北京籍罪犯需回在本市的居住地暂予监外执行的,市公安局监所管理总队和市监狱管理局接到外省市同级公安机关监所管理部门、监狱管理机关的书面通知和居住地区县司法局接收罪犯的书面证明后,应当立即指定一所看守所、监狱接收罪犯档案,负责办理罪犯收监、释放等手续。受指定的看守所、监狱应当自接受指令之日起三个工作日内书面通知居住地区县司法局和区县人民检察院。"第17条规定:"人民法院对于决定暂予监外执行的罪犯,应当及时通知保证人或者罪犯亲属以及居住地区县司法局派员,共同到庭进行交接。交接当日,人民法院按照本细则第十五条第二款规定的程序与保证人或者罪犯亲属以及区县司法局办理交接。人民法院送达暂予监外执行罪犯的法律文书和相关材料包括：暂予监外执行决定书，病残鉴定书或证明书，执行通知书，刑事判决书，暂予监外执行具保书，结案登记表，接受社区矫正保证书，送达回执等各一式两份。人民法院向区县司法局送达法律文书后，还应将暂予监外执行决定书和刑事判决书，分别抄送罪犯居住地区县人民检察院和公安分县局。"③2014年5月16日，四川省两院两厅联合出台《四川省社区矫正实施细则（试行）》，其中，第36条规定："人民法院、监狱、看守所对适用社区矫正的被告人、罪犯，在宣判时或者在其离开监所前，应当向其宣读社区矫正告知书，并责令其作出接受社区矫正书面保证。被告人或者罪犯是未成年人的，由其监护人作出书面保证。社区矫正告知书应当注明社区服刑人员到居住地社区矫正机构报到的时间期限以及逾期报到的后果。社区矫正告知书、接受社区矫正保证书一式三份，判决、裁定、决定机关，被告人或者罪犯，居住地社区矫正机构各执一份。"第37条规定："人民法院、监狱、看守所应当自判决、裁定、决定生效之日起三日内通知居住地社区矫正机构，并在十日内将判决书、裁定书、决定书、执行通知书、假释证明书副本以及疾病诊断证明书或者残疾鉴定书、具保书、出监所鉴定表、心理评估表、社区矫正告知书、接受社区矫正保证书等相关法律文书和材料送达县级社区矫正机构，同时抄送居住地县级人民检察院和公安机关。"第38条规定："社区矫正机构在收到相关法律文书和材料后，应当在三个工作日内送达回执，并对社区服刑人员身份、姓名、地址等基本信息进行核查。社区服刑人员属于本县（市、区）管辖且法律文书和材料齐全的，应当及时制作法律文书副本，通知居住地司法所。社区服刑人员属于本县（市、区）管辖，但法律文书和材料不齐全或者有误的，待有关机关补全或者更正后，按前款程序进行。社区服刑人员不属于本县（市、区）管辖的，应当在三个工作日内书面通知送达机关并说明理由，同时将相关法律文书和材料退回送达机关。"第39条规定："社区服刑人员应当自人民法院判决、裁定、决定生效之日或者离开监所之日起十日内凭判决书、裁定书、决定书和假释、保外就医证明书到居住地社区矫正机构报到。社区矫正机构应当及时为社区服刑人员办理登记接收手续，并书面告知其三日内到指定的司法所报到。法律文书尚未收到或者虽已收到但需要补全或者更正的，不影响对社区服刑人员办理登记接收手续。"第40条规定："社区矫正机构应当设立集中统一的社区服刑人员登记接收场所，做好接收社区矫正决定机关送达的相关法律文书和材料、登记社区服刑人员基本信息、通知社区服刑人员报到情况、告知居住地司法所准备社区矫正宣告等工作，并在两个工作日内将登记接收过程中形成的档案资料复印件送达社区服刑人员居住地司法所。"第41条规定："人民法院决定暂予监外执行的罪犯，交付执行前已被羁押的，人民法院应当书面通知负责羁押的看守所将罪犯押送至居住地社区矫正机构指定地点，并办理交接手续；交付执行前未被羁押的，人民法院应当书面通知居住地社区矫正机构派员到庭办理交接手续。"第42条规定："监狱管理机关、公安机关决定暂予监外执行的罪犯，监狱、看守所将其押送至居住地，与县级社区矫正机构现场办理交接手续。监狱、看守所押送罪犯前，应当与居住地社区矫正机构取得联系，共同拟定交接的时间、地点和方式。"第43条规定："对前来报到的社区服刑人员不属于本县（市、区）管辖的，社区矫正机构应当明确告知其与社区矫正决定、裁定机关联系，并及时书面通知决定、裁定机关。"第44条规定："社区矫正机构在收到相关法律文书和材料后，发现社区服刑人员未按规定时间报到的，应当及时通过其家庭成员、监护人、保证人、所在单位、就读学校、村（居）民委员会及有关部门等途径组织查找，并将有关情况书面通报社区矫正决定机关，抄送决定机关同级人民检察院。对被裁定假释接受社区矫正的罪犯，应当同时抄送原服刑的监狱、看守所。"

上述规范性法律文件中接收程序规定虽然不尽相同，但核心内容主要涵盖：（1）矫正告知。矫正告知，是指有关机关在作出社区矫正的判决、裁定或决定时，应当书面告知社区矫正对象至何地社区矫正机构报到，至社区矫正机构报到的期限以及逾期报到的后果。从实践中看，在社区矫正接收程序中，社区矫正对象未报到、未及时报到存在主、客观两方面的原因。绝大多数社区矫正对象是主观上不愿意去报到，但也确有一部分社区矫正对象不知道去何处报到、何时报到。因此，确立矫正告知制度在社区矫正前程序中便尤为必要，它一方面保障了社区矫正对象知情权，另一方面也起到督促其按时至社区矫正中心报到的作用。（2）法律文书的送达。法律文书的送达，包括送达的时限、送达的方式、送达的内容、社区矫正机构收到法律文书后以及未收到法律文件或文书不齐全时的处置等。法律文书的规范送达，既是社区矫正作为刑事执行方式严肃性的要求，也是社区矫正工作能够得到法律监督的保证，因而在社区矫正接收程序中至关重要。（3）社区矫正对象的报到与有关部门的交接。前者是社区矫正对象自觉前往社区矫正机构接受社区矫正，其主要针对被判处管制、宣告缓刑、假释的社区矫正对象；后者是社区矫正对象在人民法院或监狱、公安机关的押送下至社区矫正机构接受社区矫正，其主要针对被决定暂予监外执行的罪犯。对于社区矫正对象报到的时限，各规范性法律文件一般规定，自人民法院判决、裁定生效之日或者离开监所之日起10日。（4）社区矫正对象未报到、未及时报到，从而发生漏管时的处置。社区矫正对象未在规定时间内至社区矫正机构报到，一方面降低了社区矫正的严肃性，无法顺利完成矫正工作，另一方面也可能会造成社区矫正对象重新危害社会。因此，对于发生社区矫正对象漏管情形的，各规范性法律文件多数规定，应当由县级司法行政机关及时组织查找，并通报决定机关。除此之外，社区矫正机构应当对违反规定的社区矫正对象予以处罚，必要时，可以提出撤销缓刑、假释或者暂予监外执行收监执行的建议。（5）人民检察院对有权机关在社区矫正接收程序中的监督。人民检察院作为法定的法律监督机关，对于在社区矫正对象接收过程中相关机关不履行法定职责、义务的情形应当依法提出纠正意见，保证社区矫正对象接收工作顺利进行。

2.社区矫正对象接收程序中的主要问题

尽管各规范性法律文件中对社区矫正对象接收程序进行了详细规定，但我们在调研时发现，社区矫正对象在接收程序中仍然存在诸多问题，严重制约着社区矫正工作的开展。主要包括：

第一，社区矫正对象不按规定至社区矫正机构报到，造成漏管。对于被判处管制、宣告缓刑、假释的社区矫正对象，各规范性法律文件中均规定，社区矫正对象应按时到社区矫正工作中心或社区矫正工作站报到。例如，《社区矫正实施办法》规定："社区矫正人员应当自人民法院判决、裁定生效之日或者离开监所之日起十日内到居住地县级司法行政机关报到。"又如，《社区矫正法（征求意见稿）》规定："被人民法院判处管制、宣告缓刑、裁定准予假释的社区矫正人员，应当自判决、裁定生效之日起10日内到执行地社区矫正机构报到。"但是，由于被判处管制、宣告缓刑和假释的社区矫正对象，要自行前往社区矫正机构，社区矫正对象是否会按时报到全凭自觉，而缺乏必要的约束机制，这是社区矫正对象不报到、不及时报到的原因之一。另一个原因是，虽社区矫正对象主观上愿意前去报到，但由于各项规章制度不健全，司法行政机关与法院、检察院、公安机关之间衔接不顺畅，人民法院、看守所、监狱在宣判或者假释出监所之日也并未规范地告知社区矫正对象应当去何处报到、何时报到以及不按规定报到的法律后果，导致部分社区矫正对象接到判决书后客观上无法顺利前去报到，进而直接流入社会后无音信。如此，社区矫正对象不报到、不及时报到，自然造成社区矫正对象的漏管，严重影响了社区矫正工作的开展。

第二，社区矫正机构对部分社区矫正对象不予接收，造成漏管。根据《社区矫正实施办法》的规定，社区矫正对象应当自人民法院判决、裁定生效之日或离开监所之日起十日内到居住地县级司法行政机关报到。但是现实的问题在于，居住地的司法行政机关往往并不愿意接收社区矫正对象。这种现象固然有某些司法行政机关人员责任意识不强的原因，但主要原则还在于各地《社区矫正实施细则》管辖权规定的漏洞、冲突。正如在本书第五章"社区矫正地的确定及变更"一节中所提到的，在社区矫正实践中社区矫正地的确定本就是一个复杂问题。如果社区矫正机构贸然接收不符合在当地接受社区矫正条件的社区矫正对象，一旦因出现重新犯罪、违法、脱逃等问题而启动倒查机制，司法行政部门和直接责任人将处于非常不利的境地。因而，趋利避害、不予接收似乎是最好的选择。社区矫正机构对社区矫正对象不予接收，致使部分社区矫正工作无法开展，社区矫正对象流入社会，造成漏管。①

第三，法律文书移送不规范，影响社区矫正工作的严肃性。如上所述，法律文书是开展社区矫正工作的重要依据，也是社区矫正工作能够得到法律监督的保障。法律文书规范化，是社区矫正工作规范化、法治化的必然要求。然而，在社区矫正实践中，法律文书移送存在不规范问题，具体表现为：一是不移送。例如，有些机关认为"裁判即事了"，由于相关法律法规并没有规定不移送社区矫正法律文书所应承担的责任与后果，部分机关怠于履行"交付执行"程序，不移送相关法律文书。二是移送不完整。在实践中，相关部门之间的法律文书移送，有的法律文书移送不全，有的缺项较多，造成矫正期限无法确定等问题。三是移送不及时。有些机关未按规定及时送达相关法律文书，尤其是对外省、外市的，送达普遍滞后、超期，而对于矫正期短的社区矫正对象，甚至出现矫正期满未收到相关法律文书的情况，容易漏管。四是移送部门不准确、有遗漏。目前，社区矫正相关法律文书，一般选择向矫正对象户籍所在地移送，而对"人户分离"的社区矫正对象，实践中经常出现没有向经常居住地移送，或错向户籍地移送，造成户籍地不想管、经常居住地无法管的局面。此外，有些法律文书应向多个部门移送

---

① 刘景文，毛新政：《社区矫正衔接的制度缝隙及弥合——以社区矫正接收地存疑时的法院决定机制为对策》，载《最高人民法院·尊重司法规律与刑事法律适用研究（下）——全国法院第27届学术讨论会获奖论文集》。

的，实践中往往只向一个部门移送，这些都不利于实施矫正的工作衔接和监管。五是移送程序不规范。社区矫正工作是一项严肃的刑事执行活动，有些司法人员图方便，直接将相关法律文书交与矫正对象或其家属送交社区矫正机构，破坏了社区矫正工作的严肃性。

3. 社区矫正对象接收程序的完善建议

上文提到，社区矫正对象接收程序主要涉及的问题是"对人的接收"与"对物的接收"，相应的，社区矫正对象接收程序也应着力解决上述问题。通过梳理各地区的社区矫正实践、相关学者的观点，本书对完善社区矫正对象接收程序提出如下建议：

（1）确立矫正告知制度。如上所述，矫正告知制度在社区矫正对象接收程序中具有重要意义。一方面，矫正告知是保障社区矫正对象知情权，促使其按时到社区矫正机构报到的重要环节；另一方面，矫正告知有助于社区矫正决定机关积极向社区矫正机构送达相关法律文书，并抄送社区矫正地人民检察院和公安机关，能够有效防止漏管。但是《社区矫正法（征求意见稿）》对矫正告知未作明确规定，形成了法律空白。对此，本课题组在立法建议稿中专门规定了矫正告知制度："人民法院、监狱、公安机关应当自刑事裁判生效或者决定作出之日起三日内，书面告知社区矫正对象到社区矫正中心报到的期限以及逾期报到的后果，同时将有关法律文书送达社区矫正工作中心，并抄送社区矫正地人民检察院和公安机关。"

（2）建立必要的约束机制促使社区矫正对象积极主动前往社区矫正机构报到。本书认为，之所以部分社区矫正对象不积极主动报到，一个重要原因在于缺乏必要的约束机制，因此有必要建立相应的约束机制促使社区矫正对象积极主动前往社区矫正机构报到。关于如何建立必要的约束机制，有学者提出可以实行保证金制度，即要求参加社区矫正对象交纳一定保证金，如矫正对象漏管或不接受矫正教育管理，保证金没收上缴。也有学者提出，对于缓刑犯的执行，其考验期自报到之日起起算。① 亦即，若被判处缓刑的社区矫正对象不及时或不前往社区矫正机构报到，缓刑考验期并不计算在内，从而可以在一定程度上催促其报到。这些建议对于约束社区矫正对象积极主动报到、完善社区矫正接收程序具有借鉴意义。

（3）设立社区矫正工作中心（社区矫正办公室），加强公安、检察、法院、司法各部门之间的联系，确保社区矫正对象不失控、不漏管。从江苏的实践经验来看，较为理想的社区矫正对象的报到和交接一般在社区矫正工作中心按照规范的流程进行。《浙江省社区矫正实施细则（试行）》第10条第3款也规定："社区矫正人员登记接收工作可在县级司法行政法律服务中心或社区矫正机构驻法院工作室进行。"实践中，浙江省也在积极探索社区矫正办公室的有益经验。例如，浙江省舟山市定海区自正式启动社区矫正工作以来，结合实际情况，在全市范围内率先设立法院社区矫正工作室，极大地改变了社区矫正对象和其法律文书衔接脱节的状况。为实现社区矫正对象和其法律文书的同步接收，定海区司法局积极与检察、法院和公安机关沟通协调，最后确定在定海区人民法院内设立社区矫正工作室，并以文件的形式明确工作室的主要职能。② 本书认为，设立社区矫正工作中心（矫正办公室），对于加强部门之间的协调、配合，保证社区矫正对象接收程序的准确无误具有重要的实践价值。

（4）加强人民检察院的检察监督。根据我国《宪法》与《刑事诉讼法》等法律的规定，检察机关是行使法律监督权的机关。《社区矫正实施办法》第37条也规定："人民检察院发现社区矫正执法活动违反法律和本办法规定的，可以区别情况提出口头纠正意见、制发纠正违法通知书或者检察建议书。交付执行机关和执行机

---

① 何其伟：《缓刑考验期宜从社区矫正报到之日起算》，载《检察日报》2017年10月17日第003版。

② 陶慧芳：《搭建平台 建立社区矫正工作有效衔接新模式》，载《人民调解》2010年第10期。

关应当及时纠正、整改,并将有关情况告知人民检察院。"不过,目前我国社区矫正工作中的检察监督仍然存在诸如监督观念落后、监督对象模糊、监督责任难以落实、监督队伍素质无法保证、监督手段过于单一等问题,未来社区矫正立法工作中,应当着力于解决上述难题,加强人民检察院的检察监督功能,从而有力保障社区矫正工作的实施。①

4. 立法建议

综上所述,在我国的《社区矫正法》中,可以对社区矫正对象的报到与交接作如下规定:

【报到、交接】被判处管制、宣告缓刑、假释的社区矫正对象,应当自人民法院判决、裁定生效之日或者离开监所之日起十日内到社区矫正工作中心报到。

人民法院对决定暂予监外执行的罪犯,应当通知社区矫正工作中心派员到庭办理交接手续。对监狱管理机关、公安机关决定暂予监外执行的罪犯,由交付执行的监狱、公安机关将其押送至社区矫正地,与社区矫正工作中心办理交接手续。

对暂予监外执行的罪犯办理交接时,人民法院、监狱、公安机关应当通知其家属或者保证人到场。暂予监外执行罪犯的家属或者保证人拒不到场的,不影响交接程序办理。

【报到、交接的手续】社区矫正对象报到或交接时,社区矫正工作中心应当核实身份、办理登记手续,并告知其在三日内到指定的社区矫正工作站接受社区矫正。

社区矫正对象报到时,社区矫正工作中心未收到法律文书或者法律文书不齐全的,应当记录在案,并通知人民法院、监狱或者公安机关在五日内送达或者补齐法律文书。

社区矫正对象报到后,社区矫正工作中心应当在三日内向人民法院、监狱、公安机关送达回执。

---

① 王峰、孙振江:《试论社区矫正检察监督的缺陷与完善》,载《中国司法》2010年第9期。

第六章　入矫制度

入矫制度，指的是在对社区矫正对象开展具体的矫正措施之前，先行对社区矫正对象采取的一系列前置性措施。对于入矫制度，国务院法制办的《社区矫正法（征求意见稿）》不仅对入矫宣告、矫正方案未予涉及，而且还把全面发挥监管、教育、帮扶职能的矫正小组降格为"监督管理"之下的组织体予以规定，弱化了矫正小组与教育、帮扶的职能关联。此外，国家与地方层面的各规范性法律文件对入矫制度中入矫宣告、矫正方案、矫正小组虽有十分详尽的规定，但较为分散，且并未形成系统、专门的入矫制度。本书认为，在开展具体的矫正措施之前，以单独一节的体量规定入矫制度的相关内容是十分必要的。因此，在社区矫正立法中，本课题组建议针对入矫制度的相关内容应当在监管、教育、帮扶之前先行规定，以此作为监管、教育、帮扶的共同制度前提，使社区矫正工作得以顺利开展。

根据《社区矫正实施办法》第7条的规定："司法所接收社区矫正人员后，应当及时向社区矫正人员宣告判决书、裁定书、决定书、执行通知书等有关法律文书的主要内容；社区矫正期限；社区矫正人员应当遵守的规定、被禁止的事项以及违反规定的法律后果；社区矫正人员依法享有的权利和被限制行使的权利；矫正小组人员组成及职责等有关事项。"第8条规定："司法所应当为社区矫正人员确定专门的矫正小组。矫正小组由司法所工作人员担任组长，由本办法第三条第二、第三款所列相关人员组成。社区矫正人员为女性的,矫正小组应当有女性成员。司法所应当与矫正小组签订矫正责任书,根据小组成员所在单位和身份,明确各自的责任和义务,确保各项矫正措施落实。"第9条规定:"司法所应当为社区矫正人员制定矫正方案,在对社区矫正人员被判处的刑罚种类、犯罪情况、悔罪表现、个性特征和生活环境等情况进行综合评估的基础上,制定有针对性的监管、教育和帮助措施。根据矫正方案的实施效果,适时予以调整。"根据上述规定,入矫制度本应以"入矫宣告、矫正小组、矫正方案"的顺序对相关内容进行考察。但本书认为,既然在矫正宣告时矫正小组成员组成及职责的有关事项属于社区矫正宣告的内容,矫正小组的确定就应位于入矫宣告程序之前。据此,本书对于入矫制度的考察次序是:临时监管措施→矫正小组→入矫宣告→社区矫正方案。

一、临时监管制度

如上所述,在社区矫正对象的接收程序中,因无法确定社区矫正地,实践中经常出现社区矫正机构拒绝接收社区矫正对象的情形。这样,从社区矫正对象报到或交接到矫正方案的实施之间就留下一个监管真空期,可能会出现社区矫正对象漏管的问题。对此,由于《征求意见稿》将社区矫正的程序问题和监督监管的实体问题分开加以规定,自然就导致在入矫环节中如何临时监管社区矫正对象这样一个实体与程序相结合的具体问题缺乏规范依据,留下了法律空白。为了严肃社区矫正工作,使社区矫正对象从入矫之时起就以正确态度对待社区矫正,并实现社区矫正工作中心和社区矫正工作站的无缝衔接,防止漏管,应当在上述期间内对社区矫正对象采取一些临时性监管措施。

因此,本书建议,"社区矫正工作中心应当在社区矫正对象报到或者交接时,对社区矫正对象采取临时性监管措施。"这种临时性监管措施要求,无论社区矫正工作中心对于前来报到的社区矫正对象是否具有管辖权，都不得拒绝临时接收，而应先行采取临时监管措施，确保社区矫正对象不至于出现监管真空，待确定了真正的社区矫正地之后，正式接收社区矫正对象，或者移交给有管辖权的社区矫正机构。

二、社区矫正小组

社区矫正小组是国家机关与社会力量在社区矫正实践过程中的基本合作形式之一，这种合作形式集中体现了社区矫正对象所涉及的社会关系网络、血缘地缘关系、专业社会工作人员同司法行政机关之间的复杂互动。① 根据国家及地方层面的规范性法律文件规定，社区矫正机构应当为每名社区矫正对象建立专门的矫正小组。例如，《社区矫正实施办法》第 8 条规定："司法所应当为社区矫正人员确定专门的矫正小组。矫正小组由司法所工作人员担任组长，由本办法第三条第二、第三款所列相关人员组成。社区矫正人员为女性的，矫正小组应当有女性成员。"其中，"本办法第三条第二、三款所列相关人员"，具体包括专业社会工作者、社会志愿者、村（居）民委员会、社区矫正对象所在单位、就读学校、家庭成员、监护人及保证人等。社区矫正小组成员中，每个人的身份不同，发挥的功能亦不相同。这些人员有的具备执法资质，例如司法所的公务员；有的具有专业疏导能力，例如专业社会工作者、社会志愿者等；有的擅长感化教育，例如社区矫正对象的家庭成员……上述成员构成复杂、多样，基本涵盖了社区矫正工作监督管理、教化与心理矫正、帮困扶助等多项功能，由此形成一张以矫治社区矫正对象为目的、以执法人员为核心的"多位一体"的社区矫正网络。

现阶段，我国基层社区矫正工作基本呈现"县级司法行政机

---

① 哈洪颖，马良灿：《社会力量参与社区矫正遭遇的实践困境与治理图景》，载《山东社会科学》2017 年第 6 期。

关—司法所—矫正小组"的三级管理模式。具体而言,县级司法行政机关主要负责社区矫正的指导、管理工作,司法所则具体负责社区矫正工作中社区矫正对象的监管、教育和帮扶,而这些具体的矫正措施又通过为每一位社区矫正对象建立社区矫正小组的方式来保障落实。以社区矫正小组为依托,立足社区、依靠社区,动员各种社会力量,促进公众参与社区矫正对象的监管、教育和帮扶,是具有中国特色的社区矫正制度,是各地在社区矫正实践的探索中总结而来的经验。从制度设计的理念上看,社区矫正小组承担着对社区矫正对象进行惩治、管理、心理和行为矫治、帮扶与情感疏导等诸项功能,可谓兼具刑事执行、社会管理、社会帮扶、情感支持和再社会化等多重功能的社会组织,集中体现了社区矫正治理主体的多元性、治理方式的民主性和治理目标的多重性。

1. 社区矫正小组的规定

无论是国家层面的司法文件,还是地方层面的相关规范性文件,均对社区矫正小组予以明确的规定,比如:

(1)《社区矫正实施办法》第8条规定:"司法所应当为社区矫正人员确定专门的矫正小组。矫正小组由司法所工作人员担任组长,由本办法第三条第二、第三款所列相关人员组成(社会工作者、志愿者、有关部门、村(居)民委员会、社区矫正人员所在单位、就读学校、家庭成员或者监护人、保证人)。社区矫正人员为女性的,矫正小组应当有女性成员。司法所应当与矫正小组签订矫正责任书,根据小组成员所在单位和身份,明确各自的责任和义务,确保各项矫正措施落实。"

(2)《江苏省社区矫正工作条例》第15条规定:"司法所应当为社区服刑人员确定矫正小组,并与矫正小组签订社区矫正责任书,根据小组成员所在单位和身份,明确各自的责任和义务。矫正小组组长由社区矫正执法工作者担任,成员包括社区民警、社区矫正社会工作者、志愿者、村民委员会或者居民委员会代表、社区服刑人员所在单位或者就读学校代表、家庭成员或者监护人、保证人。社区服刑人员为女性的,矫正小组应当有女性成员。矫正小组成员按照社区矫正责任书履行下列义务:(一)督促社区服刑人员按照规定向司法所报告有关情况、参加教育学习和社区服务、遵守有关监督管理规定;(二)定期向司法所反映社区服刑人员遵纪守法、日常生活、工作学习等情况;(三)发现社区服刑人员有违法犯罪或者违反监督管理规定的行为,及时向司法所报告;(四)协助司法所开展教育帮扶工作;(五)社区矫正责任书确定的其他义务。"

(3)《浙江省社区矫正实施细则(试行)》第12条规定:"司法所应当及时为社区矫正人员确定专门的矫正小组。矫正小组一般由司法所工作人员担任组长、社区矫正人员所在的村(社区)、单位、企业等相关人员担任副组长,由社区(责任区)民警、本细则第三条第二款和第三款所列相关人员等组成。矫正小组成员一般为3—5名。社区矫正人员为女性的,矫正小组应当有女性成员。司法所应当与矫正小组签订矫正责任书,根据小组成员所在单位和身份,明确各自的责任和义务,确保各项矫正措施落实。"

(4)《北京市社区矫正实施细则》第20条规定:"司法所应当在办理接收宣告之前为社区矫正人员确定专门的矫正小组。矫正小组由司法所工作人员任组长,本细则第四条第二、三款所列相关人员组成。社区矫正人员为女性的,矫正小组应当有女性成员。司法所应当与矫正小组签订矫正责任书,根据小组成员所在单位和身份,明确各自的责任和义务。矫正小组每月要沟通一次情况,改进和加强工作,确保各项矫正措施落实。"

(5)《四川省社区矫正实施细则》第49条规定:"司法所应当为社区服刑人员确定专门的矫正小组。矫正小组由司法所工作人员任组长,由社区民警、社会工作者、志愿者、网络员和有关部门、村(居)民委员会、社区服刑人员所在单位、就读学校工作人员以及社区服刑人员的家庭成员或者监护人、保证人等组成。社区服刑人员为女性的,矫正小组应当有女性成员。"第50条规定:

"司法所应当与矫正小组签订矫正责任书,根据小组成员所在单位和身份,明确各自的责任和义务,确保各项矫正措施落实。矫正小组成员应当履行以下责任和义务:(一)协助对社区服刑人员进行监督管理和教育帮助;(二)督促社区服刑人员按要求到司法所报告有关情况、参加学习及社区服务,自觉遵守有关监督管理规定;(三)定期向司法所反映社区服刑人员遵纪守法、学习、日常生活和工作等情况;(四)发现社区服刑人员有违法犯罪或者违反监督管理规定的行为,及时向司法所报告;(五)根据司法所需要,协助完成对社区服刑人员其他社区矫正工作。"第51条规定:"司法所应当在社区矫正日常工作中定期与矫正小组成员沟通联系,指导、督促矫正小组成员按照矫正责任书的内容,协助司法所落实对社区服刑人员的监督管理和教育帮助措施。发现矫正小组成员不认真履行义务、不能正常发挥作用的,应当及时给予调整。"

2. 社区矫正小组的制度分析

社区矫正小组的各规范性文件,主要围绕下述内容展开:

(1)社区矫正小组成人员的构成

根据各规范性文件中的规定,社区矫正小组的构成人员主要包括以下几类人员:第一,司法所专职干部。各街镇司法所是最具体和最基层执行机构,每个司法所里面设置一名社区矫正司法所专职干部。第二,社区矫正社会工作者。一般称为"矫正社工"。社区矫正工作者能够充分利用社会工作专业方法,整合各种社会资源,为社区矫正对象提供心理、法律、生活、就业等再社会化方面的专门指导,促使其早日融入社会。第三,社区矫正志愿者。社区矫正志愿者的来源一般有居委会的干部、村委会的干部、矫正对象的领导等。第四,社区民警。由于在社区矫正工作中涉及诸多社区矫正执法活动,因此需要部分警察的参与。

而从实践中看,目前我国社区矫正小组的构成模式也多种多样,主要有以下几种:(1)"1+X"模式。其中,"1"为司法所专职人员,"X"为社区矫正社工、志愿者、社区民警、社区矫正对象的家属或者朋友、同事等。①（2）"4+X"模式。所谓"4+X"社区矫正模式，其中"4"为司法所专职人员、社区民警、专职社工和志愿者，"X"为社区矫正对象家属或工作单位人员或社区工作人员或网格员。②（3）"4+X+1"模式。例如，上海市松江区司法局构建了"4+X+1"的社区矫正小组建设新模式。所谓"4+X+1"社区矫正小组新模式，指的是以"4"为中心，以"X+1"为延伸和补充的小组成员组成模式。其中"4"为社区矫正专职干部、社区民警、社区矫正志愿者及社工4类人员组成的矫正小组主体；"X"为社区矫正对象相关（担保）人，即社区矫正对象的亲人家属或工作单位人员；"1"为各村居组团式联系服务群众工作组（网格管理）人员，即社区矫正对象所居住地区的群众代表或者村居委网格管理成员。③上述社区矫正小组模式的选择虽然表述不一，但其实内容大致相同。

（2）社区矫正小组成员确定原则

首先，政府机构主导原则。社区矫正工作是一个系统工程，在此工程中，司法行政机关应当是执行主体，社会组织是主要力量。为了体现社区矫正工作执行的严肃性，司法行政机关的有关人员应当在社区矫正小组工作中发挥主导作用，指导社区矫正其他成员进行社区矫正工作。《社区矫正实施办法》第8条规定："司法所应当为社区矫正人员确定专门的矫正小组。矫正小组由司法所工作人员担任组长。"这就表明，社区矫正小组的组成是以政府机构为主导。由于我们社区矫正工作开展尚晚，各项社区矫正制度运作也不成熟，且并没有像西方一样成熟的社区文化，故而现阶段社区矫正小组工作只有以政府机构主导为原则，才能更好地调动社会力量参

---

① 刘强主编：《社区矫正评论（第一卷）》，北京：中国法制出版社2011年版，第415—424页。

② 《四川推进"4+X"矫正小组建设》，中华人民共和国司法部网站，http://www.moj.gov.cn/index/content/2017-07/31/content_7266362.htm?node=86527，2017年12月12日登录。

③ 《上海市松江区依托网格化管理机制着力构建社区矫正小组新模式》，社区矫正宣传网，http://www.chjzxc.com/index.php/Article/info/id/3764.html，2017年12月12日登录。

与社区矫正的积极性，发挥矫正小组应有的效果。

其次，社会力量广泛参与原则。社区矫正小组作为国家与社会进行合作的有效方式，是社会力量参与社区矫正的基础，其在社区矫正对象的矫治、帮扶与适应社会等方面发挥实质性作用。《司法部、中央综治办、教育部、民政部、财政部、人力资源社会保障部关于组织社会力量参与社区矫正工作的意见》指出："矫正小组是组织动员社会力量参与社区矫正工作的重要平台。社区矫正机构按照规定为每一名社区服刑人员建立矫正小组，组织有关部门、村（居）民委员会、社会工作者、志愿者、社区服刑人员所在单位、就读学校、家庭成员或者监护人、保证人以及其他有关人员共同参与，落实社区矫正措施。矫正小组要因案制宜，因人制宜，融法律约束、道德引导、亲情感化为一体，促进社区服刑人员顺利融入社会。"在政府机构主导的同时，如果缺乏社会力量的广泛参与，社区矫正的性质就不再是社会化的刑事执行方式，而又蜕变成了国家权力主导下的刑罚执行措施。这与社区矫正工作的性质、基本原则都发生了背离。因而，社区矫正小组成员的确定，必须在政府主导的基础上，广泛吸纳社会力量的参与。这些社会力量包括专业的社会工作者、社会志愿者、社区矫正对象的家庭成员等。

最后，重视家庭、亲情教育与感化原则。从社会学角度讲，社会由一个个家庭组成；从个体角度来说，家庭是个人寄予情感的场所。通过组成家庭，个体参与到社会的基本生活中，在很大程度上影响着个人的成长与发展。尤其是，中国社会是一个以家庭血缘关系和亲情关系为主要依托建立的"人情社会"。因而，良好的家庭环境、浓厚的亲情对矫正对象的行为及心理矫正都有积极作用，从而保障社区矫正的效果。从实践中看，社区矫正对象的家庭成员，是社区矫正小组中与社区矫正对象接触时间最多、程度最深、参加社区矫正工作积极性最高的人员。他们与被矫正对象有着先天的血缘关系和感情关系，最为关注被矫正对象的矫正效果与社会复归。因此，要达到良好的社区矫正效果，尽快帮助社区矫正对象回归社会,家庭成员协助社区矫正机构对社区矫正对象进行教育、感化、引导,具有重要作用。

(3)社区矫正小组的工作职责

社区矫正小组的工作职责,涉及两个方面的内容:其一,矫正小组工作职责的具体内容包括哪些;其二,如何督促和保障矫正小组顺利履行工作职责。

一方面,根据相关规范性法律文件的规定,社区矫正小组应当履行以下工作职责:第一,及时了解掌握社区矫正对象思想动态和行为表现,协助司法行政机关对社区矫正对象进行监督管理;第二,通过组织学习、谈心谈话、思想引导、心理疏导等方式,有针对性地对社区矫正对象开展教育矫正;第三,加强社会适应性帮扶,协助有关部门落实社区矫正对象解决就业、就学、社会保险、临时性救助等帮扶措施,帮助社区矫正对象解决实际困难和问题;第四,督促社区矫正对象按要求向司法所报告有关情况、参加学习及社区服务,自觉遵守有关监督管理规定;第五,定期向司法所反映社区矫正对象遵纪守法、学习、日常生活和工作等情况;第六,发现社区矫正对象有违法犯罪或违反监督管理规定的行为,及时向司法所报告。

另一方面,对于如何督促和保障社区矫正小组成员积极履行工作职责,实践中通常的做法为签订矫正小组责任书。然而,现实中这种矫正小组责任书对于督促社区矫正小组成员履行工作职责的意义十分有限,实践中亟须探索更为有效的方式和手段。

3. 社区矫正小组面临的难题

从规范性法律文件制定初衷来看,社区矫正小组的设立旨在实现社区矫正工作国家治理与社会治理的融合,保障社会力量充分参与社区矫正,从而在社区矫正对象的教育、帮扶和回归社会等方面发挥实质性作用。但是,相关法律法规的不健全,加之受经济、社会等因素的制约,使社区矫正小组难以在社区矫正实践中发挥应有的作用,其实际运行效果已经与其设立初衷有所背离。对此,立法

者应当予以重视。具体而言,社区矫正小组在实践中主要存在以下几个方面的问题:

第一,社区矫正执法工作人员知识和人员结构有待优化,无力承担社区矫正中的教育、帮扶等工作。在我国,基层司法所的工作人员承担着诸多社区矫正工作,比如矫正接收、矫正宣告、调查走访、监督管理等。此外,作为社区矫正工作中重中之重的社区矫正对象的矫正方案,应当由具有一定专业机能的社区矫正工作人员来制定。因此,理想的社区矫正专职人员应当具备法学、心理学、社会学、管理学和教育学等相关知识和背景。只有如此,才能承担起社区矫正中的教育、帮扶等工作,发挥社区矫正应有的效果。然而,目前我国社区矫正工作人员主要是由各地司法所的人员组成,绝大多数并没有接受过相应的专业训练,其组成呈现年龄结构偏高、学历层次偏低、人员素质参差不齐等特点,只能从事一般的管理工作,教育、帮扶工作无法有效展开,难以满足社区矫正工作的发展需要。根据本课题组在江苏省的调研情况发现,尽管社区矫正专职人员的素质提升得到了省级领导的重视,比如:2015年,江苏省司法厅就组织了省、市、县、乡四级联动的职业能力考试,3000余名社区矫正专职社工参加了考试;2016年,省司法厅又组织了全省司法行政大讲堂,举办全省社区矫正工作培训班,有力提升了社区矫正工作人员的职业素养和实战化水平,但是,全省社区矫正工作队伍的职业素质仍有进一步完善的空间。[①] 随着社区矫正工作日益受到国家高层重视,对社区矫正专职工作人员的专业性程度要求必然越来越高,建设一支高水平、专业化的社区矫正专职工作队伍已是当务之急。

第二,社区矫正小组中社会工作者难以持续参与到社区矫正实践中为社区矫正对象的心理矫正、社会帮扶等提供专业性帮助。应当说,造成这种局面的原因是多方面的,主要包括:社区矫正实

---

① 本课题组:《江苏省社区矫正工作调研报告》。

践中缺乏相应的激励机制与合理的补偿,司法社工对社区矫正工作的认知度较低等。在社区矫正实践中,从接收谈话、制定方案、调查走访、掌握动态、组织教育学习、解除矫正等工作过程,到沟通协调成员单位、促进社区矫正对象回归社会等具体工作,都需要社会工作者的积极参与支持,并提供大量专业而细致的服务。如上所述,相应的激励机制与补偿机制的缺乏(如司法社工难以纳入国家公职人员的编制)、司法社工对社区矫正工作的认知度较低,使社区矫正实践中司法社工普遍存在专业水平不高、人员匮乏、流动较大等问题。

第三,家庭支持方面,来自不同家庭背景的社区矫正对象面临的支持与帮助情况差别明显。家庭能够给予社区矫正对象的支持主要集中在情感支持、物质帮助、发展支持等方面。家庭作为社区矫正对象的基础生活环境,本身具有一定的稳固性。因此,家庭环境对社区矫正对象顺利回归社会具有重要的作用。但在社区矫正实践中,来自不同家庭背景的社区矫正对象面临的支持与帮助情况差别非常明显。一般来说,家庭成员关系融洽、经济条件优越的社区矫正对象得到的各类支持与帮扶相对充足;而与之相反,那些家庭残缺、成员关系冷漠、经济困难的社区矫正对象则很难得到足够的关爱。

第四,社区矫正志愿者参与度低,并且人员结构过于单一。社区矫正志愿者应当是热心社区矫正事业,具有教育学、社会学、法律及心理学等专门知识的社会人员。近年来,尽管国家一直在倡导要建立完善社区矫正志愿者的聘用、管理及激励等制度,但迄今为止,相关法律法规对于社区矫正志愿者的条件、参与方式、组织结构、管理考核、培训激励等均缺乏具体规定,这导致社区志愿者对社区矫正工作的认识不足、认同度较低、热情不高、参与意识薄弱、服务方式与服务理念滞后、缺乏专业性,由此制约了社区矫正的常态化运行。目前,从数量上看,合格的社区矫正志愿者十分紧缺;从成员组成上看,志愿者身份多为在校学生,因而在年龄、专业和经验方面都显得过于薄弱，无法满足复杂的矫正工作需求。由于不管是从原生导致犯罪的心理病态，还是因害怕歧视产生的心理负担来说，社区矫正对象都需要及时的、专业化的心理辅导，帮助他们建立生活的信心与勇气，但由于心理专家的缺乏，这些"心理矫正"就开展艰难。因此，完善社区矫正志愿者的参与激励机制，提升社区矫正志愿者对于社区矫正的社会认同度，让更多的志愿者参与到社区矫正工作的队伍中来，是目前社区矫正小组建设、发展的必然方向。

总之，尽管在理论设立的初衷上，社区矫正小组可以保障社区力量参与社区矫正工作，体现出国家与社会共同合作治理犯罪问题的理念，但在实践中，社区矫正小组的诸多缺陷使其形同虚设，很多社区矫正小组成员大都是档案上存在，但真正履行义务并不多，难以承载社区矫正的重任。应当建立相应的制度如激励机制和奖惩机制来强化社区矫正小组成员的责任意识。国家应当从制度层面规范建立社区矫正小组成员的沟通与协作机制，使社区矫正小组成员之间的合作关系常态化和制度化。

4. 立法建议

综上所述，我们在《社区矫正法》立法建议稿中，对矫正小组作了如下规定：

【矫正小组】社区矫正工作站应当在接收社区矫正对象后三个工作日内，确定矫正小组。

矫正小组组长由社区矫正执法工作者担任，成员包括社区矫正社会工作者、村民委员会或者居民委员会代表、社区矫正对象所在单位或者就读学校代表、家庭成员或者监护人、保证人、志愿者等。社区矫正对象为女性的，矫正小组应当有女性成员。

被判处管制、暂予监外执行的罪犯的矫正小组应当有人民警察参加。

三、入矫宣告

入矫宣告,是社区矫正对象在报到、交接后,社区矫正机构举行专门的仪式宣布其正式开始被纳入社区矫正的程序。入矫宣告不仅仅是一种仪式,它还具有重要的实体和程序意义。一方面,它有利于增强社区矫正工作的严肃性,使社区矫正对象认真配合社区矫正工作;另一方面,入矫宣告也是保障社区矫正对象合法权益,提高后期矫正工作效果的重要环节。

1. 各规范性法律文件的规定

各规范性法律文件中关于入矫宣告的规定,不仅包括国家层面的原则性规定,也包括地方层面配套性的实施细则:

(1)《社区矫正实施办法》第7条规定:"司法所接收社区矫正人员后,应当及时向社区矫正人员宣告判决书、裁定书、决定书、执行通知书等有关法律文书的主要内容;社区矫正期限;社区矫正人员应当遵守的规定、被禁止的事项以及违反规定的法律后果;社区矫正人员依法享有的权利和被限制行使的权利;矫正小组人员组成及职责等有关事项。宣告由司法所工作人员主持,矫正小组成员及其他相关人员到场,按照规定程序进行。"

(2)《浙江省社区矫正实施细则(试行)》第13条规定:"司法所接收社区矫正人员后,应当核查核对社区矫正人员身份等基本信息,并及时组织宣告。宣告内容及程序为:(一)向社区矫正人员宣告下列相关事项:1.判决书、裁定书、决定书、执行通知书等有关法律文书的主要内容;2.社区矫正期限;3.社区矫正人员应当遵守的规定、被禁止的事项以及违反规定的法律后果;4.社区矫正人员依法享有的权利和被限制行使的权利;5.矫正小组成员、监护人或保证人及其职责等。(二)司法所与矫正小组和监护人或保证人分别签订矫正责任书、监护人或保证人责任书。(三)社区矫正人员填写并宣读《接受社区矫正保证书》。(四)对社区矫正人员进行谈话教育。宣告由司法所工作人员主持，矫正小组成员及其他相关人员到场。人民检察院驻乡镇（街道）检察室可以派员参加宣告。宣告过程及其相关情况，司法所应当记录在案，纳入社区矫正人员档案（副卷）。"

（3）《北京市社区矫正实施细则》第18条规定："司法所应当在社区矫正人员报到并收到社区矫正法律文书和相关材料后的五个工作日内，对其宣告接收。接收宣告应当包括判决书、裁定书、决定书、执行通知书等有关法律文书的主要内容；社区矫正人员应当遵守的规定、被禁止事项以及违反规定的法律后果；社区矫正人员依法享有的权利和被限制行使的权利；矫正小组人员组成及职责等有关事项。宣告由司法所工作人员主持，根据需要通知矫正小组成员及其他相关人员参加，其中社区矫正人员的家庭成员或者监护人、保证人应当通知到场。宣告按照宣读社区矫正宣告书、守法教育、本人表态等规定程序公开进行。"

（4）《四川省社区矫正实施细则（试行）》第47条规定："司法所接收社区服刑人员后，应当及时组织社区矫正宣告。"第48条规定："社区矫正宣告在司法所进行，由司法所工作人员主持，除未成年社区服刑人员外，社区矫正宣告应当按照以下程序公开进行：（一）宣布宣告纪律；（二）宣读判决书、裁定书、决定书、执行通知书等有关法律文书的主要内容；宣布社区矫正期限；宣告社区服刑人员应当遵守的规定、被禁止的事项以及违反规定的法律后果；宣告社区服刑人员依法享有的权利和被限制行使的权利；（三）宣布矫正小组人员组成及职责；（四）发放社区矫正宣告书。矫正小组成员及其他相关人员应当到场。"

（5）《上海市司法局关于发布开展社区矫正工作若干规定的通知》第17条规定："司法所应当按照区（县）司法局通知要求，在社区矫正人员到司法所接受社区矫正当日，指派干部对社区矫正人员进行社区矫正宣告。"第18条规定："社区矫正宣告应在社区矫正宣告室进行。除未成年社区矫正人员或其他特殊情况外，宣告应当公开进行。"第19条规定："宣告由司法所干部主持，矫正小组成员应当参加宣告，社区居民可以旁听宣告。"第20条规定："宣告按以下程序进行：（一）宣布宣告纪律及相关事项；（二）宣读判决书、裁定书、决定书、执行通知书等有关法律文书的主要内容，社区矫正期限，社区矫正人员应当遵守的规定、被禁止的事项以及违反规定的法律后果，社区矫正人员依法享有的权利和被限制行使的权利；（三）公布矫正小组人员组成及职责；（四）发放《社区矫正宣告书》，要求社区矫正人员签名确认；（五）其他事项。"

2. 矫正宣告的制度分析

综观上述规范性法律文件的规定，入矫宣告制度主要涉及以下内容：

（1）入矫宣告的地点

对于入矫宣告的地点应当是社区矫正中心还是社区矫正工作站（司法所），各地的规定不同，做法也不一。部分地区规定为前者：比如，内蒙古自治区司法厅《关于推进旗县（市区）社区矫正中心建设的指导意见》指出，社区矫正中心的一项重要职责任务就是开展社区服刑人员的入矫宣告和解矫宣告。这就意味着，入矫宣告的地点应当在社区矫正中心。而《珠海经济特区社区矫正工作办法》第18条则规定："区司法行政部门应当依法办理社区矫正人员接收手续，指导司法所制定矫正方案，落实监督管理措施。司法所应当组织入矫宣告。"由此可知，入矫和解矫的宣告由司法所进行。本书认为，入矫宣告应当由社区矫正中心统一完成。社区矫正中心可以确定每周的1—2天作为专门的入矫日期，并邀请公安机关、检察院、法院派员出席，而转变原来由司法所进行入矫宣告的做法。这样集中起来进行入矫宣告的好处在于，既能确保社区矫正小组人员能按时参与，也有利于信息及时共享，同时也彰显了社区矫正工作作为刑事执行程序的严肃性，使社区矫正对象端正态度。

（2）入矫宣告仪式的程序

为确保入矫程序的严肃性，社区矫正入矫宣告仪式应当由中心主任或者专门主持人主持，书记员记录。根据实践中的成功经验，入矫宣告仪式一般按下列程序进行：一、主持人宣布入矫宣告仪式开始。二、主持人宣布工作人员将社区矫正对象带入指定区域站立。三、主持人宣读《宣告仪式纪律》。（一）社区矫正对象和旁听人员应当服从中心工作人员的指挥。（二）宣告时社区矫正对象应当在指定区域内面对主持人脱帽站立。（三）宣告中严禁喧哗，保持肃静。社区矫正对象及旁听人员应当关闭手机以及其他通信工具。（四）旁听人员必须遵守以下纪律：1.未经允许不得录音、录像和摄影摄像；2.不得随意走动；3.未经允许不得随意发言、提问；4.不得鼓掌、喧哗、哄闹和出现其他妨害宣告活动的行为。（五）对于违反宣告纪律的，将予以口头警告、训诫，责令退出宣告场所或者经批准予以罚款、拘留。对于严重扰乱宣告秩序构成犯罪的，依法追究刑事责任。四、主持人宣读社区矫正执行证明文书。五、主持人核对社区矫正对象身份信息。核对信息采取询问式，询问社区矫正对象姓名、年龄、文化程度、婚姻状况、家庭主要成员、户籍地及住址、因何事何时被判刑、目前通信联络方式（本人手机号码）、生活来源、工作单位等。六、主持人宣读司法行政机关《入矫宣告书》，并对矫正小组职责进行说明。七、社区矫正对象举起右手宣誓。誓词如下：（一）本人保证遵守社区矫正法律规定，接受司法行政机关的监督，认真履行法律义务，坚决服从社区矫正机构的管理教育。（二）自觉履行《监督和帮教协议书》，接受监督。（三）保证遵守报告制度。（四）保证参加司法局、司法所组织的集中教育和社区服务。（五）保证不参与危害社会的违法活动，努力改造，悔过自新，做一名遵纪守法的好公民。八、书记员向社区矫正对象发放社区矫正宣告书和《社区矫正监管手册》。九、社区矫正对象当场签字后领取。十、主持人宣布社区矫正入矫宣告仪式结束。

（3）入矫宣告的内容

关于入矫宣告的内容，《社区矫正实施办法》规定："司法所接收社区矫正人员后，应当及时向社区矫正人员宣告判决书、裁定书、决定书、执行通知书等有关法律文书的主要内容；社区矫正期限；社区矫正人员应当遵守的规定、被禁止的事项以及违反规定的法律后果；社区矫正人员依法享有的权利和被限制行使的权利；矫正小组人员组成及职责等有关事项。"上述内容是入矫宣告时所必需的，但各地司法行政机构也根据现实需要创造性地加入了一些其他教育元素，比如红色教育、爱国教育等。[①] 本书认为，入矫教育是入矫宣告内容的重要组成部分，生动、活泼的教育形式能够使社区矫正对象端正矫正态度，树立正确的价值取向，取得最大的矫正效果。由于入矫教育的详细内容在"社区矫正对象的教育"部分进行阐释，在此不作详细阐释。

3. 立法建议

由于入矫宣告的形式和内容较为复杂，在作为指导社区矫正工作纲领性的《社区矫正法》中不宜事无巨细均加以规定，因此，我们在《社区矫正法》立法建议稿中，只是明确入矫宣告是必经程序，并对入矫宣告的时间、地点和参加人员作了规定，具体如下：

【入矫宣告】矫正小组确定后三个工作日内，社区矫正工作中心应当对社区矫正对象进行入矫宣告。

矫正小组全体成员应当参加入矫宣告，县级人民检察院可以派员出席。

四、矫正方案

矫正方案，是指社区矫正机构以矫正对象为基础实施评估、分类、管理和教育矫正的一整套理念、程序、流程和方法的统称，是

[①] 《费县司法局举行入矫宣告仪式》，临沂长安网，http://www.paly.gov.cn/Static/Article/2016/7/28/article_23151_1.html，2017年12月15日登录。

一种先进的社区矫正对象管理矫正模式。矫正方案制定的理念，就是立足于矫正对象，借助于科学的评估手段和管理技术，对矫正对象进行合理的分类，制定个别化矫正方案。

1. 各规范性法律文件规定

对于矫正方案的规定，国家层面与地方层面的规范性法律文件均有所涉及，具体如下：

（1）《社区矫正实施办法》第9条规定："司法所应当为社区矫正人员制定矫正方案，在对社区矫正人员被判处的刑罚种类、犯罪情况、悔罪表现、个性特征和生活环境等情况进行综合评估的基础上，制定有针对性的监管、教育和帮助措施。根据矫正方案的实施效果，适时予以调整。"

（2）《浙江省社区矫正实施细则（试行）》第15条规定："司法所应当为社区矫正人员制定矫正方案，在对社区矫正人员被判处的刑罚种类、犯罪情况、悔罪表现、个性及心理特征、生活环境和再犯罪风险等情况进行综合评估基础上，制定有针对性的监管、教育和帮助措施。根据矫正方案的实施效果，适时予以调整。"

（3）《北京市社区矫正实施细则》第21条规定："司法所应当在对社区矫正人员进行接收宣告之日起一个月内为其制定矫正方案，在对其被判处的刑罚种类、犯罪情况、悔罪表现、个性特征和生活环境等情况运用《北京市社区矫正人员综合状态评估指标体系》进行综合评估的基础上，制定有针对性的监管、教育和帮助措施。根据矫正方案的实施效果和社区矫正人员的现实表现、具体情况，每六个月予以调整。"

（4）《四川省社区矫正实施细则》第52条规定："司法所接收社区矫正服刑人员后，应当根据其被判处的刑罚种类、犯罪情况、悔罪表现、个性特征和生活环境等情况进行综合评估分析，制定矫正方案，做到一人一案。矫正方案包含以下内容：（一）社区服刑人员的基本情况；（二）对社区服刑人员犯罪情况、悔罪表现、个性特征、生活环境等的综合评估情况；（三）对社区服刑人员拟采用的监督管理、教育矫正、帮困扶助的措施;(四)对适用禁止令的社区服刑人员,明确禁止令执行内容、监管责任人、监管措施;(五)矫正方案的评估及调整。"第53条规定:"司法所应当指定专职人员负责社区矫正方案的拟定和组织实施,社区矫正社会工作者协助。矫正方案经司法所负责人批准后实施。"第54条规定:"制定矫正方案按照以下程序进行:(一)查阅有关法律文书和材料,与社区服刑人员进行谈话,了解其认罪悔罪表现和思想动态,走访社区服刑人员家属、邻居、村(居)委会、原单位(学校)的有关人员,了解社区服刑人员的犯罪事实、犯罪类别、主观恶性、心理行为特点、家庭状况、成长经历、社会关系等,做到基本情况明了,基本事实清楚;(二)根据走访了解情况,对社区服刑人员的危险程度、利益需求、心理行为、素质缺陷等进行综合分析,找出社区服刑人员犯罪的症结和可能影响矫正进行的问题所在,确定矫正工作的重点和方向;(三)在综合分析评定的基础上,拟定矫正方案。"第55条规定:"矫正小组应当定期通报、分析社区服刑人员接受监督、管理和教育情况;司法所应当定期组织矫正小组成员对矫正方案的实施效果进行评估,及时调整矫正方案。矫正方案的调整由矫正小组组长提出,经矫正小组集体研究后,报司法所负责人批准。"

2. 矫正方案的制度分析

综上所述,矫正方案的制定对于社区矫正工作的顺利开展至关重要。综合各地的实践经验和成功做法,我们认为,合理有效的社区矫正方案的制定应当遵循以下原则:

第一,科学化原则。所谓科学化原则,指的是对社区矫正对象的矫正工作,从其入矫到解矫,始终以科学的评估为依托,正确地指导矫正工作,从而使矫正工作更为有效,提高矫正的效率与质量。矫正方案制定的科学化应当重视两个方面的工作:一方面,重视矫正前的调查评估。矫正前调查评估应作为社区矫正的必经程序,对于拟适用社区矫正的被告人,司法行政机关应当对其居住情况、家庭和社会关系、一贯表现、犯罪行为的后果和影响、居住地村（居）民委员会和被告人意见、拟禁止的事项等进行调查了解，形成拟评估意见。这样做有利于了解社区矫正对象的具体情况，为以后接受社区矫正管理教育打下良好的基础。另一方面，重视入矫后综合评估。社区矫正对象入矫后，社区矫正机构人员（社区矫正志愿者予以协助）应当结合审前调查评估情况，采取查阅案卷、走访调查、心理测评等多种方式，从基本因素、心理因素、社会因素、恶性因素等逐项测评、综合分析，对社区矫正对象进行详细的综合评估。根据评估结果，并结合社区矫正人员自身特点，制定矫正方案。

第二，个别化原则。所谓个别化原则，也称个案矫正原则，是指社区矫正机构在社区矫正活动中，应当注重个体差异，依据社区矫正对象产生犯罪的不同原因，采用有针对性的治疗、教育等技术，达到特定矫正目的的原则。它要求全面调查社区矫正对象的成长经历、家庭背景、社会关系等因素，并分析其不良行为的原因，有针对性地制定个案矫正方案、明确矫正目标。根据社区矫正对象的不同犯罪性质、心理素质、文化程度、社会地位等，制定个别化方案，因人施教。本书认为，矫正方案的个别化原则应当更加具体化。具体包括：首先，根据矫正对象是缓刑犯、假释犯、暂予监外执行的罪犯还是被判处管制的罪犯，矫正方案应有所不同。根据本书所持立场，缓刑与假释的社区矫正的性质不属于刑罚执行，而暂予监外执行与管制属于刑罚执行的范畴，因而在矫正方案的制定过程中应考察其性质的不同，前者的矫正方案相较于后者应当更为柔和，侧重于教育、帮扶与心理矫正。其次，应当根据矫正对象是否为特殊对象而令矫正方案有所不同。例如，对于未成年人、老年人的矫正，应当重视其家庭感化在矫正方案中的重要作用，不宜采取过于激进的矫正方案。最后，应当根据矫正对象所犯罪行的差异制定不同的矫正方案。例如，对于侵害财产类与侵害人身类的社区矫正对象，前者的矫正方案应当重视经济方面的因素，采取较之于后者更为宽缓的矫正手段。再例如，对于因犯危险驾驶罪、交通肇事罪而进行社区矫正的对象，在社区矫正方案中加入交通法规教育或者道路交通志愿者服务等内容，是必要的。实践证明，个别化矫正方案能够起到良好的矫正效果。上海市徐汇区社区矫正对象申某的矫正方案便是"个性化矫正方案帮助社区矫正对象回归社会"的成功案例。申某出生于云南边远山区，高中毕业后不久至上海打工。因工作原因，采取过激手段导致他人轻伤，被法院判处拘役10个月，缓刑1年。针对申某的犯罪原因，上海市徐汇区司法局工作人员对其开展了心理测评和需求评估，通过面谈，深入分析其犯罪原因，通过对其心理轨迹和行为特点的分析，社区矫正工作人员最终为其设定了"以团训活动为载体，以理性情绪疗法模式实现从认知—情绪—行为的归正，在情景分享中消除以偏概全，改善认知误区，实现认罪悔过、理性回归"的个别化矫正方案。经过1年的矫正，申某重拾生活信心，克服了以往的自卑心理，积极主动地参加公益活动，想成为有知识、有素养的"新上海人"。[①]

　　第三，动态化原则。这是指，矫正方案的制定并非一劳永逸，应当随着矫正效果和矫正阶段的变化而变化。那么，实践中怎样坚持动态化原则？对此，社区矫正机构工作人员（社区矫正志愿者予以协助）应当定期对社区矫正对象进行矫正效果评估，根据评估结果，结合前期矫正方案的实施情况，适当调整小组成员及矫正方案。通过阶段矫正效果评估，发现矫正效果良好的，可以通过调整小组成员及矫正方案的方式降低监管等级，这样可以提高社区矫正对象主动接受社区矫正的积极性。通过阶段矫正效果评估，发现矫正效果不佳的，或者有需要加强的方面，可以科学合理地调整小组成员及矫正方案，进而提高矫正质量。社区矫正过程中，社区矫正对象发生居所变化、工作变动、家庭变故、突发性事件、接触对其矫正产生不利影响人员等可能致使其思想波动较大的事

[①] 周斌：《个别化矫正方案助社矫人员回归》，载《法制日报》2016年10月15日第002版。

件，以及有立功表现和被给予警告处分的，社区矫正机构工作人员（社会工作者予以协助）可以根据情况对社区矫正对象进行评估，并结合前期矫正方案的实施情况及评估结果适当调整小组成员及矫正方案。此外，督促矫正对象做好定期报到和汇报工作，也是社区矫正工作人员了解矫正对象思想状态和生活情况的一项重要措施，应当高度重视。

3.社区矫正方案制定中存在的问题及完善建议

尽管在规范层面，各项制度已经较为完善，但由于受各方面因素的制约，实践层面各项措施往往流于形式，与制度设计的初衷有极大偏差。目前社区矫正实践中，矫正方案的制定存在如下问题：首先，矫正方案制定模式化问题严重，前期调查走访不足或者根本缺少调查走访环节，并没有根据个人特点与情况进行因人施教。根据本课题组调研，由于司法所普遍存在人员配备不足、工作任务繁重、矫正工作人员相应专业知识匮乏等原因，矫正方案往往千篇一律，难以体现矫正对象个体的差异，模式化现象特别严重，无法针对每一名矫正对象实行入户调查，深入了解其犯罪背景，因人而异地制定出具有针对性的矫正方案，自然无法达到矫正方案所设想的效果。其次，矫正方案制定的科学性难以保证。由于司法所专门从事社区矫正的工作人员文化水平一般较低，尤其缺乏法律专业和心理学专业的知识，在具体从事社区矫正工作中，难以根据不同的社区矫正对象制定出具有个性化、科学化的矫正方案，因而也难以保证社区矫正工作的矫治效果。最后，矫正方案无法保证随着矫正工作的推进而动态化调整。如上所述，受制于人员配备、工作压力、专业知识匮乏等因素，司法所工作人员难以根据矫正人员的矫正效果而随时调整矫正方案，现实的情况往往是，一个矫正方案制定之后便一直适用于社区矫正对象矫正工作的全部过程。

诚然，一个科学、合理的社区矫正方案，必然意味着更大的时间、人力、财力、物力消耗，但就其结果而言，社区矫正方案的科学、合理与否，很大程度上决定了社区矫正工作能否实现预定目标,社区矫正对象能否顺利回归社会。如上所述,社区矫正方案制定中遭遇的困境,归根结底是受社区矫正工作人员的业务素质制约的。因此,从目前来看,进一步提升社区矫正工作人员的素质,通过加强业务培训等诸多方式,扩展其心理学、社会学、法学等相关知识,强化专门队伍建设,对于个别性、科学化、动态化社区矫正方案的制定,意义十分重大。

4. 立法建议

综上所述,社区矫正方案的制定是社区矫正工作中十分重要的一个环节,但由于矫正方案的制定是社区矫正实务操作层面的具体工作,从理论上来说,每一名社区矫正对象的矫正方案都应是唯一的方案,因此,在国家层面的立法中不宜对此作过细的规定。本课题组在《社区矫正法》立法建议稿中,也仅是从方案制定的时间、涵盖的主要内容以及方案的及时调整等方面作了原则性的规定,具体立法建议如下:

【矫正方案】社区矫正工作站应当在接收社区矫正对象后五个工作日内,根据社区矫正对象的犯罪情况、悔罪表现、个性特征和生活、工作环境等进行风险评估,制定矫正方案。

社区矫正工作站应当及时评估矫正方案的实施效果,对矫正方案进行相应调整。

第七章 监管制度

在监管、教育、帮扶三大任务中,监管是教育和帮扶得以顺利进行的前提和基础,也是社区矫正刑事执行活动性质的体现。一方面,社区矫正监管与监狱监禁不同,矫正对象具有更大的活动自由,在遵守相关规定的前提下可以正常工作、学习和生活;另一方面,不收监并不意味着矫正对象具有全部的自由,矫正对象必须遵守监管制度,否则将会面临警告、增加监管级别甚至收监的后果。对于监管制度的清晰定位是进行规范分析的前提和基础。在本章,我们首先根据前期调研总结出社区矫正监管工作中存在的问题,然后对现有规范性文件中涉及监管部分的内容进行系统考察,最后提出监管制度的完善建议。

一、社区矫正监管工作中存在的问题

1. 监管责任沉重,导致执法人员"高墙思维"严重

在实践中,脱管、漏管的情形时有发生,原因主要是社区矫正对象除了按照规定定期报到、汇报思想、集中学习、公益劳动之外,其余时间均处于活动自由的状态。其因为游玩、务工、经商等原因擅自离开居住地,执法人员根本不可能准确及时地了解情况。另外,有些社区矫正对象的纪律意识较弱,尤其是部分被判处缓刑的社区矫正对象,未经历过监狱中全封闭式、高强度劳动的监禁体验,不懂得珍惜社区矫正所给予的自由。他们认为,缓刑就是完全

赋予其人身自由而不应当再受到任何机关的管理和拘束，只要消极地不再从事违法犯罪行为，外出、打工、经商谋生是合理合法的，因此无视"未经请假禁止离开居住地"的监管规定而外出经商务工，造成脱管。甚至有一些脱管的社区矫正对象在被司法行政机关发现并接到通知或者警告后，还经常以各种理由拒不及时回到居住地，给监管工作带来很大困难。

监管中如果出现社区矫正对象脱管、漏管乃至重新犯罪的情况，执法人员在绩效考核中就会承担十分不利的后果，甚至可能会被追究行政责任乃至刑事责任，发生一次脱管、漏管就可能使以往取得的绩效考核成果全部付诸东流。迫于"一票否决"的考核压力，执法人员只能加强对矫正对象的管理，结果基本上还是把监狱的管理模式照搬过来，重心在"维稳"而不在"矫正"，社会关系得不到修复，被矫正者无法融入社会，这种"监管中心主义"很容易使得社区矫正的目的落空。

2. 执法者权力缺失，与公安部门的配合存在困难

首先，在日常矫正工作中，由于社区矫正执法者没有表征其身份的符号，对于矫正对象难以形成威慑，监管的实际效果可能会打折扣。相对于身着制服、佩戴警械的警察，司法所并没有特殊制服、一般也不会配备警务用车，更没有警械，因此在客观上难以对矫正对象形成有效威慑。虽然在法律规范层面，司法行政机关有权启动相关法律程序提请对不服从监管的社区矫正对象收监执行，但是就社区矫正的目的而言，仍然应当尽量避免收监，以最大限度地实现矫正目的，收监执行只是不得已而为之的下策。因此，从身份符号学意义上为社区矫正执法人员授予特定的标识，可以改变矫正对象的基本认知与态度，保障社区矫正的顺利开展。

其次，在紧急情况下，社区矫正执法者无权对矫正对象采取追捕等紧急措施。社区矫正是在对社区矫正对象的自由做出一定限制的前提下进行矫正，而不是完全地、无条件地将犯罪分子放回社会中。一定自由的限制是实施具体矫正方案的基础。根据执法工作

者的调查问卷反映，77.46%的受访者认为矫正机构的力量不足，64.18%的受访者认为执法工作者没有权力采取强制措施。① 在限制犯罪嫌疑人的人身自由方面，公安机关拥有对犯罪嫌疑人实施刑事拘留的权力，检察机关具有决定刑事拘留和批准逮捕的权力，人民法院也具有决定逮捕的权力，监狱机关作为监禁刑的刑罚执行机关其基本的职能就是严格限制犯罪分子的人身自由，但作为社区矫正执行机构的基层司法行政机关却无法对违反监管规定的社区矫正对象采取任何限制其自由的措施。根据《社区矫正实施办法》第26条，只有经过警告并且仍不改正的矫正人员才可能由人民法院裁定收监。在这之前，为了对矫正人员进行监管、教育、帮扶，防止其在外地重新犯罪，有必要将其追捕回居住地。根据《社区矫正法（征求意见稿）》第24条："社区矫正人员脱离监管的，社区矫正机构应当立即组织查找，有关单位和人员应当予以配合协助。社区矫正机构发现社区矫正人员正在实施违反监督管理规定或者违反禁止令的行为的，应当立即制止；制止无效的，应当立即通知公安机关处理。"司法行政人员无权对于矫正对象进行追捕、羁押，而只能进行"查找""制止"。追捕、羁押权力的缺失使得执法人员在出现紧急状况时无法及时与公安机关协调配合，只能在事后采取补救措施。另外，实践中公安机关与司法行政机关的配合工作并没有制度保障，而要依靠两家人员的"私人关系"。

最后，社区矫正执法工作者的人身安全无法保障。社区矫正对象都是曾经从事过违法犯罪行为的犯罪分子，部分监管对象仍然具有一定的人身危险性，许多犯罪行为甚至是由其性格上的固有缺陷所导致。在开放的空间、社区矫正对象不戴任何戒具的情况下，执法人员与矫正对象进行直接接触，人身安全存在潜在威胁，如果社区矫正对象的情绪处在不稳定或者极度波动状态，稍有不慎就有可能给执法人员带来伤害。

---

① 南京师范大学中国法治现代化研究院"《江苏省社区矫正工作条例》实施评估"课题组：《〈江苏省社区矫正工作条例〉立法后评估报告》，第23页。

3. 监管级别粗疏，可调节性较差

监管手段的层级化和可调节性是实现科学监管的制度保障。目前实践中将监管级别分为严管、普管和宽管 3 个等级并不完善，原因在于此种分类层级太少，与复杂的实际情况不相对应，无法满足实践的需要。① 另外，层级之间缺乏过渡，不同层级之间的待遇差别较大，在转换时容易使得矫正对象的心理产生较大波动，不利于矫正活动的顺利、平稳进行。

4. 电子定位措施的推行遭遇困境

根据《社区矫正法（征求意见稿）》第 23 条："根据国务院司法行政部门的规定，经过严格的批准手续，可以对符合条件的社区矫正人员进行电子定位。"电子定位可以有效防止脱管、漏管，降低监管成本，是落实监管制度的有效举措，但在实践中，电子定位措施遭到了部分矫正对象的抵制，他们认为，法院判决中并没有附加电子定位的内容，现在突然要对其进行电子定位很不合理，出现抵触情绪。另外，在程序上，由于电子定位措施缺乏申诉、复议等救济性措施，因而无法对司法行政机关的决策起到监督、警示作用。

二、社区矫正监管制度的考察

1. 国家层面的制度规定

两高两部发布的《社区矫正实施办法》第 4 条规定："人民法院、人民检察院、公安机关、监狱对拟适用社区矫正的被告人、罪犯，需要调查其对所居住社区影响的，可以委托县级司法行政机关进行调查评估。受委托的司法行政机关应当根据委托机关的要求，对被告人或者罪犯的居所情况、家庭和社会关系、一贯表现、犯罪行为的后果和影响、居住地村（居）民委员会和被害人意见、拟禁

---

① 南京师范大学中国法治现代化研究院"《江苏省社区矫正工作条例》实施评估"课题组：《〈中华人民共和国社区矫正法（征求意见稿）〉修改建议》，第 19—20 页。

止的事项等进行调查了解，形成评估意见，及时提交委托机关。"第7条规定：司法所接收社区矫正人员后，应当及时向社区矫正人员宣告判决书、裁定书、决定书、执行通知书等有关法律文书的主要内容；社区矫正期限；社区矫正人员应当遵守的规定、被禁止的事项以及违反规定的法律后果；社区矫正人员依法享有的权利和被限制行使的权利；矫正小组人员组成及职责等有关事项。宣告由司法所工作人员主持，矫正小组成员及其他相关人员到场，按照规定程序进行。"第11条规定："社区矫正人员应当定期向司法所报告遵纪守法、接受监督管理、参加教育学习、社区服务和社会活动的情况。发生居所变化、工作变动、家庭重大变故以及接触对其矫正产生不利影响人员的，社区矫正人员应当及时报告。保外就医的社区矫正人员还应当每个月向司法所报告本人身体情况，每三个月向司法所提交病情复查情况。"第12条规定："对于人民法院禁止令确定需经批准才能进入的特定区域或者场所，社区矫正人员确需进入的，应当经县级司法行政机关批准，并告知人民检察院。"

2. 省级法律文件的规定

《江苏省社区矫正工作条例》第12条规定："社区矫正机构根据人民法院、人民检察院、公安机关、监狱的委托，开展适用社区矫正的调查评估。社区矫正机构应当全面了解核实情况，公正作出评估结论，及时向委托机关提交调查评估报告。接受调查的单位和人员应当予以配合，如实提供有关情况和资料。"第16条规定："社区矫正机构应当将社区服刑人员需要遵守的禁止令内容通知有关单位和个人，有关单位和个人应当按照要求协助执行。"第17条规定："社区矫正机构应当指导司法所对社区服刑人员进行风险评估，实施分级管理。"第18条规定："社区矫正机构和司法所应当定期组织社区服刑人员参加法律常识、公民道德等内容的集体教育活动，并结合社区服刑人员的犯罪类型、刑罚种类等具体情况，进行个别教育。"《广西壮族自治区社区矫正教育工作规定（试行）》第32条规定："社区服务应当考虑社区服刑人员的年龄、性别、健康状况、技能水平、正常工作学习需要等情况，合理安排服务内容和方式。"第35条规定："县级司法行政机关应当根据社区服刑人员的心理状态、心理特点及社区矫正风险评估，组织开展对社区服刑人员的心理矫正工作。"《陕西省社区矫正实施细则》第13条规定："人民法院、人民检察院、公安机关、监狱对可能适用社区矫正的被告人、罪犯，应当委托县级司法行政机关对被告人、罪犯的居住地情况、家庭和社会关系、一贯表现、犯罪行为的后果和对所居住社区的影响等事项进行社会调查评估。县级司法行政机关做出的社会调查评估报告，是委托机关对被告人、罪犯是否适用非监禁刑罚及适用何种非监禁刑罚的重要依据。"第14条规定："社会调查评估由县级司法行政机关统一接受委托。可以由本机关实施调查评估，也可以指派司法所实施调查评估，但调查评估报告应当由县级司法行政机关统一出具并提交委托机关。"《广东省贯彻落实〈社区矫正实施办法〉细则》第5条规定："人民法院、公安机关、监狱等委托机关对拟适用社区矫正的被告人、罪犯，需要调查其对所居住社区影响或有无社会危险性的，应当发函委托被告人、罪犯居住地的县级司法行政机关进行调查评估。委托调查评估函应当注明被告人、罪犯的住址、案由以及委托机关、联系人和联系方式，并附起诉书或判决书副本。委托机关不得将委托调查材料交由案件当事人、代理人或其他利害关系人转递。司法行政机关不得接收委托机关以外的其他单位或个人转递的委托调查评估材料。"《浙江省社区矫正实施细则（试行）》第5条规定："人民法院、人民检察院、公安机关、监狱对拟适用社区矫正的被告人、罪犯，需要调查其对所居住社区影响的，可以委托县级司法行政机关进行调查评估。受委托的司法行政机关应当根据委托机关的要求，对被告人、罪犯的居所情况、家庭和社会关系、一贯表现、犯罪行为的后果和影响、居住地村（社区）委员会和被害人意见、拟禁止的事项等进行调查了解，形成评估意见，及时提交委托机关。"第15条规定："司法所应当为社区矫正人员制定矫正方案，在对社区矫正人员被判处的刑罚种类、犯罪情况、悔罪表现、个性及心理特征、生活环境和再犯罪风险等情况进行综合评估基础上，制定有针对性的监管、教育和帮助措施。根据矫正方案的实施效果，适时予以调整。"第 19 条规定："对于人民法院禁止令确定需经批准才能进入的特定区域或者场所，社区矫正人员确需进入的，应当经县级司法行政机关批准，并书面通知原判人民法院、同级检察机关和公安机关。"《江西省社区矫正工作实施细则（试行）》第 14 条规定："人民法院在对被告人、罪犯作出管制、缓刑、假释、暂予监外执行的判决、裁定和决定前；人民检察院在提出对被告人适用社区矫正的量刑或适用禁止令的建议前；公安机关、监狱对罪犯在决定暂予监外执行前；需要调查其对所居住社区影响的，可以委托县级司法行政机关进行调查评估。"《云南省社区矫正实施细则》第 12 条规定："人民检察院在提起公诉前，对可能判处管制、建议适用缓刑的犯罪嫌疑人，可以委托居住地县（市、区）司法行政机关开展调查评估。人民法院认为可能判处管制、宣告缓刑的，在适用管制、缓刑前可以委托县（市、区）司法行政机关开展调查评估。监狱、看守所提请人民法院裁定假释前应当委托县（市、区）司法行政机关开展调查评估。监狱、看守所报请批准罪犯暂予监外执行前，可以委托县（市、区）司法行政机关开展调查评估。累犯以及因故意杀人、强奸、抢劫、绑架、放火、爆炸、投放危险物质或者有组织的暴力性犯罪被判处十年以上有期徒刑、无期徒刑、死刑缓期二年执行的罪犯在报批前应当委托县（市、区）司法行政机关开展调查评估。"《重庆市社区矫正实施细则》第 13 条规定："人民法院、人民检察院、公安机关、监狱对拟适用社区矫正的被告人、罪犯，需要调查其对所居住社区影响的，可以委托区县司法行政机关进行调查评估。人民法院、人民检察院等机关对拟适用或者建议适用禁止令的，可以委托区县司法行政机关开展调查评估。"第 47 条规定："司法所应当及时记录社区矫正人员接受监督管理、参加教育学习和社区服务等情况，定期对其矫正期间的表现等情况进行评判和考核，对社区矫正人员按照严管、普管、宽管三个类别实施分类管理。"

《安徽省社区矫正实施细则（试行）》第17条规定："人民法院、人民检察院、公安机关、司法行政机关、监狱应当按照《安徽省适用社区矫正社区影响评估暂行办法》的规定，开展社区影响调查评估工作。在委托社区影响调查评估阶段，人民法院、人民检察院、公安机关、监狱应当确定拟适用社区矫正人员的居住地，并委托县（市、区）司法行政机关进行核实，县（市、区）司法行政机关应当在社区影响调查评估意见书中对其居住地进行确认。司法行政机关需要了解被告人或罪犯居住地情况的，公安机关应当予以配合。"

3. 其他地方性文件的规定

《珠海经济特区社区矫正工作办法》第19条规定："司法所应当为社区服刑人员制定矫正方案，在对社区服刑人员被判处的刑罚种类、犯罪情况、悔罪表现、个性特征和生活环境等情况进行综合评估的基础上，制定有针对性的监管措施，并根据矫正方案的实施效果，适时予以调整。"第21条规定："司法所应当对社区服刑人员进行风险评估，实施分级、分类管理。"第17条规定："区司法行政部门根据人民法院、人民检察院、公安部门、监狱的委托，开展对拟适用社区矫正人员的调查评估，及时向委托部门提交调查评估报告。接受调查的单位和人员应当予以配合，如实提供有关情况和资料。"

4. 对我国相关规范的初步认识

第一，各个省市的规定大多是在《社区矫正实施办法》的基础上进行更为细化、系统的规定。一方面，《社区矫正实施办法》没有设置不同章目的界限，总则与分则的规定统见于一个系统内。而其他各省市的规定则大多分立了不同的章目，如"总则""职权分工""调查评估""交付执行""监督管理""考核奖惩"等，体现了对社区矫正立法的技术考量。另一方面，大多数省市的规定与《社区矫正实施办法》的内容保持一致。其中，在社区矫正对象的交付执行、对社区矫正对象的报告义务，以及禁止令的执行与变通等领域，一些省市所作的规定与《社区矫正实施办法》并无二致。因此，社区矫正立法不妨坚持《社区矫正实施办法》确立的相关规定，将不同的事项划归相应的章节，再视情况予以细化。

第二，许多省市出于对上位规范的遵守，按照《社区矫正实施办法》规定事项的顺序，分别设定了不同的章节。对于社区矫正对象的调查评估、监督管理、禁止令的执行和变通，以及脱管和漏管的规定被分别设定于不同的章节之中，而且鲜有例外。本书认为，这样规定固然可以将许多问题予以细化考虑，体现对矫正过程的重视。但是，作为社区矫正的立法，这样的做法不能提倡。毕竟，除了社区矫正的性质与任务、基本原则、不同机构的职权划分等总则部分，社区矫正工作的主体规定还是应当围绕监管、教育、帮扶三大制度。因此，不宜人为地将监管制度的不同事项分列其他章节之中，只需统一规定于监管制度一章中。

第三，本书认为，社区矫正立法应当明确重点，而不是拘泥过细。根据各个省市的规定，社区矫正对象的审前调查评估、禁止令的执行与变通，以及矫正对象的脱管和漏管，都被视为监管制度中极为重要的事项。此外，考虑到对社区矫正对象予以监管和矫治的实际效果，本书建议将社区矫正对象分类监管制度，以及矫正对象外出请假制度作为本章立法的重点。下文给出了关于这些事项详细的立法建议。除此之外，对于社区矫正对象日常报告制度等事项，可以独立规定为一条，也可以分散规定于其他事项之中。不过，应当体现对于被宣告缓刑、裁定假释的人员与被判处管制、决定暂予监外执行的人员不同的处理原则。

三、监管制度的完善与立法建议

1. 监管制度

（1）分类监管的规定

首先是分类监管概念的提出。虽然最高人民法院、最高人民检察院、公安部、司法部关于印发《社区矫正实施办法》的通知中没有提到对社区矫正对象实行分类监管的原则，还有一些学者在其对于社区矫正的立法建议中也未论及这一点，[①] 但许多具体地方已经将分类监管作为对社区矫正进行监管的一项原则。而正如在"基本原则"部分中所提及的，本书支持对不同的人员实行分类监管。

关于分类监管的概念，有学者认为是指"以社区矫正的目标为准则，根据一定标准将社区服刑人员分为若干类型，并施以相应的监督管理措施"。[②] 本书大致认可其观点，并认为，应当坚持分类监管的三个导向：

一是分类监管的目的导向性。监管社区矫正对象是司法部对社区矫正实践确立的一项基本任务。分类本身不是目的。其服务的目的是基于对不同社区矫正对象人身危险性的调查评估，确立不同的监管策略，以保障在社会化改造过程中，不致对社区安宁造成危害。因此，分类的考量标准、不同类别犯罪人的处遇措施、不同犯罪人改造状况的后续认定，均不得违背监管的目的。

二是分类监管的对象导向性。分类监管的设计与实施应当立足于社区矫正人员本身，以不同矫治对象的人格危险性与监管必要性为基础，真正实现监管措施落实于人、矫正到人、个别矫治的效果，以体现监管的科学性与合理性。

三是分类监管的效果导向性。这是坚持分类监管的目的导向与对象导向后的必然追求。同时，效果导向性还意味着，当为了实现更好的矫治效果，在不违背法律、行政法规等强制性规定时，应当允许动态地看到社区监管的标准与措施。在实践中，若发现某一措施不利于社区矫正对象的监管状况时，应依照相应的程序，适度予以调整，实现最佳矫正效果。

---

① 王顺安：《社区矫正的立法建议》，载《中国司法》2005年第2期。

② 王平，何显兵，郝方昉：《理想主义的〈社区矫正法〉——学者建议稿及说明》，北京：中国政法大学出版社2012年版，第165页。

（2）监管级别的确定

实务中，有一些地方确立了分级监管的规定，并将社区矫正对象划分为不同的监管级别，并确立了各自的标准。例如 2016 年 5 月 6 日珠海市人民政府《珠海经济特区社区矫正工作办法》第 19 条将分类监管的考量因素规定为"社区服刑人员被判处的刑罚种类、犯罪情况、悔罪表现、个性特征和生活环境等情况"。这一规定将矫正对象的客观犯罪条件作为判断标准，以决定其监管级别，虽然在认定上较为便利，也通常能够分析出矫正对象的自身情况，但它将矫正对象的个性条件置于较后的位置，不能反映社区矫正教育、改造矫正对象的宗旨。2015 年《广西壮族自治区社区矫正教育工作规定（试行）》第 32 条确立的考量因素为"社区服刑人员的年龄、性别、健康状况、技能水平、正常工作学习需要等情况"。该规定较为重视矫正对象的自身情况与教育、帮助的需要，这是合理的。但这一规定不能反映矫正对象的人格状态，因而同样不宜完全作为分类监管的标准。2012 年 9 月 13 日《浙江省社区矫正实施细则（试行）》第 15 条将"社区矫正人员被判处的刑罚种类、犯罪情况、悔罪表现、个性及心理特征、生活环境和再犯罪风险等情况"作为对社区矫正人员分类监管的考量因素。该规定提及了再犯罪风险这一要素，重视社区矫正对社会的影响，这是可取的。但在将矫正对象的人格因素置于较为末后的地位上，同样有失妥当。王平教授等在其《社区矫正法》建议稿中将对社区服刑人员分类监管的标准划分为两个类型：一是体现社区矫正对象人身危险性的因素，包括犯罪记录、犯罪类型、危害、个人生涯、婚姻与社会交往状况等；二是体现社区矫正对象矫正需求的因素，如其个人特点、个人瘾嗜等因素。① 这种立法设计在列举的因素上是十分全面的，不过，尚存在两个问题：一是没有说明两类因素在价值上的先后地位；二是立法表述过于冗长，不利于操作。

---

① 王平，何显兵，郝方昉：《理想主义的〈社区矫正法〉——学者建议稿及说明》，北京：中国政法大学出版社 2012 年版，第 165、166 页。

本书认为，既然社区矫正的属性是刑罚执行措施，故将矫正对象的犯罪情况作为分类监管的标准，本无异议。各地规定有其合理之处。但仍有两点需要注意：一方面，分类监管的标准应当考虑犯罪原因、犯罪动机、社区矫正对象的工作与生活情况等关乎矫正对象人格的因素。理由有二：其一，社区矫正工作的任务不仅包括对矫正对象的监管，还包括对他们的教育和帮扶。学界与实务领域的普遍看法是，对社区矫正对象应当坚持个别教育的原则。个别教育的意义在于，发掘每一社区矫正对象的个性特征，从而施以不同形式与内容的教育，实现最佳效果。而犯罪原因、犯罪情境、社区矫正对象的生活情况等最能说明其个性特征。同样，只有在明确每一矫正对象自身情况的基础上，才能对他们给予有效的帮助。其二，矫正对象的人格因素决定其人身危险性的大小，这影响着对其采取的监管措施、实施监管的严格程度。

另一方面，相对于社区矫正对象的犯罪与刑罚情况，分类监管的标准应当偏重于矫正对象的人格因素。例如两名同样触犯了窝藏罪或包庇罪的矫正对象，一人为其参与的不法团伙的同伴提供了住宿一夜的帮助，另一人由于被欺骗或胁迫而向其提供了住宿数日与一些资金的帮助。虽然犯罪行为上，第二位矫正对象的情况更为严重，但从日常情况考虑，显然第一位矫正对象的监管必要性更大。

（3）不同的处遇

对不同级别的被矫正者给予不同的待遇，这是分类监管的应然之意。2014年《江苏省社区矫正工作条例》第18条规定，在定期组织进行集体教育的基础上，根据不同社区矫正对象的情况进行个别教育。该规定的合理性在于，在社区矫正的教育环节中综合考虑了所有矫正对象的共同需要与每一矫正对象的个体需要。但如何实现个别教育的效果，该规定没有说明。2016年5月6日《珠海经济特区社区矫正工作办法》第19条规定，在对不同社区矫正对象进行分类的基础上"制定有针对性的监管措施，并根据矫正方案的实施效果，适时予以调整"。该规定的合理之处是，既考虑了矫正对象的特殊性，又考虑了矫正的阶段性。但表述上过于抽象，属于原则性规定，不利于执行。2013年12月16日《陕西省社区矫正实施细则》第32条规定："社区服刑人员应当按照不同的监管等级和矫正处遇定期向司法所报告思想认识、遵纪守法、接受监督管理、参加教育学习、社区服务和社会活动的情况。"该规定要求不同类型的监管对象以汇报形式的不同体现其差异。这考虑到了个别教育的需要，也有利于对社区矫正对象接受矫正情况的监管。但将分类监管仅限于汇报形式上的差异，措施上还不够充分。2017年8月4日《广东省贯彻落实〈社区矫正实施办法〉细则》第19条规定，根据社区矫正对象的不同情况"有针对性地采取实地检查、通讯联络、信息化核查等措施及时掌握社区矫正人员的活动情况"。该规定较为重视对矫正对象的行为进行电子监控，很值得借鉴。但如何实现"有针对性"的监管，尚需要进一步规定。

　　本书认为，各地规定体现了对不同监管类型的社区矫正对象在教育与监管上的差异，这是合理的。但还要注意两点：一是可以对这种差异更细致地规定。例如对因客观理由，如被强迫、被欺骗、基于亲情、维持生计等实施犯罪的，以教育、帮扶为主，以监管为辅；对因主观意图实施犯罪的，则反之。二是在划分监管类型时，应当事先说明作出这一划分的事实与规范根据。这样可以激励矫正对象自觉改造。

　　对被划分为不同类别的社区矫正对象，应当制定不同的监管与矫正方案，以实现对矫正对象的分类矫正、个别矫正，达到最佳的社区矫正效果。其中，对于监管必要性很小的矫正对象，应侧重于生活与工作上的帮助，使其尽快回归原有的生活；对监管必要性较大的矫正对象，应侧重于威慑和教育，并就其人身危险性向有关部门备案，避免其日后危害社会。

　　（4）监管级别的调整

　　这里包括两项内容：一是将不同社区矫正对象分为多少个级别。2014年1月2日《重庆市社区矫正实施细则》第47条、2015

年《安徽省社区矫正实施细则（试行）》第34条、2013年1月1日《云南省社区矫正实施细则》第33条、2013年《江西省社区矫正工作实施细则（试行）》第47条都确立了宽管、普管、严管三个级别。本书的建议是：首先，对社区矫正对象划分为宽管、普管和严管三个类别。其次，增加对监管类型再予细化，形成一级从宽监管、二级从宽监管、普通监管、二级从严监管、一级从严监管的格局。相对细致的监管类型，有利于监管人员针对不同人员、区别不同情况作出合理的安排。

二是对不同级别的社区矫正对象的改造状况进行综合考核，并调整其监管级别的时间问题。例如2015年《安徽省社区矫正实施细则（试行）》第36条规定："分级管理按季度实施。期满后，符合调整条件的，由司法所调整等级，但拟调整为宽松管理的，应当报县（市、区）司法行政机关批准。不符合调整条件，或者虽然符合调整条件但剩余矫正期间不满三个月的，按照原等级管理。"本书大致认可对社区矫正对象按季度进行考核与调整监管级别的做法。并认为，在初始监管的方式上也应当注重区分。即对于判处管制、暂予监外执行罪犯的初始监管应当是从严监管，从严程度根据其人身危险性确定；对于宣告缓刑、假释罪犯的初始监管，以普通监管为宜。

2. 风险评估制度

（1）风险评估制度的体系性地位

不同地方的相关规范对风险评估制度作出了不同的安排。例如《社区矫正实施办法》将其规定于总则部分。2013年12月16日《陕西省社区矫正实施细则》、2014年1月2日《重庆市社区矫正实施细则》、2017年8月4日《广东省贯彻落实〈社区矫正实施办法〉细则》专章规定了风险评估制度。这种规定的合理性是，突出了风险评估的意义，使之得以受到更高程度的重视。但不足之处在于，没有厘清风险评估的制度目的。2014年《江苏省社区矫正工作条例》将其规定在"矫正执行"一章。这一规定将风险评估作为贯穿社区矫正执行制度的必要环节，有其可取性，但将其与监管、教育、帮扶3项任务均联系在一起，重点不够突出。2015年《广西壮族自治区社区矫正教育工作规定（试行）》将其规定于"心理矫正"一章。诚然，只有对矫正对象的人身危险性作了评估，才能够有效地给予矫正。但是，从风险评估制度的自身目的而言，其与监管制度的联系最为密切。2016年5月6日《珠海经济特区社区矫正工作办法》将其规定于"监督管理"一章。我们认为，该《办法》的安排是合理的。

本书将风险评估制度设置于监管制度部分。这主要是基于以下考虑：一是风险评估制度的实施，主要是关于犯罪人能否被相关人员予以社区矫正，以及如何进行监管与矫治提供依据的，本身不具有独立存在的必要。二是相对于对社区矫正人员的帮扶和教育，监管制度更需要借助对其人身危险性的风险评估结果。这既是基于社区矫正属于刑事执行措施的性质，对社区矫正对象予以刑罚威慑的考量，也是出于维护社区稳定的考量，避免对社区成员的可能侵害。

（2）风险评估的对象

这里是讨论对哪些主体进行风险评估。《社区矫正实施办法》第4条将风险评估的对象规定为"拟适用社区矫正的被告人、罪犯"。2017年8月4日《广东省贯彻落实〈社区矫正实施办法〉细则》第5条、2012年9月13日《浙江省社区矫正实施细则（试行）》第5条对此作了相同的规定。赵秉志等起草的《社区矫正法（专家建议稿）》第0401条、[①]2016年5月6日《珠海经济特区社区矫正工作办法》第17条将其规定为"拟适用社区矫正人员"。2014年《江苏省社区矫正工作条例》第13条规定为"决定适用社区矫正的罪犯"。2013年12月16日《陕西省社区矫正实施细则》第13条对此规定为"可能适用社区矫正的被告人、罪犯"。2013

---

① 赵秉志主编：《社区矫正法（专家建议稿）》，北京：中国法制出版社2013年版，第42页。

年 1 月 1 日《云南省社区矫正实施细则》第 12 条对此规定为"对可能判处管制、建议适用缓刑的犯罪嫌疑人"。2015 年《广西壮族自治区社区矫正教育工作规定（试行）》第 35 条则规定，对已经被决定实施社区矫正的人员进行风险评估。

本书对此采用"拟适用社区矫正的人员"。一是在对相应人员判处管制、适用缓刑、裁定假释或决定暂予监外执行之后，就面临是否对其予以社区矫正的问题。而体现相应人员人身危险性等个人情况的风险评估报告对这一问题的定夺具有十分重要的意义。二是对拟适用社区矫正的对象的表述，诸如"犯罪人与被告""犯罪嫌疑人""被告人、罪犯"等，各自不一，原因就在于对缓刑、假释、管制、暂予监外执行在刑事评价上的理解差异。故本书出于避免引起较多争议的目的，采用统一的"拟适用社区矫正的人员"一词。

（3）风险评估的主要内容

这里论及社区矫正的相关事项。《社区矫正实施办法》第 4 条规定对"被告人或者罪犯的居所情况、家庭和社会关系、一贯表现、犯罪行为的后果和影响、居住地村（居）民委员会和被害人意见、拟禁止的事项等"进行调查评估。该规定的合理性在于，用矫正对象居住与生活的一系列因素推断其人身危险性的大小，具有合理性。但是，相比这些因素，犯罪原因、犯罪动机、犯罪手段等与行为人的个性特征联系更为紧密，忽视这些要素，是不妥当的。2014 年 1 月 2 日《重庆市社区矫正实施细则》第 14 条对此规定为"居所情况；家庭和社会关系；一贯表现；犯罪行为的后果和影响；居住地村（居）民委员会和被害人意见；拟禁止的事项；对拟适用暂予监外执行的罪犯，审核保证人的具保条件；需要调查的其他事项。"相比上一规定，该规定提及了保证人的条件以及拟禁止的事项。其合理性是，增加了一名与矫正对象关系密切的主体，实现对其更严密的监管，并针对矫正的目的，有的放矢地对矫正对象进行监管。不足之处是，现实中不少在外地犯罪的行为人没有提供保证人的条件,故该因素不适宜推广;此外,它混淆了人身危险性的判断与禁止事项的规定之间的关系,人身危险性的评估是禁止事项规定的决定基础,而不是相反。2017年8月4日《广东省贯彻落实〈社区矫正实施办法〉细则》第6条对此规定为"居所情况;家庭和社会关系;在社区内的一贯表现;犯罪行为对所在社区的影响;居住地村(居)委意见,若被害人在本社区生活,应当征求被害人的意见;对拟适用管制、缓刑的被告人,建议禁止的事项;对拟适用暂予监外执行的罪犯,核实具保人是否具备担保条件;其他事项"。该规定将社区矫正的对象划分为被判处管制、被宣告缓刑的矫正对象,以及被裁定假释、被决定暂予监外执行的矫正对象,具有合理性,但它没有重视与矫正对象的人格联系更为紧密的因素,有失妥当。

人身危险性既决定着是否对犯罪人员进行社区矫正,也决定着社区矫正的类型和方法,十分重要。本书建议,首先,人身危险性的考量应当包括犯罪原因、犯罪动机、犯罪手段、犯罪人员的生活与工作情况等人格因素,理由不再赘述。其次,人身危险性的考量还包括矫正对象的再犯可能性,以及通过矫正能否降低其犯罪危险。当矫正对象不具有实施同类犯罪的危险性时,可以予以社区矫正,但应以教育和帮扶为主。当矫正对象不可能通过社区矫正降低犯罪的可能性时,不应当给予社区矫正,应当判处监禁刑。

(4)风险评估的程序

这里涉及诸多较为细致的制度安排,主要涉及公安机关、检察机关、审判机关等对风险评估的委托规定、调查的相应程序、风险评估意见的形成和转送、回避的规定等。其中,2017年8月4日《广东省贯彻落实〈社区矫正实施办法〉细则》、2013年12月16日《陕西省社区矫正实施细则》、2014年1月2日《重庆市社区矫正实施细则》对此规定较为细致。《江苏省社区矫正工作条例》、2016年5月6日《珠海经济特区社区矫正工作办法》、2013年1月1日《云南省社区矫正实施细则》对此规定较为简单,仅涉及社区矫正机关评估职权的来源与行使。而在王平等学者的作品《理想主义的〈社区矫正法〉——学者建议稿及说明》一书中，仅涉及对评估先行的原则性规定，缺乏相应的程序安排。① 在赵秉志等学者制定的《社区矫正法（专家建议稿）》中，对社区矫正机关风险评估的职权来源与行使、评估时限、评估意见的效力等作了规定。②

本书建议：第一，出于对被害人合法权益的尊重，形成人身危险性报告时，应当听取被害人的意见。并且，如果确定将矫正对象置于被害人所在的社区进行矫正的，应当通知被害人。第二，应当赋予人身危险性评估报告一定法律效力，使之成为矫正的事实根据。第三，人身危险性评估小组的成员中应当配备社会工作者，以应对较为专业的评估事项。第四，应将人身危险性评估报告置于公、检、法、司法行政机关备案，以便实时监督与管理。第五，关于形成社区矫正报告的期限，考虑到在被判处缓刑之前，犯罪人员都处于被羁押的状态。因此，自合议庭评议之时起至人民法院作出宣告缓刑的判决时，应当对符合规定的人员形成评估报告。如果情形确属复杂，可以先作出是否给予社区矫正的评估意见。但作出如何予以矫正的意见的期限，不得超过3个月。

3. 禁止令的执行及变通

（1）禁止令的宣布

关于禁止令的宣布，可从两个方面进行阐述。一是宣告的程序。大致包括宣告的日期、宣告的主体等。例如2013年湖北省《社区矫正实施办法》第5条、《陕西省社区矫正实施细则》第28条、《云南省社区矫正实施细则》第32条等均规定，在接收到社区矫正人员后，对其宣告禁止令的内容。我们认为这是可取的。《重庆市社区矫正实施细则》第42条等规定，由相应机关通知社区矫正

---

① 王平，何显兵，郝方昉：《理想主义的〈社区矫正法〉——学者建议稿及说明》，北京：中国政法大学出版社2012年版，第59页。

② 赵秉志主编：《社区矫正法（专家建议稿）》，北京：中国法制出版社2013年版，第42页。

人员到达特定地点予以宣告。该规定与上一类规定的不同之处是，前者侧重于国家机关对矫正对象的监管，而后者则侧重于矫正对象自我的监管与改造。考虑到社区矫正的实施主体是国家机关，而不是矫正对象，因此前者更为合理。至于宣告的主体，广东省、重庆市、湖北省、陕西省、云南省等地方均规定为司法所的工作人员。《江苏省社区矫正工作条例》规定为社区矫正机构工作人员。江西省规定为"县级社区矫正监管中心或司法所"。由于社区矫正是一种专门性的、独立的司法工作，因而主体的特定性较为重要。而且，尽管社区矫正人员是以矫正组织的名义实施矫正，但宣布禁止令的活动是由矫正人员个人实施，矫正不利的后果常常由矫正人员承担。因此，规定为社区矫正的工作人员进行宣告更合理。总之，本书认为，应当在接收到社区服刑人员后由社区矫正工作人员及时进行宣告。

二是宣布的内容。例如《社区矫正实施办法》第7条规定："司法所接收社区矫正人员后，应当及时向社区矫正人员宣告判决书、裁定书、决定书、执行通知书等有关法律文书的主要内容；社区矫正期限；社区矫正人员应当遵守的规定、被禁止的事项以及违反规定的法律后果；社区矫正人员依法享有的权利和被限制行使的权利；矫正小组人员组成及职责等有关事项。"这一规定是十分全面的。不过，为了避免宣告的过程过于冗长，并突出宣告的重点，可以有所取舍。对判决书、裁定书等法律文书，由于司法机关在宣判时已经送达，故可以适当简化。社区矫正的期限、所禁止的事项及矫正对象的权利、义务，由于直接牵涉矫正对象的利益，故应当详细宣布。违反禁止令的法律后果，则建议宣告科处的事项本身，而不涉及量的规定，以免社区矫正对象利用制度漏洞实施不法活动。此外，社区小组人员的组成应当详细宣布，必要时可以赋予矫正对象申请回避的权利。

2013年12月16日《陕西省社区矫正实施细则》第28条的规定、2017年8月4日《广东省贯彻落实〈社区矫正实施办法〉细则》第 18 条的规定、2013 年《江西省社区矫正工作实施细则（试行）》第 32 条的规定与之相同，不再赘述。

本书建议：第一，禁止令的内容关涉社区矫正对象的监管与矫治，应当尽量细致。大体而言应当包括：判决书、裁定书、决定书、执行通知书等法律文书的主要内容；社区矫正期限；社区矫正对象应当遵守的规定、被禁止的事项，以及违反规定的法律后果；社区矫正对象依法享有的权利和被限制行使的权利；矫正小组成员的组成及职责；其他有关事项。第二，禁止令的宣告，可以以命令性内容为主。禁止性事项的执行可能存在困难。例如对因酒后驾车而引发事故的人作出不得饮酒的禁止令，对因有配偶而与他人同居的人作出不得再接触同居者的禁止令，这些禁止令难以执行。第三，宣告禁止令时，应说明宣布它的理由。这样可使矫正对象从观念上明确其所实施的不法行为的意义。

（2）禁止令的执行

《社区矫正实施办法》第 12—14 条分别规定了禁止社区矫正对象进入特定区域、离开所居住的市或县、变更所居住的市或县等内容。《江苏省社区矫正工作条例》对此未作规定。《浙江省社区矫正实施细则（试行）》第 20、21、23 条的规定，《江西省社区矫正工作实施细则（试行）》第 45、59、60 条的规定，《云南省社区矫正实施细则》第 40—42 条的规定、《重庆市社区矫正实施细则》第 52、53、59、66 条的规定，《湖北省社区矫正实施办法》第 12—14 条的规定内容大致相同，这类规定是合理的。对禁止令的其他内容而言，矫正对象外出、迁居与进入特定区域等行为具有较大的监管必要性。因而，应当在审批程序、实施原因、监管方式等规定中详细约束。此外，在王平等学者的作品《理想主义的〈社区矫正法〉——学者建议稿及说明》一书中对禁止令的执行内容作了十分详细的规定，涉及社区服刑人员的外出、会见、走访、从事特定活动、进入特定区域或场所、接触特定人员，以及被暂予监外执行人员所应遵守的特别规定等事项。① 这种较为全面的立法模式有其合理之处，但是，基于司法资源的有限，以及禁止令执行上的种种困难，在国家立法层面不适宜对所有事项都事无巨细予以规定，而应当对其中较为重要的事项，进行详细规定，对一般性的事项，则可以简略。

本书认为，在《社区矫正法》的规定中，禁止令的规定应当广泛但不细微地涵盖于社区矫正对象相关的监管事项。这样才能保障各个地方根据其自身特点以及不同社区矫正对象的自身情况采取相应的监管措施。具体而言，禁止令的内容应包括离开居住地、变更居住地、会见、进入特定区域或场所、接触特定人员、从事特定活动，以及其他相关事项。这些由立法条文予以逐条规定。但是，禁止令的具体内容应当由人民法院在作出予以社区矫正的决定时附带列明。

（3）禁止令的变通

具体内容包括：第一，离开居住地的变通规定。每一项禁止令的内容与其变通应当规定于同一条文，区分不同款项。《社区矫正实施办法》第13条第2款规定："社区矫正人员因就医、家庭重大变故等原因，确需离开所居住的市、县（旗），在七日以内的，应当报经司法所批准；超过七日的，应当由司法所签署意见后报经县级司法行政机关批准。返回居住地时，应当立即向司法所报告。社区矫正人员离开所居住市、县（旗）不得超过一个月。"考虑到矫正对象外出原因的多样性，从外出期限的角度进行限制，以维护监管，这一规定是合理的。湖北省、浙江省、云南省对此作了大致相同的规定。重庆市对此作了更为详细的规定，不仅补充了几种可以申请外出的事由，还进一步完善了申请外出的程序。本书认为，对此应当保留《社区矫正实施办法》的规定，方便相应地方作出更为细致的安排。

---

① 王平，何显兵，郝方昉：《理想主义的〈社区矫正法〉——学者建议稿及说明》，北京：中国政法大学出版社2012年版，第170—188页。

第二，变更居住地的变通规定。《社区矫正实施办法》第14条第2、3款规定："社区矫正人员因居所变化确需变更居住地的，应当提前一个月提出书面申请，由司法所签署意见后报经县级司法行政机关审批。县级司法行政机关在征求社区矫正人员新居住地县级司法行政机关的意见后作出决定。

经批准变更居住地的，县级司法行政机关应当自作出决定之日起三个工作日内，将有关法律文书和矫正档案移交新居住地县级司法行政机关。有关法律文书应当抄送现居住地及新居住地县级人民检察院和公安机关。社区矫正人员应当自收到决定之日起七日内到新居住地县级司法行政机关报到。"本书建议，对该部分的起草同样参照该规定，理由同上。

第三，附带禁止内容的变通规定。《社区矫正实施办法》第12条规定："对于人民法院禁止令确定需经批准才能进入的特定区域或者场所，社区矫正人员确需进入的，应当经县级司法行政机关批准，并告知人民检察院。"该规定的合理之处是，对司法行政机关的矫正者角色与检察院的监督者角色作了合理划分与协调。《浙江省社区矫正实施细则（试行）》第19条规定："对于人民法院禁止令确定需经批准才能进入的特定区域或者场所，社区矫正人员确需进入的，应当经县级司法行政机关批准，并书面通知原判人民法院、同级检察机关和公安机关。"与《社区矫正实施办法》的规定相比，该规定将公安机关和人民法院也纳入了监管的参与者中。合理之处是，增强对矫正对象违规活动的防控力度，而不足之处是，没有从司法者的立场出发，对人民法院的相应职权作出更为中立的安排。《江西省社区矫正工作实施细则（试行）》第46条规定了可允许外出的几种人员。从监管对象本身的立场而不是国家机关的立场看待禁止令的变通，这是该规定的亮点。但不足之处是，该标准的筛选与实施并不容易，而且存在矫正对象逃避监管的风险。本书建议，对社区矫正对象的会见、外出、进入特定场所、从事特定活动、接触特定人员，以及由人民法院附带决定予以禁止的其他事项，可以考虑在一个条文中予以列举，并且规定，如社区矫正对象因存在特定事项需要违反这些规定，应经县级司法行政机关批准，并书面通知对其决定适用社区矫正的人民法院，以及同级检察机关和公安机关。这样既保证公安机关、检察机关、审判机关、司法行政机关对社区矫正对象进行相关的监督，也可以适应社区矫正对象的合理需要，体现以人为本。

4. 外出请假制度

从各地的规定来看，《浙江省社区矫正实施细则（试行）》第20条第3款规定："社区矫正人员入矫后三个月内，一般不得请假外出。"第21条规定，非特定事由且非经特定程序不得申请延长假期。从对矫正对象的法律威慑，以及对所在社区的维护而言，这一规定是合理的。但是，该规定没有充分考虑到矫正对象可能存在正当需要的例外情形，对"一般"以外的情形未明确规定，导致实践中难以操作。《重庆市社区矫正实施细则》第55条规定："社区矫正人员外出请假，按以下程序处理：（一）外出时间在七日以内的，应当提前三个工作日向司法所提出书面申请并填写《社区矫正人员外出审批表》，经司法所负责人审批。同意请假的，向社区矫正人员发放《社区矫正人员外出证明》，并报区县司法行政机关备案；不同意请假的，应当及时告知社区矫正人员并说明理由。（二）外出时间超过七日的，应当提前七个工作日提出书面申请并填写《社区矫正人员外出审批表》，经司法所初审并签署意见后，报区县司法行政机关审批。同意请假的，由司法所向社区矫正人员发放《社区矫正人员外出证明》；不同意请假的，由司法所及时告知社区矫正人员并说明理由。社区矫正人员发生突发性重大变故等紧急情形的，经司法所负责人同意、报区县司法行政机关分管领导批准，可以口头请假外出，紧急情形消失后应当及时补办请假手续。"第56条规定："社区矫正人员经批准外出期间，因具有第五十四条第一、二项情形需延长请假时间的，应当返回居住地按规定程序办理续假手续；确有特殊情况，经司法所同意，社区矫正人员可以书面委托的方式,由其亲属、监护人或保证人代为办理续假手续。续假需司法所签署意见后报区县司法行政机关批准。"《福建省社区矫正实施细则(试行)》第59条规定:"社区矫正人员有下列情形之一,确需离开所居住地的市区、县域,可以申请外出:(一)当地县级以上医疗机构认为确需到居住地以外医疗机构就医并出具转院治疗建议书的;(二)直系亲属死亡或者患有严重疾病的;(三)父母、子女或者本人婚姻关系发生重大变故的;(四)办理本人就业、就学手续需要外出的;(五)其他原因确需外出的。"第60条规定:"社区矫正人员外出请假,按以下程序处理:(一)外出时间在七日以内的,应当提前三个工作日向司法所提出书面申请并填写《社区矫正人员外出审批表》,经司法所负责人审批,同意请假的,向社区矫正人员发放《社区矫正人员外出证明》,并报县级司法行政机关备案;不同意请假的,应当及时告知社区矫正人员并说明理由。(二)外出时间超过七日的,应当提前七个工作日提出书面申请并填写《社区矫正人员外出审批表》,经司法所初审并签署意见后,报县级司法行政机关审批,同意请假的,由司法所向社区矫正人员发放《社区矫正人员外出证明》;不同意请假的,由司法所及时告知社区矫正人员并说明理由。社区矫正人员发生突发性重大变故等紧急情形的,经司法所负责人同意、报县级司法行政机关分管领导批准,可以口头请假外出,紧急情形消失后应当及时补办请假手续。"应该说,重庆市对矫正对象请假外出的程序、事由等规定得十分细致,并区分了一般情形与特别重大的情形、请假7日以内与超过7日的情形,制度设计十分严密,具有一定的示范作用。

结合上述规定,本书建议,对社区矫正对象的外出请假制度,可以分为三个层面来规定。一是社区矫正对象申请外出请假的事项。而相对于其他省份,福建省对此的规定较为细致。虽然社区矫正属于刑事执行措施,但毕竟与监狱服刑存在较大差异。应当尊重矫正对象对家庭重大变故的处理权限,这样才不致激化他们与社区矫正机构、居住社区的矛盾,自觉改造。二是关于社区矫正对象申请外出的相关程序,应当区分管制、缓刑与假释、暂予监外执行的人员,并区分请假的期限,分别由司法所与司法行政机关批准。三是如请假外出的社区矫正对象确需延长假期的,应当办理相应程序,并经司法行政机关同意。当符合司法行政机关规定的紧急事由,可书面委托相关人员代为办理。该人员应当被视为监督矫正对象相应活动的保证人。

5. 脱管、漏管的处理

《社区矫正实施办法》第23—26条对社区矫正对象违反禁止令的行为,区分不同程度,以及区别缓刑、假释与暂予监外执行的社区矫正对象作出了不同规定。《江西省社区矫正工作实施细则(试行)》第68—71条分别规定了社区矫正对象违反禁止令的相应行为,以及司法所、司法行政机关、公安机关对该情形的处理程序。《江苏省社区矫正工作条例》第23条规定:"社区服刑人员脱离监督管理的,县(市、区)人民政府司法行政部门应当立即组织查找,居住地公安机关应当予以协助,有关单位和个人应当予以配合。被决定收监执行的社区服刑人员在逃的,社区矫正机构应当立即通知居住地公安机关,公安机关应当组织追捕。"当矫正对象脱管与漏管时,司法行政机关、公安机关应当协调抓捕,并且明确公安机关是追捕的主体,该规定具有合理性。《云南省社区矫正实施细则》第45条规定:"发现社区矫正人员脱离监管的,按以下程序办理:(一)司法所应当及时与矫正小组成员、社区矫正人员家庭成员沟通,了解社区矫正人员的行踪,同时将有关情况书面报告县(市、区)司法行政机关;(二)县(市、区)司法行政机关应当在接到书面情况报告当日,组织相关力量追查,并将情况书面通报县(市、区)人民检察院;(三)司法所应当将社区矫正人员脱离监管的后果书面告知社区矫正人员的保证人、监护人或者直系亲属,并将有关情况通知社区矫正人员居住地村(居)民委员会。"该《细则》实际上将追逃的责任主体规定为司法行政机关,没有明确公安机关是追逃的责任主体,导致实践中工作难度的加大。湖北省《社区矫正实施办法》第19条第2款规定:"社区矫正人员脱离监管的,司法所应当及时报告县级司法行政机关组织追查"。《福建省社区矫正实施细则(试行)》第73条规定:"司法所发现社区矫正人员未按期履行报告义务,未按时参加教育学习、社区服务等活动,走访时未找到社区矫正人员的,应当立即向其家庭成员、监护人、保证人、所在单位、就读学校、村(居)民委员会、有关部门等了解行踪,未发现其下落的,应当及时报告县级司法行政机关。县级司法行政机关通过初步追查未果的,应当将脱管情况书面通报原判决、裁定、决定机关及居住地县级人民检察院、公安机关,必要时可以提请公安机关协助追查,公安机关予以配合。"该规定考虑得较为细致,各方权责比较明确,故应提倡。

本书建议,关于社区矫正对象脱管、漏管,应作出以下规定:一是对其监护人、直系亲属、保证人、矫正小组的书面告知;二是对司法行政机关的书面报告;三是通知其所在学校、村(居)民委员会、家庭成员等寻找其踪迹;四是及时书面通告县级公安机关及与之同级的检察院;五是社区矫正对象的脱管时间,从知道或者应当知道脱管之日起计算,脱管期间不计入矫正期限。

第八章　教育制度

社区矫正教育工作是刑事执行的重要组成部分,贯串刑事执行的整个过程。学者将其定义为"司法行政机关社区矫正机构按照法律制度要求,充分整合利用各种社会资源和力量,对社区服刑人员实施的以矫正犯罪心理和行为恶习为核心内容,以促进其再社会化为基本目标的系统性教育活动"。[①] 教育制度的完善和实施效果在一定程度上决定着社区矫正的效果,对于矫正对象改过自新、预防再犯有着重要意义和作用。社区矫正教育工作的任务,是运用各种有效教育手段,促使矫正对象认罪悔罪,增强法律意识和道德素养,成为适应社会的守法公民。教育虽然也作为监禁刑的内容之一被规定在《监狱法》第4条,即"监狱对罪犯应当依法监管,根据改造罪犯的需要,组织罪犯从事生产劳动,对罪犯进行思想教育、文化教育、技术教育",但社区矫正的特殊性质使得社区矫正项下的教育较之于监禁刑下的教育更加宽缓、具有柔性。因此,应当在社区矫正工作中凸显这一特点,将教育工作作为社区矫正工作的重点,以免将"高墙思维"带到"墙外",影响社区矫正的作用发挥。按照教育的不同阶段,教育制度可以被分为入矫教育、日常教育、解矫教育,不同阶段的内容和目的并不相同。自2003年社区矫正工作在全国试点以来,各省、自治区、直辖市出台了大量关于社区矫正教育工作的规范性文件,社区矫正教育工作在取得实效的同

[①] 马灵喜:《社区矫正教育研究》,载《中国司法》2015年第6期。

时也暴露了很多问题。以下即对于社区矫正教育的原则、内容、存在的问题及解决路径分别论之。

一、社区矫正教育原则

社区矫正教育原则，是社区矫正观的体现，体现了社区矫正教育工作的独特意义和价值，对于社区矫正工作的具体实施起着引领作用。社区矫正教育工作应遵循以下几个原则：

1. 坚持社会参与

社会参与原则是指社区矫正机构依靠社会各方面的力量，对社区矫正对象开展有目的、有计划、有组织的矫正矫治活动。在工作中贯彻社会参与原则，应做到以下几点：第一，各个部门协调配合，共同做好教育工作。街道居委会积极做好精神文明、法制宣传、治安防范等工作，建立责任制，加强对社区矫正期满人员的接茬帮教；劳动就业部门加强对社区矫正机构的业务指导和支持，广开就业门路，加强就业指导，妥善安置他们的劳动出路。第二，要充分调动社会各阶层人士的积极性。邀请专家学者、劳动模范、先进典型等以讲课、做报告、开展法制宣传的形式对矫正对象进行教育。邀请劳动、工商、税务、共青团等单位为其提供就业咨询；组织矫正对象亲属到社区矫正机构参观，并对矫正教育对象进行规劝和帮教；积极吸收社会志愿者参与，各方力量协调配合共同做好矫正教育对象的帮教工作。

2. 注重个体差异

在社区矫正教育工作中，针对社区矫正对象个体差异的不同情况，应当采取不同的教育方法、实施不同教育内容的教育工作准则。社区矫正对象的构成情况十分复杂，他们犯罪的性质、接受矫正的时间长短、主观恶性、现实表现、文化程度及性格特点等各不相同。因此必须根据不同对象，区别不同情况，采取不同的教育内容和方法，进行针对性教育。应当根据矫正对象的犯罪类型、犯罪原因、恶习程度及思想观念、心理特征，因人施教、注重实效。贯彻因人施教原则，应做到以下三点：第一，实地调研，掌握矫正对象的基本情况。这是进行科学教育的前提和基础。社区矫正对象的性格、年龄、成长经历、受教育情况、犯罪原因各不相同，如果对这些情况不了解，就没有办法找到矫正对象的"心结"，进而也就无法对其进行科学有效的矫正教育。因此，矫正工作者要事先查阅社区矫正教育对象的有关档案材料，深入到他们的工作单位和所在社区进行走访、调查，准确掌握他们的基本情况和个性特征，为因人施教奠定基础。第二，对症下药，进行针对性教育。在了解矫正对象的基本情况以后，矫正工作者应该进行耐心细致的分析，找出问题所在，然后对症下药：如果是心理问题，应当进行心理治疗；如果是经济问题，积极联系社会保障部门给予救济和援助；如果是家庭问题，联系所在社区干部进行劝说等。第三，及时发现新情况、新问题，妥善处理。社区矫正对象在社区改造中，由于自身的原因或社区环境的影响，难免会出现这样或那样的问题。为了及时解决和处理他们在改造中出现的新情况、新问题，促使矫正对象顺利接受矫正，矫正工作者必须做到对发生的问题及时掌握，了解情况，及时教育，妥善处理。

3. 坚持循序渐进

循序渐进原则是指对于社区矫正对象的教育要遵循人的认识能力逐步发展的规律，有步骤、有计划、有系统地开展教育。在社区矫正教育工作中贯彻循序渐进原则，应做到以下几点：第一，要按照教育计划，按步骤进行。对矫正对象的教育，既包括政治思想、法治观念、社会公德方面的内容，也包括劳动技能、文化知识、人际交往、社会生活适应等内容。应当制订教育计划，并严格按照计划逐步开展教育。既要注意各项教育内容之间的衔接，教育阶段之间的贯通，又要注意教育内容的完整性和系统性。在教育过程中，要及时了解矫正对象接受教育和改造情况，如未达到预期的效果，就要及时进行补课。第二，必须坚持不懈，持之以恒，逐步提高。对社区矫正对象的教育是一个循序渐进的过程，需要做长期的、大量的、细致的教育改造工作，才能使他们在思想上发生转变，逐渐地转变自己的世界观。教育作用于人是"润物细无声"的过程，"突击式"教育显然违背教育规律。

4. 注重以理服人

以理服人原则是在对社区矫正对象实施教育的过程中，坚持摆事实、讲道理，做耐心细致的疏通和说服工作。社区矫正教育对象之所以走上违法犯罪的道路，有不少人是因为他们的思想偏激、缺乏理性，对许多社会问题怀有偏见，以消极的态度来看待社会和处理问题。对他们实施矫正教育，就是要消除他们思想认识中的错误。而做这项转变思想意识的教育工作，只能以情动人、以理服人，不能靠强迫和压服，后者会引起矫正对象的逆反心理，对于社区矫正起到反效果。对矫正对象坚持说服教育既有利于其逐步接受正确的思想观念，分清是非，明辨善恶，区别美丑，知错改正，心悦诚服地接受改造，也有利于矫正工作者与矫正教育对象建立健康、正常、良好的人际关系和开展行之有效的思想交流，增强相互间的信任，提高教育改造质量。在社区矫正教育工作中贯彻以理服人原则应做到：第一，坚持摆事实，讲道理。摆事实是讲道理的依托和前提，对于社区矫正对象认清现实、摆正观念具有重要作用。客观的事实分析有利于矫正对象摆脱情绪化的弱点，以相对平稳冷静的心态接受矫正。第二，坚持正面教育和疏通引导。榜样的力量是巨大的。要积极从正面引导矫正对象，使其通过科学道理、先进典型、英雄人物认识到自己的错误和不足，提高思想觉悟，促使他们积极接受矫正教育。

5. 坚持注重实效

对于社区矫正对象的教育要坚持目的导向，以帮助其适应社会、继续生活为目的。因此教育内容要从矫正对象自身出发，教育内容要"接地气"，能够切实地对对矫正对象以后的工作、学习和生活起到帮助作用。在进行思想政治教育时，要使他们树立正确的世界观、人生观、价值观,要联系他们身边的人和事进行剖析,使他们学会如何谦让、宽容待人。在进行法律知识教育时,通过学习一些实用性的法律,使他们学会如何运用法律武器来维护自己的合法权益。在进行劳动技能教育时,要选择易学、易懂,有就业需求的或市场前景好的项目,使他们学到技能后更容易找到工作,从而消除他们的后顾之忧,稳定他们的思想,使他们安心接受矫正。

二、社区矫正教育内容

1. 入矫教育

(1) 入矫教育的目的

第一,入矫教育的目的是让矫正对象知晓法律、法规以及社区矫正的相关法律规定。一般而言,知法是守法的前提。相比监狱内的刑法、监规等学习而言,社区矫正对象身处开放式的社区,需要了解一系列与社区矫正相关的法律法规和规范性文件,如《刑法》《刑事诉讼法》《社区矫正实施办法》以及各地关于社区矫正的地方立法和行政规章等。

第二,服从社区矫正工作者的管理。社区矫正机构应当通过专门的宣布程序,告知社区矫正对象在社区矫正期间享有的权利和应当履行的义务,以使其了解社区矫正各项规定和措施,服从社区矫正工作者的管理。对于入矫教育中一些矫正对象可能表现出的不服从判决的情绪,社区矫正机构应当以法律法规为基础,通过说理、解释、告知依法申诉等方式进行教育,不能强制其认罪。

(2) 入矫教育的时间、方式

从各省出台的社区矫正的规范性文件来看,各省关于入矫教育的时间规定大致有以下4种模式:一是北京模式。初始教育阶段为接受矫正后的2个月。但对于矫正期限不足6个月的社区矫正对象,因矫正期短、阶段性特点不明显,不采取分阶段教育的工作方法。二是江苏模式。江苏省的入矫教育在矫正对象办理登记手续后进行。入矫教育可以采用集体教育方式,也可以采用单独教育方式。三是吉林模式。司法所应当对新接收的社区矫正对象统一进行3个月的入矫教育。通过入矫教育,使其认罪服法,增强纪律意识,了解并遵守各项监管教育规定,接受社区矫正。对剩余矫正期不足6个月的,可适当缩短入矫教育时间。四是上海模式。矫正开始阶段是矫正宣告后的3个月。[①]

入矫教育的方式有集体教育和个别教育两种,有的省份规定采用集体教育与个别教育相结合的方式,有的省份以个别教育为主,有的省份规定可以采用集体教育方式或者个别教育方式。

(3) 入矫教育的内容

第一,认罪服法教育。对社区矫正对象进行认罪服法教育,一是要他们了解法律是国家意志的体现,是打击犯罪、保护人民的武器。认罪伏法教育要让矫正对象明白为什么他们的行为构成犯罪、构成什么犯罪、为什么要对他们施以刑罚。二是要说服他们端正认罪服判的态度,认清危害,服从管理,为诚心接受教育和矫正奠定基础。

第二,纪律教育。对于各类社区矫正教育对象,在接受他们入矫时,首先要向他们宣布各项纪律要求,对他们进行纪律教育,强化守纪意识,帮助他们养成自觉遵守纪律的良好习惯。针对不服从社区矫正工作人员的管理、拒绝参加公益劳动、拒不报告行踪的社区矫正对象,更应强化纪律教育,确保管得住、教育好。实践中注意两点:一是强调社区矫正纪律的重要性、强制性和规范性。二是要加强行为训练,增强集体意识和纪律观念。让他们通过各种集体性活动,树立纪律观念,建立和维护正常的矫正秩序,为顺利转入和适应社区矫正常规教育做好准备。

第三,权利义务教育。知法是守法的前提,因此,在进行入矫教育时,需要明确矫正对象的权利和义务,在保证其合法权利

[①] 赵秉志主编:《社区矫正法(专家建议稿)》,北京:中国法制出版社2013年版,第66页。

不受侵犯的同时，督促其履行义务。因此，入矫教育以明确社区矫正对象的权利和义务为主要内容。社区矫正对象的权利主要包括：第一，社区矫正对象的人格不受侮辱。《中华人民共和国宪法》第38条规定："中华人民共和国公民的人格尊严不受侵犯。禁止用任何方法对公民进行侮辱、诽谤和诬告陷害。"保障社区矫正对象的人格权不受侮辱是贯彻宪法精神、落实宪法要求的体现。相较于监禁刑，社区矫正的执行地是在社区。为了让社区矫正对象真正地复归社会，要保证其人格尊严不受侮辱，以免激发其反社会情绪，与社区矫正的本来目的背道而驰。第二，社区矫正对象的人身安全和合法财产不受侵犯。人身权和财产权是公民的基本权利。社区矫正对象的人身安全不受社区矫正管理机关、执行机关的侵犯，不受其他公民的侵犯，不受公检法等国家公权力的侵犯。社区矫正对象的合法财产受宪法保护，《宪法》第13条规定："公民的合法的私有财产不受侵犯。"社区矫正对象虽然是"犯罪的人"，但宪法对合法财产的保护对其依然适用。第三，社区矫正对象享有辩护、申诉、控告、检举以及其他未被依法剥夺限制的权利。"无救济则无权利"。法律对公民权利、自由规定得再完备、列举得再全面，如果在权利和自由被侵犯时没有救济，法律上的权利和自由也仅仅是一纸空文。在权利救济方面，同为刑事执行法的《监狱法》第7条规定："罪犯的人格不受侮辱，其人身安全、合法财产和辩护、申诉、控告、检举以及其他未被依法剥夺或者限制的权利不受侵犯。"赋予社区矫正对象以上权利，也是与《监狱法》相呼应。一方面这是权利保障的必然要求，另一方面对于公权力依法行政具有反向监督的作用。

矫正对象的义务包括：第一，遵守国家法律、法规和有关管理规定。遵守国家法律法规是公民必须履行的义务。对于矫正对象而言，除了遵守国家的法律法规以外，还要遵守社区矫正的管理规定，否则就要承担诸如警告、提高监管等级、限制活动范围、治安管理处罚、延长矫正期限乃至收监执行等后果。第二，积极参加学习、教育和公益劳动。学习、教育、公益劳动是社区矫正工作的重要内容，也是促使矫正对象增强法律和社会意识，培养社会责任感的重要手段。第三，定期向司法所报告自己的思想、活动情况。思想活动汇报是社区矫正管理机关了解矫正对象矫正情况的重要途径。司法所根据矫正对象报告的思想活动情况可以进一步调整矫正方案，形成矫正工作人员与矫正对象之间的良性互动。第四，迁居或离开所居住区域时必须经司法行政机关和公安机关批准。出于监管的需要，矫正对象迁居或者离开所居住的区域时必须经过批准。第五，服从监督管理。矫正对象应服从并配合社区矫正工作人员的管理，增强法律意识和道德素养，成为适应社会的守法公民。

另外，被决定保外就医的罪犯，在接受社区矫正期间，同时应当遵守下列规定：在指定的医院接受治疗；确因治疗需要，需要转院或者离开所居住区域的，应当经司法行政机关和公安机关批准；治疗疾病以外的社会活动应当经司法行政机关和公安机关批准。

2. 日常教育

（1）日常教育的方法

日常教育是社区矫正教育工作的重中之重，社区矫正的效果如何，很大程度上取决于日常教育的成效。社区矫正试点以来，各试点省市在社区矫正教育活动中，广泛采用各种教育方法，努力提高教育改造的效果。例如江苏省规定，①司法所应当在矫正对象报到后针对其思想动态、危险程度、恶性程度、矫正难度进行分析评估，研究制定矫正个案，落实矫正责任人。②矫正责任人应当掌握矫正对象的姓名、性别、年龄、籍贯、简历、主要犯罪事实和所判刑期、家庭情况和主要社会关系、认罪态度、在监狱或看守所的改造表现、矫正期间的现实表现。③社区矫正工作者对所管理的矫正对象，每月至少安排一次个别谈话教育。谈话教育的内容应当被记录，并根据矫正对象的思想状况和动态，及时修订矫正个案，采取有针对性的个别教育措施。④司法所应当每月对矫正对象思想动态进行分析，并根据分析情况，组织开展有针对性的教育。⑤各级司

第八章 教育制度

法行政机关鼓励和支持社会志愿者参与个案矫正,共同做好个案矫正工作。①

从总体上看,在日常教育采取的集体教育、分类教育、个别教育、辅助教育等诸种方法中,无论是教育方法使用的频度,还是教育效果的获得及教育的实效性方面,个别教育都是适用频度最高,效果最令人满意,最符合实际需要的一种教育方法。个别教育是指社区矫正教育者针对社区矫正教育对象的个别、特殊问题,采取一对一的思想影响、心理疏导、情感沟通和知识传授活动。个别教育的内容具有针对性,能较好解决社区矫正教育对象中个别性的问题;教育形式比较灵活,能够及时发现矫正教育工作中的问题。司法部颁布的《司法行政机关社区矫正工作暂行办法》第6条规定:"司法行政机关应当对社区服刑人员实施分类管理、个性化教育。"第29条规定:"司法所应当采取个别谈话的方式,对社区服刑人员进行经常性的个别教育。"

实践中个别教育的主要方式是个别谈话法。进行个别谈话时,要注意方法和技巧。方法方面,一是要善于启发。从社区矫正教育对象的实际出发,善于提出问题,引发人的思考。多给予正面引导,使矫正对象在具体问题上学有榜样,并获得今后工作、学习和生活的启迪。二是要疏通引导。对矫正对象偏激的思想、浮躁的情绪和生活的困惑要及时疏通引导,要热心、耐心、真诚地和他们沟通。三是要表扬鼓励。对他们的思想与行为的一点点进步也应肯定和鼓励,充分调动他们矫正的信心和积极性。四是要警告和劝诫。要把他们的个人行为放在与家庭和社区的关系中分析,让其明白自己的行为对家庭和社区的影响,促使其醒悟。

技巧方面,一是场所安排的技巧。如果是社区矫正教育对象的思想汇报,最好选在社区矫正教育工作者的办公场所,比较严肃;如果是一般的了解情况、交流思想、沟通感情,则最好选在家庭,

---

① 《江苏省社区矫正教育工作规定(试行)》,第10—15条。

让双方在轻松的气氛中进行谈话,这样更容易说出真实的想法。二是时机把握的技巧。个别教育应选择他们在心理上容易被触动的时刻或正处在激烈斗争的时刻,此时他们最需要关怀、帮助、安慰、鼓励和引导。如《江苏省社区矫正教育工作规定(试行)》第13条明确规定:"矫正对象有下列情形之一的,社区矫正工作者应当对其进行个别谈话教育:(一)矫正地点变更;(二)受到奖励或惩处;(三)请假前后;(四)家庭出现变故时;(五)与他人发生重大纠纷时;(六)主动要求谈话时;(七)其他需要进行个别谈话教育的情形。"三是语言表达的技巧。语言是开启心灵的钥匙。恰当的语言能开启他们的心扉,能触动他们、感化他们。不当的语言则可能使谈话陷入僵局。找准话题切入点,什么时候应以严厉的态度,什么时候应以同情、温暖的格调,应该因人、因事、因时而异。

(2)日常教育的内容

其一,思想道德教育。转变矫正对象的思想、提高矫正对象的觉悟是防止其再次犯罪的重要举措,思想道德教育是实现上述目标的重要途径,因此它在社区矫正的规范性文件中被作为一种重要的教育形式。《司法行政机关社区矫正工作暂行办法》第28条规定:"司法所应当采用培训、讲座、参观、参加社会活动等多种方式,对社区服刑人员进行形势政策教育、法制教育、公民道德教育以及其他方面的教育。"《江苏省社区矫正教育工作规定(试行)》对于思想道德教育的内容和形式进行了细致规定:"思想教育可以进行集中教育,也可以进行分类教育"(第18条),"思想教育教员可以是社区矫正工作者,也可以是社区矫正志愿者,或者是聘请的其他符合条件的人员"(第19条)。思想道德教育的内容非常丰富,包括传统美德教育、社会主义荣辱观教育、核心价值观教育等。通过开展思想道德教育,引导矫正对象树立正确的世界观、人生观和价值观,使其从根本上意识到自己的错误,从而达到提高矫正对象思想觉悟的目标。

其二，法律常识教育。古希腊哲学家亚里士多德指出："邦国虽有良法，要是人民不能全部遵守，仍然不能实现法治。"法律常识教育首先要让社区矫正对象大致了解法律的基本规定，让社区矫正对象对于何者能为、何者不能为具有大概的认识。法律常识教育在法定犯的时代变得越来越重要，原因是法定犯时代的立法具有内容专业化、处罚前置化、范围扩大化的特征，法律与民众的常识、常理、常情的距离越来越远，不具备违法性认识的可能性也越来越大；而在司法实践中，欠缺违法性认识在绝大多数情况下并不会使得行为人的责任有所减轻，所以面向国民的普法就变得尤为重要。另外，要对矫正对象进行守法教育。在使矫正对象了解基本的法律法规以后，还要教育其积极遵守法律。犯罪人的法治意识较常人淡薄，为防止其知法犯法，有必要对其进行专门的守法教育，使其在思想意识上真正地"以遵纪守法为荣，以违法乱纪为耻"。

其三，文化素质教育。文化对人的品行修养具有潜移默化的作用，对矫正对象而言，文化素质教育尤为重要。部分少年犯因为文化素质低，辨别是非的能力不强，因而走向犯罪之路。对这部分矫正对象，应当鼓励、帮助其继续完成学业，提高文化素养和认识水平，以减少再次犯罪的可能性。目前来看，一些省份对于文化素质教育的重要性已经有了充分认识，如《江苏省社区矫正教育工作规定（试行）》第20条规定："矫正对象未成年且没有完成国家规定的义务教育内容的，司法行政机关应当协调相关部门并督促其法定监护人，帮助矫正对象完成国家规定的义务教育内容。"当然，并非所有的矫正对象都需要进行文化素质教育，要注意因材施教、对症下药，以提高教育资源利用效率，优化教育矫正的实施结构。

其四，心理健康教育。矫正对象在接受矫正过程中面临来自社会、家庭、矫正机构的种种压力，很容易出现心理波动，如果不及时进行疏导可能会发展成心理疾病，对于矫正效果和矫正对象的健康造成不良影响。因此对于矫正对象进行心理健康教育十分必要。心理健康教育应当实现常态化，内容应当覆盖心理健康知识宣传、心理咨询服务和心理疾病治疗等各个领域。心理健康教育可以聘请社会心理专家、心理医生承担。有条件的地方，可以培养心理矫正专业工作人员。从事社区心理矫正的人员，应当具备以下条件：取得心理咨询员、心理咨询师、高级心理咨询师等国家职业资格证书之一；具有良好的品行和职业道德；具有强烈的事业心和高度的责任感。以上海市为例，2004年8月上海市社区矫正办公室与上海德瑞姆心理咨询师培训机构签订了合作协议。2004年11月上海市第一家专门从事社区矫正工作的心理工作室——"金武馆心理工作室"在卢湾区正式挂牌成立，15名志愿者全是心理咨询师，由他们对社区矫正教育对象进行心理咨询、心理健康教育和心理疾病的治疗。

其五，职业技能培训。社区矫正对象只有通过自己的劳动，合法地自食其力，才能得到社会及家庭的尊重、接纳，才能融入社会，提高生活质量，从而减少重新犯罪的可能性。《江苏省社区矫正教育工作规定（试行）》第21条规定："司法行政机关应当协调有关部门对矫正对象进行职业技能培训。"职业技能教育要以市场为导向，以提高职业技能为目标，合理设置培训项目，扩大受训群体，形成多渠道、多层次的职业技术教育新格局。因此，首先，要丰富职业技能培训内容，综合考虑社区矫正对象的受教育水平、家庭状况、社会阅历等多方面因素，开展综合性职业技能培训。要以市场用工情况为导向，结合矫正对象的具体情况，开设餐饮、家政、养殖等门槛低、需求大的培训课程，让矫正对象能够自食其力。其次，可以充分借助社会力量进行职业技能培训。社区矫正教育机构受设施、资金、师资等条件限制，与社会专业培训机构有较大差距，制约了职业技能培训教育的发展。应当借助社会资源来弥补这方面的不足。比如，山东省日照市岚山区司法局和岚山区劳动局技校达成了合作协议，由劳动局技校负责社区矫正对象的职业培训工作。

其六，社区服务教育。社区服务包括社区或其他公共服务机构内的公益性工作，以及其他不以取得劳动报酬为目的的社会、公众服务工作。除不具备劳动能力的矫正对象外，其他矫正对象必须参与社区服务，以激发矫正对象的社会责任感，实现自我价值，修复社会关系。社区服务的组织和考核机关是县级司法行政机关、司法所，具体内容应当结合社区需要和矫正对象的实际情况由社区矫正工作人员规定，也可以由矫正对象提交申请。应当尽量选择有教育意义的劳动，如在敬老院、福利院、公园、医院做义工等；同时也要与时俱进，努力创新社区服务形式。比如，江苏省南京市建邺区开展社区矫正对象"自助式社区服务"，由矫正对象（目前仅针对犯罪情节轻微者，如酒驾）直接对接社区，不经过司法局。由居委会提供"服务清单"，让矫正对象自己进入社区劳动。在门口放置刷卡机，用刷卡的方式记录劳动次数和劳动时间，增强矫正对象社会服务意识和社会责任感，减少强制感带来的消极抵触情绪。

3. 解矫教育

解矫教育是对处于即将结束矫正生活的社区矫正对象进行的一项总结性、补课性教育，也是进一步教育他们如何适应社会的专门教育。它是社区矫正教育的最后一道程序，是全面检查矫正质量的验收环节，是针对即将结束矫正的社区矫正对象如何正确适应社会生活、防止重新违法犯罪而进行的强化措施。综合各省的社区矫正教育制度，大多数都对解矫教育的程序和内容作了规定。例如，《江苏省社区矫正教育工作（试行）》规定："司法所应当对在2个月以内矫正期满的矫正对象分批集中进行解矫教育"；"解矫教育内容应当包括形势、政策、前途、遵纪守法教育，对暂予监外执行期满，即将收监执行的矫正对象，重点进行以认罪服法为主的思想教育"；"司法所应当在矫正对象矫正期满前1个月，指导矫正对象进行自我总结，填写《社区矫正期满鉴定表》"；"司法所应当根据矫正对象在矫正期间的考核情况、奖惩情况、心理测验情况，对其矫正效果进行综合评估。评估结果填入《社区矫正期满鉴定表》"；"司法所应当对矫正对象解矫后的情况进行了解，评估社区矫正教育工作的质量和效果，总结推广社区矫正教育工作经验，不断提高社区矫正教育工作质量"。

对于解除社区矫正、顺利回归社会的人而言，解矫教育的内容可分为3个方面：总结教育、思想教育和社会生活指导教育。第一，总结教育。总结教育即对社区矫正生活的总结，以巩固社区矫正的教育成果，使得矫正对象能够明确未来的人生方向，不再重蹈犯罪的覆辙。在总结教育中，社区矫正工作人员要善于引导矫正对象发现自己的优点和不足，通过引导他们发现自身前后的变化、对比自己与表现优秀的矫正对象之间的差距激发矫正对象的自信心和自尊心，使其产生继续进步的动力。第二，思想教育。思想教育是针对社区矫正对象在入矫教育、常规教育中存在的问题进行专门的再指导与再教育。思想教育包括思想政治教育和法律法规教育。前者侧重于教导社区矫正对象树立正确的世界观、人生观与价值观，告诫其不能有违法乱纪、不劳而获的思想。后者是要强化矫正对象的规范意识，使其了解基本法律常识。特别是对于因暂予监外执行以后收监执行、缓刑或者假释被撤销收监执行、因为重新犯罪或者漏罪而被重新收监的矫正对象，法制教育更要加强。第三，社会生活指导教育。一方面要积极鼓励社区矫正对象努力就业，以辛勤劳动获得劳动报酬，鼓励他们对于生活充满信心，培养抗打击和抗挫折的能力，不能一有困难就一蹶不振；另一方面也要告知其救济途径，避免矫正对象在走投无路的情况下重新犯罪。

三、社区矫正教育存在的问题及解决路径

1. 存在的问题

（1）社区矫正工作人员权威性不足

严格来讲，这并不是教育工作本身的问题，而是与社区矫正工作人员缺少特定身份，不能对矫正对象形成威慑而导致的教育效果缺失有关。从当下司法实践看，尽管《社区矫正实施办法》明确规定了社区矫正期间矫正对象如发生违反规定将面临警告、治安处

第八章 教育制度

罚、撤销缓刑、撤销假释、收监执行等处罚,并明确列举了6种应当予以警告的情形、5种应当撤销缓刑和假释的情形及8种暂予监外执行罪犯收监执行的情形,①但现实中,矫正对象的部分行为难以得到有效的规范和惩罚。例如,矫正对象拒不参加公益劳动、拒不参加矫正活动等,对这些情况由于矫正机关缺乏强制执法权力,矫正工作人员基本上没有强制措施处理,只能靠单一的思想教育劝说,劝说能起到的作用又极其有限。由此导致的结果是,很多社区矫正对象都把社区矫正看作是避免在监狱服刑的"权宜之计",减损社区矫正教育的效益。

(2)与社会力量的合作不足

根据实际调研发现,社区矫正机关与社会力量缺乏合作,直接导致资金和人员缺乏,影响教育效果。目前教育工作的形式较为单一,多为社区矫正工作人员以集体授课的方式进行。这种形式并不能消除工作人员与矫正对象的心理隔阂,没有真正"走进"矫正对象的心里,因此成效相当有限。但社区矫正工作人员在这方面可谓"心有余而力不足",如果采取其他方式,就要支付额外的成本,对于一些经济欠发达的地区来说并不现实。

(3)社区矫正工作人员数量和素质有待提高

首先,从事社区矫正的专业人员缺乏。对矫正对象的心理矫治是社区矫正教育工作的重要组成部分,这部分往往要交由专业的心理咨询师来进行,当前我国社区矫正心理矫治工作主要是通过政府购买社会专业心理服务来提供,这样的操作不容易培养社区矫正自己的矫正人员队伍,依赖性太强;同时资金花费较大,取得的效果不够明显。其次,社工人员短缺、素质有待提高。目前专职社工与矫正对象的比例在1:20或者1:30之间,根本达不到1:15的较高标准,随着矫正对象的增加,人员短缺的问题恐怕会更加突出;另外,有些地方的社工由于缺乏专业学历和工作经验,往往不能有效

---

① 《社区矫正实施办法》第23、25、26条的规定。

从事矫正工作。[①] 最后，专业的社区志愿者队伍建设长期落后，阻碍了社区矫正的开展。

（4）与社区的联系不紧密

社区矫正虽然是一个刑事执行过程，具有对犯罪人的惩罚性，但是社区矫正又与其他强调监管的刑罚执行活动不同，它更多的是想要帮助矫正对象建立与社会的正常联系，促使他们能够正常地回归社会。但是，社区居民大多对社区矫正持不赞同态度，认为矫正对象对他们的安全有潜在的威胁，甚至还有人说他们是"害群之马"，对他们唯恐避之不及。矫正对象自己也会因为自己是犯罪人员而远离社区居民，害怕他们用异样的眼光来看待自己，被社区居民所排斥。因此社区矫正对象与所在社区的联系并不紧密，并没有真正地融入社区。

2. 解决路径

（1）强化社区矫正执法工作者的权威

对因社区矫正执法工作者权威不高导致教育工作难以顺利开展的问题，一种解决方案是向社区派出人民警察，协助社区矫正执法工作者工作，对矫正对象形成有效的威慑；另一种解决方案是加强社区矫正工作者的权威，具体包括赋予社区矫正执法工作者要求警察配合工作的权力，在入矫教育时明确向矫正对象宣示社区矫正执法工作者的权能，为执法工作者配备专门的制服、徽章，以显示其特殊身份，以便与其他社区矫正参与者区分等。这两种方案都可以提高执法工作者的权威，推进教育工作的开展，而无须将社区矫正执法工作者警察化。之所以不将社区矫正执法工作者警察化的原因是：其一，不符合社区矫正的国际通行做法；其二，易于造成警察国家的不良形象；其三，社区矫正执法工作者警察化的诉求完全可以通过合理配置社区矫正机构与公安机关的职权加以满足；其四，即便设置了矫正警察，也不能真正解决社区矫正中存在的现实问

[①] 谭钊：《社会工作者参与社区矫正的问题研究》，载《现代经济信息》2018年第2期，第34—35页。

题。由于矫正警察的数量有限，难以形成足够的警力，在全国警务信息联网、追逃等方面也离不开公安机关的配合。特别是，对于缓刑犯和假释犯的社区矫正，如果不要求人民警察参加矫正小组，仅要求其发挥保障作用，那么矫正警察的设置显得更无必要。

（2）加强与社会组织的合作

《关于开展社区矫正试点工作的通知》指出，"要充分发挥基层群众自治组织、社会团体和社会志愿者的作用"，从目前的社区矫正工作开展的情况看，除了上海等少数省市有专门的社会团体机构参与外，其他地方的社会力量所发挥的作用都微乎其微。因此，一方面，要改变教育形式单一的局面，就必须有充足的资金。目前社会对于社区矫正的认识还很不足，这种认识欠缺自然会导致社会方面的捐助不足。随着社会财富越来越多，社区矫正工作不能只依靠国家财政拨款，还要借助社会捐助来解决资金短缺的问题。因此要加大对于社区矫正的社会宣传，以吸引社会资金和专业人才的流入。另一方面，社区矫正部门要与居委会等社区自治组织相互配合，充分利用社区自治组织具有的志愿性、非营利性和自治性等特点来填补政府机构与个人需求之间的空白，为社区矫正对象提供个性化的帮助与教育，使其能够更好地融入社区。

（3）加强专业人才培养

从社区矫正教育工作的现实需要和发展趋势来看，人员配置需要做好三方面的工作。首先，专业的心理矫治工作者不可或缺。当前我国的心理学学科建设已取得巨大发展，但针对性的社区矫正心理矫治专业教育培养工作还在探索阶段，能够担负起专业心理矫治工作的人员十分稀缺。出现这一点的原因主要是我国社区矫正才刚刚起步，关于社区矫正对象的心理状况需要理论上的支持，但现有的研究资料获取途径少，有关矫正对象的心理跟踪体系在社区矫正中并没有建立起来，缺乏大量的第一手资料。因此要加强关于社区矫正对象的心理跟踪体系建设，培养专门从事社区矫正心理矫治的专业人才。其次，增加社工人数，提高社工素质。根据矫正对象的人数和实际情况确定适宜的社工人数，同时增加社工待遇，以吸引更多的人加入社工队伍。设置明确的入职门槛，要求社工具有法学、心理学、教育学相关背景，或者具有从事社区矫正工作的丰富经验，定期对于社工进行培训、考核。最后，扩大社区矫正志愿者队伍。社区矫正是一项复杂的社会系统工程，既需要专业的矫正力量，也需要社会志愿者参与其中。志愿者能够有效缓解社区矫正人员不足的困境，并且，相对于社区矫正执法人员，他们更容易与矫正对象建立起信任关系，同时他们乐于助人、勤于奉献的精神对于矫正对象可以起到感化激励作用，因此要建立完善的招募、培训、考核评价机制，① 以制度来保障更多优秀志愿者加入到社区矫正的队伍中来，在确保志愿者人身安全的情况下充分发挥志愿者作用，使其成为推动社区矫正进步的重要力量。

（4）培养社区文化，加强社区融入

社区融入包括心理融入和生活融入。心理融入包括对矫正身份和角色的认识、接受新的生活方式、重新建构对社区的依赖感、归属感和责任感；生活融入则包括调适社会沟通与互动交流，提高参与社会活动和事物的积极性。② 通过对社区矫正对象心理的调查研究发现，不少矫正对象担心自己不为社区居民所接纳而出现产生自卑心理、社会参与度低的状况，这是在心理上无法融入社区的表现。而生活融入障碍则是心理融入障碍的外化，表现在不愿与人交流，不愿与陌生人接触等情况。社区融入障碍会直接影响到矫正对象的复归。因此，首先，应大力培育宽容的社区文化，提供宽松的社区环境，使矫正对象更好地塑造完整人格、改正不良品行，更易于融入社区。其次，从社区骨干入手，改变他们对于社区矫正对象的印象，然后通过社区影响力逐渐使社区居民接纳矫正对象。最

---

① 李苑：《大学生社区矫正志愿者队伍建设》，载《教书育人（高教论坛）》2018年第4期。

② 魏迪：《"社群活动训练营"：矫正对象社区融入障碍的社会工作介入》，长春工业大学2017年硕士论文，第3页。

后，加强社区居民与矫正对象的双向互动，通过组织文艺汇演、散发宣传材料、制作法制宣传栏等活动加强双方的沟通联系与交流，一方面提高社会各界和居民对社区矫正工作的认知度，使更多的社区居民了解社区矫正的真正含义；另一方面为矫正对象提供融入社区生活的机会，实现社会复归。

第九章　帮扶制度

　　帮困扶助是社区矫正机构为解决矫正对象面临的生活、就业、医疗、法律、心理等方面存在的困难和问题而采取的必要措施。帮扶制度与教育制度一样，都是为了让社区矫正对象更好地复归社会的制度。所谓"最好的社会政策就是最好的刑事政策"，通过对于社区矫正对象的帮扶，解决他们在生活中的实际困难，可以更好地遏制和消除再犯，促使其回归正常的社会生活。目前中央和各省普遍将社区矫正帮扶制度纳入了社区矫正的制度性文件当中，比如《社区矫正法（征求意见稿）》第28—35条从社区矫正机构、矫正小组、村委会居委会、矫正对象的家庭成员或监护人、国家等多重主体角度对于帮扶制度的具体开展进行了细致的规定。在《珠海经济特区社区矫正工作办法》中，社会适应性帮扶被作为专章予以规定。其他地方司法文件如《辽宁省社区矫正工作实施办法（试行）》《湖南省社区矫正实施细则》《广西壮族自治区社区矫正实施细则》《四川省社区矫正实施细则》也都包含了社区矫正帮扶工作的责任主体、帮扶措施等内容。学者们也对帮扶在未来《社区矫正法》中的制度性安排进行了建议。通过对上述规范性文件的梳理，我们可以确定社区矫正帮扶制度的原则和内容。如果将社区矫正帮扶工作的有关理论与实际工作相结合，我们也可以发现还有不少问题亟待解决，这些都是未来社区矫正立法应当考虑的具体内容。以下即以社区矫正帮扶的原则、内容、问题及解决路径分别论之。

一、帮扶的原则

1. 政府主导、社会协同与公众参与相结合

社区矫正的帮扶是一项系统工程,单靠政府、社会或者民间力量的任何一个主体都无法独立完成。只有在政府主导下,发挥社会和民间组织的力量,才能取得更好的效果。因此,要拒绝政府唱"独角戏"、社会和民间力量只在形式上参与的现象,切实地让三类主体发挥实际作用。实际上,政府、国家与社会在帮扶工作中发挥的作用并不相同,互相之间也无法替代。在对于矫正对象的帮扶中,政府的力量虽然不可或缺,但不能将其当作唯一的"救命稻草",否则给国家财政和人员带来的压力可想而知。另外,随着社会力量和民间组织的蓬勃发展,它们有能力,也有实力参与到社区矫正的帮扶工作之中。故而政府、社会、公众"一个都不能少",应该"多管齐下",共同使得帮扶的效果最大化。

2. 以解决矫正对象的必要需求为限度

帮扶解决的是矫正对象在生活、就业、医疗等各方面存在现实的困难,目的是为了解决矫正对象的生存问题。[1] 客观地看,对矫正对象的帮助是有限的,应以解决其生活必须为前提。如果要求更多,政府社会和公众三方主体恐怕会不堪重负。因此,在保障其生活必需的情况下,应当鼓励社区矫正对象自力更生,通过自己的努力改变困境。

3. 平等待遇原则

平等待遇原则是很多社区矫正规范性文件中都强调的一个原则,即对于符合条件的社区矫正对象,在申请最低生活保障、临时生活救助或者宅基地、土地时,应当与普通公民一视同仁,不能因为其为社区矫正对象就歧视或者差别待遇。要求平等待遇是矫正对象的权利,平等待遇的落实可以使得矫正对象感受到社会的善意和

---

[1] 赵秉志:《社区矫正法(专家建议稿)》,北京:中国法制出版社2013年版,第74页。

公平，更有利于其社会复归。

二、帮扶的内容

梳理目前关于帮扶的规范性文件可以发现，帮扶的内容涵盖生活的方方面面。具体而言包括：

1. 生活救助

生活救助包括（1）临时生活救助，"对于生活遇到暂时困难、确实需要救助的矫正对象，社区矫正机构应当协调民政等部门或者单位依法给予临时生活救助。社区矫正机构应当结合当地情况，协调民政等部门或者单位建立矫正对象救助机构，为有需要的矫正对象提供过渡性安置帮助"；①（2）提供临时住所，"对有特殊困难的社区服刑人员，社区矫正机构可以根据需要，安排其在社区矫正场所临时居住"；②（3）最低生活保障，"社区服刑人员丧失劳动能力又无法定赡养人、扶养人和基本生活来源的，由当地人民政府予以救济"，"司法行政机关应当协调有关部门和单位，为社区服刑人员提供职业技能培训和就业指导，为符合条件的社区服刑人员提供最低生活保障"③，"社区矫正对象符合最低生活保障条件或者临时生活救助条件的，按照规定纳入最低生活保障范围或者给予临时生活救助"。④

2. 社会保险

"社区矫正对象按照规定参加社会保险，享受社会保险待遇。"⑤ 社会保险是社会保障的重要组成部分，保障矫正对象参保的权利免除了社区矫正对象的后顾之忧，尤其是养老保险，作为国

---

① 赵秉志：《社区矫正法（专家建议稿）》，第 0702 条。
② 司法部：《社区矫正法（征求意见稿）》，第 49 条。
③ 本课题组：《社区矫正法（专家建议稿）》，第 72、74 条。
④ 同上，第 34 条第 1 款。
⑤ 同上，第 34 条第 3 款。

家和社会为解决劳动者达到法定年龄,或因年老丧失劳动能力退出劳动岗位后的基本生活而建立的一种社会保险制度,养老保险是社会保障制度的重要组成部分,是社会保险五大险种中最重要的险种之一。养老保险的目的是为保障老年人的基本生活需求,为其提供稳定可靠的生活来源。

3. 医疗救助

(1)医疗保障,"社区矫正机构应当协调人力资源和社会保障部门为符合条件的社区服刑人员依法办理医疗保险。参加医疗保险的社区服刑人员缴纳医疗保险费确有困难的,经本人申请可以由社区矫正机构协调民政、人力资源和社会保障部门酌情解决"①;(2)治疗服务,"对于存在严重酒精依赖、精神障碍、吸毒等问题的社区服刑人员,社区矫正机构可以根据治疗的需要,协调医疗机构、戒毒机构等单位,为其治疗提供帮助"。②

4. 心理帮助

(1)心理咨询,"社区矫正机构应当根据需要,组织对社区服刑人员进行心理健康教育,采取必要的心理咨询、行为训练等措施,矫正其犯罪心理和恶习"③,"社区矫正机构应当根据开展社区矫正工作的需要聘请专业人员,为社区服刑人员提供必要的专业心理咨询服务"④,"司法行政部门应当聘请和组织社会专业人员,对社区服刑人员提供心理咨询服务,进行心理疏导,开展心理健康教育等"⑤。(2)心理干预,"社区服刑人员出现严重心理危机的,前款规定的专业人员应当及时介入,给予必要的心理干预",⑥"社区矫正机构应当根据实际需要,对社区矫正对象开展

---

① 赵秉志:《社区矫正法(专家建议稿)》,第0704条。
② 同上,第0705条。
③ 司法部:《社区矫正法(征求意见稿)》,第56条。
④ 赵秉志:《社区矫正法(专家建议稿)》,第0706条第1款。
⑤ 刘强:《社区矫正法(专家建议稿)》,第75条。
⑥ 赵秉志:《社区矫正法(专家建议稿)》,第0706条第2款。

心理健康教育，实施心理矫治"①。

5. 就业帮助

（1）司法行政部门的帮助，"社区矫正机构应当根据社区服刑人员的需要，协调人力资源和社会保障等部门或者单位开展职业技能培训和就业指导，为其就业提供帮助。在有条件的地方，社区矫正机构应当协调民政等部门或者有关单位建立社区服刑人员就业基地，或者为社区服刑人员的创业提供必要的资金支持"②，"司法行政机关应当协调有关部门和单位，为社区服刑人员提供职业技能培训和就业指导"③。（2）人民政府的帮助，"人力资源和社会保障部门应当依托公共就业服务机构、就业培训机构和基层人力资源社会保障公共服务平台，加强对社区矫正对象的职业技能培训与就业指导，提供就业信息，拓宽就业渠道，鼓励和扶持社区矫正对象自谋职业、自主创业"④，"县级人民政府有关部门应当按照国家规定，对社区服刑人员落实最低生活保障、临时性救助、社会保险、就业、就学等方面的相关政策"。⑤（3）国家和社会帮助，"国家鼓励企业吸纳社区矫正对象就业。用人单位和公益性岗位招用符合就业困难人员条件的社区矫正对象，按照实际招用的人数，对单位缴费部分按照规定给予社会保险补贴。社区矫正对象符合就业困难人员条件，从事个体经营或者灵活就业后申报就业并缴纳社会保险费的，按照规定享受社会保险补贴"，⑥"国家鼓励社会团体、企业事业单位、其他组织和个人对社区服刑人员开展公益性帮扶活动。对帮助社区服刑人员就业的企业事业单位，按照国家有关

---

① 本课题组：《社区矫正法（专家建议稿）》，第33条。
② 赵秉志：《社区矫正法（专家建议稿）》，第0708条。
③ 刘强：《社区矫正法（专家建议稿）》，第74条。
④ 本课题组：《社区矫正法（专家建议稿）》，第35条。
⑤ 司法部：《社区矫正法（征求意见稿）》，第60条。
⑥ 本课题组：《社区矫正法（专家建议稿）》，第36条。

规定给予税收等优惠。"①

6. 就学帮助

"对于处在学龄期并且未完成义务教育的社区服刑人员，社区矫正机构应当协调有关单位，督促社区服刑人员的监护人，帮助其继续接受义务教育。对于超过学龄期或者已经完成义务教育但是仍有接受教育意愿的社区服刑人员，社区矫正机构可以协调有关部门或者单位，帮助其接受教育。教育行政部门和有关学校应当帮助符合条件的社区服刑人员接受教育。"②

三、帮扶存在的问题及解决路径探索

1. 帮扶的问题

（1）经济困难问题

经济困难是许多社区矫正对象面临的最基本问题，经济困难将直接使他们陷入生存困境，极有可能选择再度犯罪。马斯洛的需求层次理论指出，个人最基础、最低层次的需求是生存的需求，只有在满足生存需求之后，才能谈及其他层次的需求，如安全需求、爱的需求、尊重与自我实现的需求。目前很多社区矫正对象面临经济困难，比如基本生活无保障，出狱后无地方居住，无钱看病，无力承担对子女、对家庭的责任等。就矫正对象遇到的经济困难与犯罪的关系来看，矫正对象的一些经济困难问题源于其犯罪经历。他们在监狱参加劳动的报酬很少，出狱后又不能及时找到工作，这就不可避免地会遇到经济困难。有些被判缓刑的矫正对象，由于履行对被害人的高额赔偿，也会陷入经济困难。另一些经济困难问题则与犯罪经历无关，可能是矫正对象缺乏谋生能力，犯罪前就已经经济困顿；也可能因为生活变故而陷入经济困顿，如自己或家人的重大疾病、突发灾害事件等。

---

① 司法部：《社区矫正法（征求意见稿）》，第61条。
② 赵秉志：《社区矫正法（专家建议稿）》，第0707条。

（2）群众对于帮扶工作缺乏理解

如前所述，社区矫正的帮扶工作离不开社会团体和普通公民的积极参与。实践中普遍出现的问题是矫正对象融入社区比较困难，群众对于社区矫正工作并不理解。例如，社区矫正工作者利用自身社会资源协调民政部门帮助社区矫正对象办理低保、为无处居住者提供免费住处、劳动部门为社区矫正对象提供工作机会时，部分普通公众会产生质疑和反对，他们认为社区矫正对象是触犯了法律的罪犯，是对社会造成危害的人，政府和民间组织不应该对他们积极帮扶。另外，社区居民对矫正对象防备心比较强，认为其仍然具有人身危险性，唯恐避之不及，不愿意主动与矫正对象接触，使得矫正对象有可能在社区中被孤立。

（3）再就业比较困难

造成社区矫正对象就业困难的因素有很多，有来自矫正对象自身的原因，也有社会的原因。矫正对象自身的原因是犯罪或者服刑使矫正对象的心理发生变化，无法适应社会，不愿意与陌生人接触，进而给其再就业造成困难。社会原因是目前大部分用人单位招聘职员都需要开具《无犯罪记录证明》，矫正对象或是因为无法开具而不能被录用，或者因为隐瞒实情被用人单位发现以后辞退。犯罪记录实际上成了他们重返社会的障碍。另外，劳务市场的激烈竞争加剧了矫正对象再就业的困难性。目前很多职业和岗位是"僧多粥少"，求职者之间的激烈竞争使得没有犯罪记录的人都不一定能够被录用，遑论是有"污点"的矫正对象了。从企业的角度来讲，在有大量的没有犯罪记录的人等待被录用的情况下，要求其录用矫正对象在客观上并不现实。

（4）心理矫正存在困难

导致矫正对象出现心理问题的因素很多，比如对之前的犯罪存在悔恨导致的自我人格减损、犯罪被发现后心有不甘、对法院判决不服进而抗拒矫正、周围或家人的冷漠态度使其心灰意冷等。这些心理问题若不及时疏导，很有可能影响到矫正对象的人格健康，最终使其再次走上犯罪之路。但问题是有些矫正对象对于专业人员的心理咨询和心理治疗非常抗拒,一方面,他们不愿意向社区矫正工作人员和心理医生吐露内心的真实想法;但另一方面,他们又害怕不说会被认为是"抗拒"矫正,因此内心十分纠结和矛盾;[1] 还有的矫正对象认为自己的心理根本没有问题,不需要心理医生的介入和干预。除此之外,矫正对象对于心理治疗的接受度低也是心理矫正难以推进的原因之一,心理疾病并不像身体疾病那样明显,因而极易被忽视;接受心理治疗的人有时会被认为是"精神病""不正常的人",这种污名化倾向更增加了心理矫正推进的难度。

2. 解决路径探索

(1) 政府、社会、公民"三管齐下",共同改善矫正对象的经济状况

社区矫正对象的经济困难存在多方面原因,因此解决也需要多方面对策。在政府层面,首先,"徒法不足以自行",目前各地关于社区矫正的规范性文件和专家建议稿对于改善矫正对象的生活救助已经作了完备具体的规定,因此各矫正机关需要努力将上述规定和政策贯彻落实,不要让国家和政府的承诺成为"空头支票"。其次,要调整社会救助制度,理顺救助制度与就业制度之间的关系。社区矫正对象中的困难群体往往因生活窘迫犯罪,后又因为罪犯身份难以获得工作谋生,低保这一社会救助金是他们最重要的生活来源。如果他们就业,其低保就要被取消,但是领低保的收益可能还要高于重新就业的收益。因此,政府改革现行社会救助制度,让一些从事低端行业且收入水平接近最低工资的社区矫正对象依然能够全额或部分领取低保实有必要。最后,调整养老保险制度,出台科学的养老保险方案。目前达到退休年龄的社区矫正对象在接受矫正期间并不能即时办理退休手续,而是要推迟到社区矫正结束以后才能办理,也就是说在达到退休年龄直至社区矫正结束后矫正对象无

---

[1] 林婷婷:《我国社区矫正中的心理矫治工作探讨》,江苏大学2010年硕士论文,第25页。

法领取退休金。这部分矫正对象年龄往往偏大,劳动能力也已经大不如前,又没有收入可以继续生活,这种制度安排对其来说是非常不公平的,不利于其开始新的生活。

在社会和个人层面,要在制度安排上鼓励有条件的企业和个人给予捐赠。单位和个人的公益性捐赠支出符合条件的,按照规定享受有关税收优惠。鼓励企业事业单位、社会组织建立社区矫正教育培训和公益劳动基地。

(2)建立社区群众与矫正对象的双向沟通机制

一方面,要通过宣传、召开社区会议等多种形式改变社区群众对于矫正对象的印象,使其对于刑事政策、矫正对象的实际情况、帮扶救助工作的实际意义有所了解。群众之所以对于帮扶工作有意见,根本上还是对于社区矫正缺乏正确了解和认识。如果通过摆事实、讲道理,让人民群众了解有些人走上犯罪道路确实具有客观原因,有些矫正对象的生活确实难以为继,帮助矫正对象重新迈向新生活,不仅对矫正对象本身有利,也有利于社区和整个社会的健康发展。基于人性中的同理心、同情心和利益衡量,大部分群众都会对社区矫正有正确认识,并且会支持帮扶制度。另外,要发挥社区小组和居委会的带头作用,使之成为沟通社区居民和矫正机关、矫正对象的桥梁,循序渐进地获得群众的理解和支持。另一方面,要鼓励矫正对象从自我做起,积极与社区居民接触,努力进行公益劳动,并选拔先进典型,发挥对其他矫正对象的正向激励作用。

(3)对促进矫正对象就业实行制度激励

首先,对于矫正对象自身的问题导致的就业困难,要积极对其进行心理咨询和矫治,培养乐观积极的生活态度,鼓励其勇于面对挫折和困难。对于企业不愿意雇佣矫正对象的情况,要在制度上对其进行激励,比如可以给予其税收减免和优惠,或者借鉴美国经验,在雇主尽到背景检查义务以后可以免除其雇主责任等。①另外,可以在进行详细调研论证的基础上,设置犯罪记录取消的条件。符合这些条件的矫正对象即可对于其犯罪记录予以撤销,以促进其就业。

(4)开展"个性化"心理教育

研究表明,矫正对象的心理状态大致有9种,分别为混度心理、傲慢心理、委屈心理、侥幸心理、绝望心理、对抗心理、茫然心理、戒备心理、后悔心理。②对上述心理的准确把握是科学施矫的前提。这不仅需要专业的矫正人员,而且需要"个性化"的矫正方案。"因材施矫""因人施矫"是以人为本、推进形式执行个别化的体现,对于帮助矫正对象树立正确的世界观、人生观和价值观,走向正确的人生道路具有重要作用。

开展"个性化"的心理教育,一方面,需要政府加大资金投入,对心理矫正人员进行培训考核、不断提高其业务能力和水平;同时提高其薪资待遇,免除其后顾之忧。另一方面,心理矫正人员需要制定科学的矫正方案,坚持循序渐进的原则,为患有心理疾病的对象设置具体的、具有可操作性和可接受性的治疗措施。坚持科学施矫、依法施矫、情感施矫,③鼓励、帮助社区矫正对象依靠自己的力量走出心理误区,积极接受矫正,为社会复归打下坚实基础。

社区矫正帮扶与监管、教育一起,构成了我国社区矫正的三大任务。相对于监狱矫正,帮扶作为社区矫正的工作任务体现了国家帮助矫正对象顺利复归,尽量消除再犯的目的。犯罪的产生固然是行为人自由选择的结果,但在另一层面也是社会矛盾积聚的产物。

---

① 施余兵:《论美国刑满释放人员就业安置中的雇主过失雇佣制度》,载《中国司法》2009年第2期,转引自李光勇:《社区矫正人员帮扶现状、困境与对策调查研究》,载《中国刑事法杂志》2013年第4期,第86页。

② 王红星:《剖析"反矫正"心理态势,推进"个性化"心理矫正》,载《犯罪研究》2010年第2期。

③ 同上。

党的十九大指出，中国社会的主要矛盾已经转变为"人民日益增长的美好生活需要和不平衡不充分的发展之间的矛盾"，社会转型内在结构的变迁，意味着人们的生活方式、生产方式、心理结构、价值观念等各方面正在发生全面而深刻的变革。在转型时期的重重矛盾积聚之下，犯罪的发生可谓是"偶然中的必然"，故而从行为人自身和社会两个层面出发是减少犯罪的科学举措。社区矫正中的帮扶制度为社区矫正对象提供了通过辛勤劳动和国家政策支持来维持、改善生活的机会，使其不用再冒犯罪的风险，是一种"治标兼治本"的犯罪治理对策。所以在未来需要进一步加强对于社区矫正的宣传力度，以吸引更多社会资金和人才流入，以消除犯罪诱因、防患于未然。

第十章　解矫与终止制度

解矫与终止制度，是指社区矫正对象因矫正期限届满或因其他法定情形而结束矫正的制度。其中，解矫制度涉及的是，因社区矫正对象矫正期满，社区矫正执行机构不再对社区矫正对象进行矫正工作。终止制度涉及的是，因出现社区矫正对象死亡、社区矫正对象被决定收监执行、社区矫正对象被判处监禁刑罚的情形，社区矫正执行机构终止对社区矫正对象的矫正工作。在很多研究者眼中，解矫与终止制度也往往被统称为"社区矫正的解除"或"解除矫正"，其中，前者为期满解除，后者为自动解除。例如，有学者认为，矫正解除制度是指由于矫正对象的社区矫正期限届满，或者由于法定事由产生而社区矫正归于中止、终止或消灭的制度。[1] 本书认为，尽管解矫制度与终止制度最终都是解决矫正工作结束时的制度运作，但从内容上而言，解矫制度明显比终止制度更为丰富，对此需要进行区别考察。此外，有关社区矫正的档案管理制度需要在此一并加以讨论。

一、解矫制度

1. 规范性法律文件中的规定
（1）国家层面的规定

---

[1] 连春亮，张峰主编：《社区矫正概论》，北京：法律出版社2006年版，第128—129页。

①《社区矫正实施办法》第 29 条规定："社区矫正期满前，社区矫正人员应当作出个人总结，司法所应当根据其在接受社区矫正期间的表现、考核结果、社区意见等情况作出书面鉴定，并对其安置帮教提出建议。"第 30 条规定："社区矫正人员矫正期满，司法所应当组织解除社区矫正宣告。宣告由司法所工作人员主持，按照规定程序公开进行。司法所应当针对社区矫正人员不同情况，通知有关部门、村（居）民委员会、群众代表、社区矫正人员所在单位、社区矫正人员的家庭成员或者监护人、保证人参加宣告。宣告事项应当包括：宣读对社区矫正人员的鉴定意见；宣布社区矫正期限届满，依法解除社区矫正；对判处管制的，宣布执行期满，解除管制；对宣告缓刑的，宣布缓刑考验期满，原判刑罚不再执行；对裁定假释的，宣布考验期满，原判刑罚执行完毕。县级司法行政机关应当向社区矫正人员发放解除社区矫正证明书，并书面通知决定机关，同时抄送县级人民检察院和公安机关。暂予监外执行的社区矫正人员刑期届满的，由监狱、看守所依法为其办理刑满释放手续。"

②《司法行政机关社区矫正工作暂行办法》第 35 条规定："社区服刑人员被判处管制、单处或者并处剥夺政治权利的，其矫正期限为所处管制、剥夺政治权利的实际期限；被宣告缓刑、裁定假释的，其矫正期为缓刑考验期或者假释考验期；暂予监外执行的，其矫正期为在监外实际执行的期限。"

（2）地方层面的规定

①《四川省社区矫正实施细则》第 150 条规定："社区服刑人员应当在矫正期满 30 日前作出书面总结，司法所应当在社区服刑人员矫正期满 15 日前根据其在社区矫正期间的表现、考核结果、社区意见等情况作出书面鉴定，并对其安置帮教提出建议。"第 148 条规定："社区服刑人员矫正期满，司法所应当组织解除社区矫正宣告。《解除社区矫正证明书》应当由县级社区矫正机构签发。"第 149 条规定："解除社区矫正宣告在司法所进行，由司法所工作人

员主持,除未成年社区服刑人员外,按照以下程序公开进行:(一)宣布宣告纪律;(二)宣读对社区服刑人员的鉴定意见;(三)宣布社区矫正期限届满,依法解除社区矫正:对判处管制的,宣布执行期满,解除管制;对宣告缓刑的,宣布缓刑考验期满,原判刑罚不再执行;对裁定假释的,宣布考验期满,原判刑罚执行完毕;(四)发放《解除社区矫正证明书》;(五)告知安置帮教有关规定。司法所应当针对社区服刑人员不同情况,通知有关部门、村(居)民委员会、群众代表、社区服刑人员所在单位、社区服刑人员的家庭成员或者监护人、保证人参加宣告。禁止令先于社区矫正执行期满的,司法所应当单独组织禁止令执行期满宣告。"第150条规定:"社区服刑人员解除社区矫正的,县级社区矫正机构应当在社区矫正期满之日起三个工作日内,书面通知决定机关,同时抄送县级人民检察院和公安机关。监狱管理机关、公安机关决定暂予监外执行的社区服刑人员刑期届满的,由监狱、看守所依法为其办理刑满释放手续。"

②《浙江省社区矫正实施细则(试行)》第44条规定:"社区矫正期满前一个月,社区矫正人员应当作出个人总结。司法所应当及时组织司法所工作人员、矫正小组成员及其他相关人员对社区矫正人员进行矫正期满合议,根据其在接受社区矫正期间的表现、考核结果、社区意见和合议情况作出书面鉴定,并对其安置帮教提出建议。司法所应当及时将社区矫正期满鉴定书面意见、安置帮教建议和期满合议情况记录等相关材料报县级司法行政机关审核审批,由县级司法行政机关签发解除社区矫正证明书。社区矫正人员期满宣告后,县级司法行政机关应当及时将解除社区矫正通知书抄送决定机关、县级人民检察院和公安机关。"第45条规定:"社区矫正人员矫正期满,司法所应当组织解除社区矫正宣告。宣告由司法所工作人员主持,公开进行。解除社区矫正宣告的内容和程序为:(一)宣布参加宣告的相关单位和人员。(二)社区矫正人员陈述社区矫正执行期间遵守法律法规和社区矫正监督管理规定以及

思想、学习、工作、生活等情况。(三)司法所工作人员、矫正小组成员等介绍对社区矫正人员的监督管理、教育矫正和日常帮教等情况。(四)宣读对社区矫正人员的鉴定意见;宣布社区矫正期限届满,依法解除社区矫正。其中,对判处管制的,宣布执行期满,解除管制;对宣告缓刑的,宣布缓刑考验期满,原判刑罚不再执行;对裁定假释的,宣布考验期满,原判刑罚执行完毕。(五)向社区矫正人员发放由县级司法行政机关签发的解除社区矫正证明书。宣告过程及其相关情况,司法所应当记录在案,纳入社区矫正人员个人档案(副卷)。司法所应当针对社区矫正人员不同情况,通知有关部门、村(社区)、群众代表、社区矫正人员所在单位、家庭成员或者监护人、保证人参加宣告。人民检察院驻乡镇(街道)检察室可以派员参加宣告。监狱、公安机关决定暂予监外执行的社区矫正人员刑期届满的,由监狱、看守所依法为其办理刑满释放手续。人民法院决定暂予监外执行的社区矫正人员刑期届满的,由县级司法行政机关会同决定机关参照社区矫正人员矫正期满宣告相关规定和程序办理刑满释放手续,发给由县级司法行政机关签发的解除社区矫正证明书。"第46条规定:"社区矫正人员社区矫正期满的,司法所应当告知其安置帮教有关规定,与安置帮教工作部门妥善做好交接,并转交有关材料。"

③《北京市社区矫正实施细则》第46条规定:"社区矫正人员应当在社区矫正期满前二十日,向司法所提交个人总结。司法所应当根据其在接受社区矫正期间的表现、考核结果、社区意见等情况,作出书面鉴定,并对其安置帮教提出建议。"第47条:"社区矫正人员矫正期满当日,司法所应当组织解除社区矫正宣告。宣告由司法所工作人员主持,按照宣读解除社区矫正宣告书、守法教育、本人表态等规定程序公开进行。宣告当日,司法所还应按原来通知参加对该社区矫正人员进行接收宣告的人员范围,通知他们一同参加对其解除社区矫正的宣告。解除社区矫正宣告应当包括:宣读对社区矫正人员的鉴定意见;宣布社区矫正期限届满,依法解除

社区矫正；对判处管制的，宣布执行期满，解除管制；对宣告缓刑的，宣布缓刑考验期满，原判刑罚不再执行；对裁定假释的，宣布考验期满，原判刑罚执行完毕等有关事项。宣告完毕，司法所应当向社区矫正人员发放由区县司法局签发的解除社区矫正证明书。公安机关、监狱管理机关批准暂予监外执行的社区矫正人员刑期届满的，由监狱、看守所依法为其办理刑满释放手续。"第 48 条规定："对于已解除社区矫正的人员，司法行政机关应当将其纳入安置帮教工作的范围，施以三年的继续帮教。司法所应当在社区矫正人员矫正期满当日，告知其安置帮教有关政策，社区矫正工作人员应当与安置帮教工作人员做好交接，转交有关法律文书复印件。户籍地与居住地分离的，居住地司法所还应通知户籍地司法所，户籍地司法所应当与居住地司法所签订帮教委托书，居住地司法所应当接受户籍地司法所的委托。社区矫正人员矫正期满仍需执行剥夺政治权利的，司法所应当在矫正期满当日予以告知，并书面通知其居住地公安派出所。社区矫正人员解除矫正后，司法所应当在三个工作日内书面通知公安派出所、村（居）民委员会，并向区县司法局书面报告。区县司法局应当及时书面通知区县人民检察院和公安分县局，对于暂予监外执行的，还应书面通知作出决定的人民法院或者其原服刑监所。司法所应当在社区矫正人员解除矫正后十个工作日内，将其档案进行整理并移送区县司法局。区县司法局应当将其执行档案和工作档案合并整理归档，统一进行保管。"

2. 解矫的制度分析

根据上述各规范性法律文件对解矫制度的相关规定，可以看出解矫制度中主要涉及以下内容：

（1）解矫的条件考察

根据相关规范性法律文件的规定，社区矫正对象解矫的条件仅包含时间条件，亦即"社区矫正的期限届满"。对此，《司法行政机关社区矫正工作暂行办法》已经明确：①被判处管制的社区矫正对象，其社区矫正期与法院宣判的管制期相同，执行日期从判决执行之日起计算；②被宣告缓刑的矫正对象，其社区矫正期与法院宣判的缓刑期相同，执行日期从判决执行之日起计算；③被裁定假释的社区矫正对象，其社区矫正期与法院宣判裁定假释期相同，执行日期从假释之日起计算；④暂予监外执行的社区矫正对象，其社区矫正期与法院或监狱管理机关或公安机关批准的暂予监外执行期限相同，执行日期从出监（所）之日起计算。

（2）解矫前的准备工作

在对社区矫正对象进行解矫宣告之前，尚有以下准备工作需要开展：

第一，社区矫正对象的思想考察。例如，根据《社区矫正实施办法》的规定，社区矫正期满前1个月，要求社区矫正对象到司法所书写个人总结，总结的内容包括判决情况、矫正期间的表现、奖惩情况等，司法所及时组织司法所工作人员、矫正小组成员及其他相关人员对社区矫正对象进行矫正期满合议，根据其在接受社区矫正期间的表现、考核结果、村（居）委会意见和合议情况作出书面鉴定，并对其安置帮教提出建议。同时把相关材料报区司法局审批，司法局审批同意后，填写解除社区矫正证明，社区矫正对象矫正期满前，司法行政机关工作人员应当对其进行矫正质量评估并结合其在接受社区矫正期间的表现、考核结果、社区意见等情况作出书面鉴定，对其安置帮教提出建议。矫正结果"合格"的，作为一般安置帮教对象；矫正结果"不合格"的，作为重点安置帮教对象。

第二，社区矫正对象的解矫教育。在社区矫正对象矫正期限即将届满之时，应有计划地开展"一对一"的教育引导，保证其能够顺利回归社会，融入家庭。教育的内容应当涵盖法制教育、心理辅导、生活励志等多个方面，并注重对不同的社区矫正对象采取不同的教育内容。例如，针对存在心理问题的社区矫正对象，应结合其心理评估，安排经验丰富的社会工作者或志愿者对其进行心理疏导，解除其心理负担；针对法律知识薄弱的社区矫正对象，通过案例,以案释法进行法律知识的灌输,使其懂得生活中基本的法律常识;针对生活信心不足的社区矫正对象,给他们讲述发生在身边的励志故事,使其树立起自信心,勇敢面对回归社会后的生活。总而言之,解矫教育是社区矫正对象解矫之前必须进行的关键步骤,在社区矫正工作中不容忽视,由于在"社区矫正对象的教育"部分已经有所涉及,在此不作赘述。

(3)解矫宣告仪式的举行

为保证社区矫正工作的严肃性,社区矫正对象解矫期限届满之日,应当对其进行解矫宣告。解矫宣告仪式的举行应按照规范的解矫流程,严格解矫程序。各地区对于矫正仪式宣告的流程规定虽然有所差异,但基本上均可按照下述流程进行:①人员依次入场:司法局执法人员、司法所工作人员、检察院监督人员、公安机关人员、社区矫正志愿者、社区矫正对象所在单位(学校)人员、社区矫正对象以及监护人或担保人。②司法所所长介绍参加解矫仪式的人员情况。③社区矫正专职社会工作者介绍其矫正社区矫正对象的情况。④社区矫正对象对社区矫正期间的学习、工作、生活、遵纪守法等情况进行总结。⑤社区矫正志愿者对社区矫正对象进行评价。⑥司法所对社区矫正对象的情况进行鉴定。⑦派出所民警对社区矫正对象的表现进行小结。⑧区检察院检察官对社区矫正对象提出监督意见。⑨社区矫正对象、担保人签订期满解除社区矫正宣告书及证明书等材料。⑩区司法局执法人员宣读解除矫正宣告书,并发放解除矫正证明书。⑪司法所作温馨提示,衔接帮教,无缝对接。⑫其他帮教人员温馨提示。⑬宣告仪式结束。①

(4)解矫后的后续照管工作

社区矫正对象解矫宣告的结束,并非意味着社区矫正工作画上了圆满的句号,社区矫正工作人员仍有后续照管工作要做。社区矫正的后续照管工作也是矫正工作中必不可少的环节,它对于社区矫

---

① 《社区矫正人员解矫宣告仪式流程》,社区矫正宣传网,http://www.chjzxc.com/index.php/Article/info/id/608.html,2017年12月16日登录。

正工作具有重要的功能，一是维持和巩固矫正项目实施所获得的效果；二是帮助社区矫正对象得到更合适和更有效的矫正服务；三是帮助社区矫正对象更快实现社会化；四是有利于各部门和工作人员之间的信息交流与协作。①

社区矫正对象解矫后的后续照管工作包含多个方面，主要包括：第一，解矫后的安置帮教工作。解矫人员的衔接工作是安置帮教的一项重要基础性工作，加强对解矫人员的衔接、安置和帮教，使其顺利走上新生之路，是巩固矫正成果、预防和减少重新犯罪、维护社会稳定的重要环节。社区矫正对象解矫后，及时纳入安置帮教范围，建立由社区矫正机构工作人员、司法干警、社区干部及解矫人员亲属等人员组成的帮教小组，并针对不同的帮教对象采用"一人一策，一人一案"的帮教方案进行跟踪帮教，保证在帮教过程中，根据实际情况随时调整帮教方案，确保每一个解矫人员解矫之后在生活、工作等方面能够有所保障，重新复归社会。第二，解矫后的回访工作。回访需要了解和掌握的情况主要包括思想作风、遵纪守法、家庭及社会关系融洽程度、收入消费等情况。对在回访过程中了解到的解矫对象有再犯罪可能、生活就业有困难或家庭社会有歧视等情况的，回访工作人员及时提出预防和帮教措施建议。解矫后的回访工作，对巩固社区矫正工作成果，及时了解掌握重新犯罪的苗头、预防解矫对象的再犯罪，维护整个社会的和谐稳定将起到积极的作用。②

二、终止制度

1. 各规范性法律文件中的规定

对于终止制度，国家与地方层面的规范性法律文件均有涉及：

---

① 姜祖桢主编：《社区矫正理论与实务》，北京：法律出版社2010年版，第185页。

② 孟维新：《我市首创回访社区矫正解矫对象》，载《泰州日报》2009年12月4日第007版。

①《社区矫正实施办法》第 31 条规定："社区矫正人员死亡、被决定收监执行或者被判处监禁刑罚的,社区矫正终止。社区矫正人员在社区矫正期间死亡的,县级司法行政机关应当及时书面通知批准、决定机关,并通报县级人民检察院。"

②《四川省社区矫正实施细则(试行)》第 151 条规定："社区服刑人员涉嫌违法犯罪被羁押的,社区矫正中止;不构成犯罪的,社区矫正继续进行。涉嫌违法犯罪被取保候审或者监视居住的,不影响社区矫正的进行。社区矫正期满时,涉嫌违法犯罪仍未结案的,社区矫正终止。社区矫正期满后,不构成犯罪的,应当按照解除矫正程序补办相关手续。"第 152 条规定："社区服刑人员死亡、被决定收监执行或者被判处监禁刑罚的,社区矫正终止。社区服刑人员在社区矫正期间死亡的,县级社区矫正机构应当自收到《死亡证明书》之日起三个工作日内及时书面通知批准、决定机关,并通报县级人民检察院。"

③《浙江省社区矫正实施细则(试行)》第 47 条规定："社区矫正人员死亡、涉嫌犯罪被收押、被决定收监执行或者被判处监禁刑罚的,社区矫正终止。被决定收监执行或者被判处监禁刑罚的社区矫正人员下落不明的,县级司法行政机关应当及时书面通知决定机关、同级人民检察院和公安机关,公安机关应结合日常工作积极协助县级司法行政机关采取相应措施进行追查。社区矫正人员在社区矫正期间死亡的,县级司法行政机关应当及时书面通知批准、决定机关,并通报县级人民检察院。"

④《北京市社区矫正实施细则》第 49 条规定："社区矫正人员死亡、被决定收监执行或者被判处监禁刑罚的,社区矫正终止。暂予监外执行的社区矫正人员死亡的,区县司法局应当及时书面通知作出决定的人民法院或者其原服刑监所,并附有关死亡证明复印件。社区矫正人员死亡的,区县司法局还应及时向区县人民检察院书面通报。社区矫正人员死亡、被决定收监执行或者被判处监禁刑罚的,区县司法局及司法所应当按照本细则第四十八条第五款的规

定，做好对其档案的整理、移送和归档工作。"

2. 终止的制度分析

与解矫制度相比，社区矫正对象的终止制度涉及的主要内容是，矫正终止包含哪些情形。根据相关规范性法律文件，社区矫正终止包含以下几种情形：第一，社区矫正对象在矫正期间死亡。在社区矫正期间，社区矫正对象死亡的，从死亡之日算起，自然终止其社区矫正。根据社区矫正对象的死亡原因，社区矫正机构的处置有所不同。如果正常死亡，社区矫正工作中心应当及时通知社区矫正决定机关，同时开具相关的死亡证明；如果属于非正常死亡，社区矫正工作中心在通知公安派出所的同时，要报请检察机关鉴定死亡原因，社区矫正工作站要整理档案材料，按照规定归档。社区矫正工作中心用书面的形式把相关情况向原来关押社区矫正对象的监狱、看守所或作出判决（裁定）的人民法院进行通报。同时，需要附上有关的证明材料。第二，社区矫正对象依法被撤销假释、缓刑而收监执行。社区矫正对象违反法律、法规和社区矫正有关监管规定，或者社区矫正对象在社区矫正期间下落不明，社区矫正工作人员应提交治安管理处罚、撤销缓刑、撤销假释、收监执行、减刑审核表，由社区矫正工作中心审批后，提交撤销缓刑、假释建议书到原决定机关，经法院裁定撤销缓刑、假释，将社区矫正对象移送给执行监狱。同时，将原判法律文书和矫正档案等有关材料移送给执行监狱，有关材料还要抄送原判决（裁定）作出机关和同级人民检察院。第三，社区矫正对象被判处监禁刑罚。这主要包括两种情形，一是社区矫正对象在矫正期间再犯新罪；二是社区矫正对象在矫正期间被发现有漏罪。在上述两种情形中，自社区矫正对象被羁押之日起，社区矫正终止。社区矫正工作中心应将原判法律文书和其社区矫正档案等有关材料移送至监狱、看守所。同时，相关档案也要抄送至原来的判决（裁定）机构和同级人民检察院。

三、社区矫正档案的管理

社区矫正档案,是指社区矫正机构对社区矫正对象实施社区矫正过程中形成的接收登记、考核奖惩、监管审批、解除矫正等具有保存价值的执法文书。[①] 它包括社区矫正执行档案与社区矫正工作档案。建立社区矫正档案,对社区矫正工作规范化、法治化、科学化具有重要意义。首先,它能客观反映社区矫正机构对社区矫正对象开展监管、教育和帮扶工作的规范化程度。其次,社区矫正档案的建立能够确保对每一位社区矫正对象的矫正工作都有迹可查,有利于相关部门的监督、考察。最后,社区矫正档案管理的规范化,能够满足司法行政机关监管、教育、帮扶工作的需要,能够通过收集、保管和提供档案材料,总结社区矫正工作经验、研究社区矫正对象的教育改造规律,为制定科学的社区矫正方案提供重要参考。[②]

1. 各规范性法律文件中的规定

这包括国家层面对社区矫正档案管理的原则性规定以及地方层面的实施细则:

(1) 国家层面规范性文件对社区矫正档案管理有一些原则性的规定。《社区矫正实施办法》第10条指出:"县级司法行政机关应当为社区矫正人员建立社区矫正执行档案,包括适用社区矫正的法律文书,以及接收、监管审批、处罚、收监执行、解除矫正等有关社区矫正执行活动的法律文书。司法所应当建立社区矫正工作档案,包括司法所和矫正小组进行社区矫正的工作记录,社区矫正人员接受社区矫正的相关材料等。同时留存社区矫正执行档案副本。"

(2) 各省、市、自治区也根据《社区矫正实施办法》制定了有关的实施细则,对社区矫正的档案管理有了更明确的规定。比

---

① 《安徽省社区矫正人员档案管理办法(试行)》,第2条。
② 刘守华:《用档案规范助推工作规范——访天津市社区矫正中心》,载《中国档案》2015年第1期。

如，《四川省社区矫正实施细则（试行）》有 5 条专门对社区矫正对象的档案关系进行了规定。其中，第 153 条规定："县级社区矫正机构应当为社区服刑人员建立社区矫正执行档案。执行档案包括以下内容：（一）生效判决书、执行通知书、假释裁定书、暂予监外执行决定书、暂予监外执行通知书等适用社区矫正的法律文书；（二）社区矫正告知书、接受社区矫正保证书；（三）适用社区矫正前调查评估的委托、指定及意见材料；（四）社区服刑人员外出请假审批表；（五）社区服刑人员居住地变更审批表；（六）进入特定场所或者区域审批表；（七）监管处罚、治安管理处罚和刑事处罚建议书、决定书；（八）减刑建议书、裁定书；（九）记功决定书；（十）奖惩委员会会议记录；（十一）解除社区矫正证明书、通知书；（十二）其他应当归档的材料。"第 154 条规定："司法所应当建立社区矫正工作档案，工作档案包括以下内容：（一）社区矫正执行档案副本（复印件）；（二）矫正方案；（三）社区矫正宣告书、解除社区矫正宣告书及宣告记录；（四）开展适用社区矫正前调查评估形成的材料及评估意见；（五）走访社区服刑人员居住社区、所在单位、学校、家庭及相关人员的记录；（六）日常监管、考核记录；（七）学习教育、社区服务和心理辅导记录；（八）社区服刑人员外出请假审批申报材料；（九）社区服刑人员居住地变更审批申报材料；（十）进入特定场所或者区域审批申报材料；（十一）监管处罚、治安管理处罚和刑事处罚审批、审核表；（十二）提请减刑审核表；（十三）帮困扶助记录；（十四）社区服刑人员日常报告记录；（十五）社区矫正期满鉴定及申报材料；（十六）矫正小组日常工作记录；（十七）与安置帮教工作衔接记录；（十八）其他应该归档的材料。"第 155 条规定："在社区矫正执行过程中形成的档案材料，属于执行档案范围的，司法所应当及时提交县级社区矫正机构归档，并留存副本以备查询。"第 156 条规定："在社区服刑人员解除社区矫正后三十日内，应当将执行档案和工作档案分别装订成册，由县级社区矫正机构统一保管。档案保管期限为二十年,从解除社区矫正的当年起算。档案以电子文档形式保存的,应当备份。未成年人社区矫正档案应当封存。"第157条规定:"社区服刑人员档案非经批准不得向任何机构、个人提供。外调人员查阅社区服刑人员档案,凭县级人民政府或者政法机关介绍信,经县级社区矫正机构审查同意后,在指定地点查阅。"

(3)各省、市、县也制定了专门的社区矫正档案管理的规范性文件,更进一步细化了对社区矫正对象的档案进行管理的相关规定。比如,《安徽省社区矫正人员档案管理办法(试行)》《浙江省社区服刑人员档案管理办法(试行)》《江苏省社区矫正对象档案管理规定》《六盘水市社区矫正人员社区矫正执行档案和工作档案分类管理办法(试行)》《来安县社区矫正档案管理细则》等。这些管理规范甚至已经细化到社区矫正对象档案的纸张使用[①]、社区矫正档案库房的温度、湿度[②]等细节性问题。

2. 社区矫正档案管理的制度分析

从上述规范性文件中可以看出,涉及社区矫正档案管理的规定已经较为全面,在社区矫正档案管理过程中,应当注意以下几个方面的内容:第一,社区矫正的档案管理应当确定专人负责,并配备专门档案柜,确保各种档案完整与安全;第二,社区矫正机构应当在社区矫正对象接受之日起建立社区矫正对象档案,并严格执行"一人一档"制度;第三,社区矫正对象档案的管理要严格按照有关规定,确保矫正对象各种法律文书齐全与完整,开展社区矫正活动业务资料要按照工作顺序分类;第四,社区矫正对象居住地变更时,要及时做好档案的交接与登记工作;第五,社区矫正工作站应及时将档案移送至社区矫正工作中心,社区矫正工作中心应当及时合并、整理、归档,统一进行保管。

---

① 《浙江省社区服刑人员档案管理办法(试行)》,第16条。
② 《浙江省社区服刑人员档案管理办法(试行)》,第19条。

3. 立法建议

综上所述，本课题组在《社区矫正法》立法建议稿中以专门的条款对社区矫正档案管理进行规定，具体如下：

【档案的建立与管理】社区矫正工作中心应当在社区矫正对象报到、交接时，为其建立社区矫正执行档案。

社区矫正执行档案包括以下内容：

（一）适用社区矫正的法律文书；

（二）接收、监管审批、处罚、收监执行、解除矫正等有关社区矫正执行活动的法律文书。

社区矫正工作站应当为社区矫正对象建立社区矫正工作档案。

社区矫正工作档案包括以下内容：

（一）社区矫正工作站进行社区矫正的工作记录；

（二）社区矫正对象接受社区矫正的其他相关材料。

社区矫正工作站应当在社区矫正对象解除矫正后十个工作日内，将其档案进行整理并移送社区矫正工作中心。社区矫正工作中心应当将其执行档案和工作档案合并整理归档，统一进行保管。

第十一章 特殊对象的矫正

特殊对象的矫正是指对未成年人、75周岁以上的老年人、严重传染病患者以及境外人士的社区矫正。虽然此类特殊矫正对象所占比例较少，但此类矫正对象在实践中遇到的问题相对较多，亟待引起我们的重视。本书拟对各类特殊矫正对象的矫正现状进行考察，然后指出制度实施面临的困境及其原因，最后提出具体的完善建议。

一、未成年社区矫正对象的现状考察

我国社区矫正制度从2003年开始试点到如今（2018年）已15年，其间虽取得了较大成绩，为《社区矫正法》的制定奠定了实践基础，但也存在较多问题。特别是未成年人矫正工作，在法律制度层面、具体实施层面均存在较大不足。早在20世纪，梁启超著《少年中国说》便指出"少年智则国智，少年富则国富，少年强则国强……"未成年人作为国家的建设者，是祖国的未来和希望，得到国际社会的普遍认同，面对失足少年，国家和社会理应有所作为。而社区矫正作为一种不同于传统监狱监管模式的刑事执行活动，能够让未成年犯罪人员不脱离家庭、学校和社会，对于促进身心发育不成熟的未成年犯罪人员改邪归正、回归社会是十分有益的。下面从我国未成年人社区矫正工作取得的成绩和仍存在的不足两方面阐述其现状。

1. 未成年人社区矫正工作取得的成绩

北京、上海、浙江、江苏等6个省市是我国社区矫正最早的试点地，同时也是社区矫正工作走在前列堪比"先锋"的地区，经过长期以来的工作实践，形成了不同的模式，如"北京模式""上海模式"和"浙江模式"，其中，尤以北京模式、上海模式成效较大。

北京模式的具体操作方式是在市一级成立社区矫正工作委员会，区一级设立社区矫正领导小组，具体的日常工作由司法所承担，为解决社区矫正执法工作人员不足的问题，向监狱和原劳教局抽调干警。同北京模式截然不同的上海模式，在市一级成立社区矫正办公室，但社区矫正工作的具体实施由政府向专业的民间组织购买服务。在充分发挥帮助未成年社区矫正对象回归社会的功能上，北京和上海均做出了有益探索，如北京成立了"阳光中途之家"，在法律法规教育、就业咨询指导、心理咨询等方面为社区矫正对象提供帮助；而上海则是成立"阳光社区青少年事务中心"，同北京"阳光中途之家"以社区矫正对象和刑满释放人员为服务对象不同，上海的"阳光社区青少年事务中心"主要针对外来未成年人提供心理咨询和就业帮助，竭力预防这类群体违法犯罪。虽然各地都形成了各具特色的社区矫正工作模式，但未成年人社区矫正工作作为整个社区矫正工作的薄弱项，仍存在诸多问题。

2. 未成年人社区矫正工作存在的不足

（1）缺乏系统的法律规范

执法必严、违法必究的前提是有法可依。目前，我国尚未制定施行《社区矫正法》，对未成年人社区矫正工作的规定散见于各类法律、规章中。最早的是2003年7月两高两部发布的《关于开展社区矫正试点工作的通知》，其明确将罪行轻微、主观恶性不大的未成年犯罪人作为重点矫正对象。作为目前社区矫正工作的系统性指导文件，2012年由两高两部联合发布的《社区矫正实施办法》第33

条对未成年人社区矫正工作作出了8个原则性规定，①为未成年人社区矫正工作指明了方向，具有重要意义。其后，各地制定的"社区矫正实施细则"均以此为参照，将未成年人社区矫正单独成章予以规定，如《重庆市社区矫正实施细则》《四川省社区矫正实施细则》《湖南省社区矫正实施细则》等。但从总体而言，关于未成年人社区矫正的规范依据仍不完善。一方面，分散于各地、各类法规中的有关未成年人社区矫正工作的规定属于原则性规定，不具有可操作性；另一方面，在社区矫正工作已进入全面铺开的时代，同社区矫正工作相似的监狱执法具有《监狱法》的具体规定和指导，而对社区矫正工作作出系统性规定的却只是几个部门共同制定的办法、通知，实难令人信服，加之目前社区矫正实践过程中遇到的现实困难，因此，制定颁行《社区矫正法》已是大势所趋，甚至势在必行。

（2）缺乏专业的社区矫正工作人员

《社区矫正实施办法》明确司法行政机关是社区矫正的主管机关，县级司法行政机关负责管理和监督，司法所负责具体实施；社会工作者和志愿者在社区矫正机构的组织指导下参与社区矫正工作。因此，作为社区矫正执法工作者的司法所工作人员、负责社区矫正日常工作的社会工作者以及志愿者是开展社区矫正工作中最重要的3类人员。然而，目前我国社区矫正执法工作者和社会工作者专业性不强、社会志愿者人员构成单一、社会公众参与度不高等均是显而易见之事。

---

① 《社区矫正实施办法》第33条规定："对未成年人实施社区矫正，应当遵循教育、感化、挽救的方针，按照下列规定执行：（一）对未成年人的社区矫正应当与成年人分开进行；（二）对未成年社区矫正人员给予身份保护，其矫正宣告不公开进行，其矫正档案应当保密；（三）未成年社区矫正人员的矫正小组应当有熟悉青少年成长特点的人员参加；（四）针对未成年人的年龄、心理特点和身心发育需要等特殊情况，采取有益于其身心健康发展的监督管理措施；（五）采用易为未成年人接受的方式，开展思想、法制、道德教育和心理辅导；（六）协调有关部门为未成年社区矫正人员就学、就业等提供帮助；（七）督促未成年社区矫正人员的监护人履行监护职责，承担抚养、管教等义务；（八）采取其他有利于未成年社区矫正人员改过自新、融入正常社会生活的必要措施。"本文将本条对未成年人社区矫正工作的8项规定简称为"8个原则性规定"。

首先,社区矫正执法工作者、社会工作者缺乏专业性。社区矫正工作是一项同特殊人群打交道的专业性较强的工作,其不同于平常人与人之间的简单交流、沟通,而是要通过一系列的交流、沟通以及相关工作的开展,将犯过罪的社区矫正对象拉回到社会生活的正轨当中。尤其对于未成年社区矫正对象,一方面他们身心尚不成熟,是非观、价值观等未定型,具有较强的可塑性,处理恰当能够让他们较快回归社会;但另一方面也正是因为他们身心不成熟、是非价值观念未成型,稍有不慎,他们就会重走老路,甚至误入歧途。未成年社区矫正对象不稳定的情绪以及特殊的心理状态决定了对这类特殊人员的社区矫正不能一概而论,而应当因人而异、因材施教,甚至对同一对象的矫正方案在不同时期都会有很大差异。因此,未成年社区矫正对象的特殊性决定了从事未成年社区矫正工作的社区矫正工作人员需要具备更强的专业性,是生活经验丰富、善于与人沟通、具备心理以及法律等多方面知识储备的综合型人才。社区矫正执法工作者作为社区矫正工作的考核、监督和管理者,起着宏观把控的重要作用;社会工作者作为具体实施者,是同社区矫正对象接触最多、最了解社区矫正对象的人,他们的专业性决定了社区矫正工作的效果。

目前,我国各地社区矫正工作的具体实施都是由乡镇司法所承担,一方面,司法所工作人员少而承担的工作任务重,包括法制宣传、人民调解、参与社会治安综合治理以及乡镇人民政府交办的其他工作等,对日益繁重的社区矫正工作存在心有余而力不足的情形;另一方面,目前乡镇司法所工作人员中没有专门负责未成年人社区矫正工作的人员。同时,社会工作者的入职门槛不高,未划定清晰的入职标准,由此导致目前我国社区矫正执法工作者和社会工作者的专业性不足。

其次,社会志愿者人员构成单一、社会公众参与度不高。社区矫正工作虽已在我国实践了十余载,但普通民众对社区矫正工作的认知仍然严重不足,甚至连很多普通公务员系统的公职人员都不知晓社区矫正是个什么样的事物,更别提普通民众了。由此导致,目前我国社区矫正中的志愿者几乎都是乡镇(街道)、村一级的公职人员在上级部门的要求下不得不参与的。① 俗话说"心不甘,则情不愿",在强迫下参与并成为社区矫正的志愿者,从内心根本没有认同社区矫正对象,更不愿相信他们会同自己一样遵纪守法,在敷衍了事、完成任务的状态下根本不能让社区矫正对象感受到社会的认可,会严重影响社区矫正对象的心理状态,特别是较为脆弱的未成年社区矫正对象,甚至可能会倒逼未成年社区矫正对象"回归"到原本诱使其犯罪的生活环境中去找寻认同感。

最后,缺乏熟悉未成年人身心特点的专业人员参与。《社区矫正实施办法》虽明确规定应当有熟悉青少年成长特点的人员参加未成年人社区矫正工作,但实践中几乎是没有的。原因在于制度层面虽明确规定需有该类人员参与,但这类人员的具体标准划定、范围等都未予明确,由此导致社区矫正机构难以选拔。

(3)缺乏对成年和未成年社区矫正对象的分类矫正

对于未成年人社区矫正工作,在国外形成了一系列区别于成年人社区矫正工作的处理方式和流程,如由少年法院专门负责审理未成年人犯罪案件,由专门机构、人员负责未成年人社区矫正工作以及有专门法律、法规规范未成年人社区矫正工作的实施。而我国《社区矫正实施办法》第33条虽规定对未成年人实施社区矫正应当遵循教育、感化、挽救的方针,并提出8项原则,将未成年人社区矫正工作同成年人社区矫正工作予以区别,但实践中,由于人员不足、专业性不够等诸多因素,未成年人社区矫正工作同成年人社区矫正工作未予区分。具体表现在以下几个方面:

第一,没有专门负责未成年人社区矫正工作的执法工作者。尽管《社区矫正实施办法》明确规定未成年人社区矫正工作应当同成

---

① 2016年,本课题组对江苏省全省1575名志愿者进行了调研,在"您是如何成为社区矫正志愿者的"问题中,有37.42%的志愿者是由单位安排,由志愿者服务组织安排的占15.21%,仅有15.73%系个人主动申请。

年人社区矫正工作予以差别化，但实践中作为具体实施社区矫正工作的司法所工作人员严重不足，且工作任务繁重，因此导致没有专门负责未成年人社区矫正的工作人员。

第二，缺乏适合未成年人的社区矫正项目。作为社区矫正执行土壤的社区在我国并不成熟，甚至可以说我国根本没有国外所谓的"社区"，由此导致作为社区矫正重中之重的社区矫正项目和方法的严重不足。不仅仅是未成年人社区矫正项目，整个社区矫正的矫正项目种类都十分有限。作为指导我国社区矫正工作的专门性文件《社区矫正实施办法》仅规定了社区矫正对象每月需要参加不少于8小时的公共道德、法律常识、时事政策等教育学习活动和社区服务。实践中，通常由于社区矫正对象的犯罪人员身份，社区矫正机构也难以联系和开展多样化的社区服务和社会活动。因此，未成年人社区矫正工作作为整个社区矫正工作中的一部分，其社区矫正的项目自然会受制于整个社区矫正工作的矫正项目。

二、其他特殊对象的矫正现状及困境

其他特殊的社区矫正对象主要包括75周岁以上的老年人、严重传染病患者以及境外人士3类。针对特殊矫正对象存在的困难主要有以下几个方面：

首先，社区矫正工作人员积极性、创新性不足。我国社区矫正工作虽已实施十余年，但由于社区矫正的特殊性和新颖性，加之目前我国"社区"这一社区矫正工作赖以生存的土壤不成熟，大到制度层面、中到从事社区矫正的相关工作人员、小到普通民众和社区矫正对象自身对社区矫正的了解和理解都严重不足。实践中，偶尔发生的社区矫正对象脱管、漏管，甚至伤人、杀人事件，让每一位普通民众和社区矫正工作人员深感不安和危机四伏。政府层面，由于此类社区矫正对象脱管、漏管以及再犯罪案件影响重大，总会有相关工作人员承担责任，由此导致社区矫正机构及其工作人员在实际工作中畏首畏尾、不敢创新。然而，任何法律制度层面的规定都不可能囊括实践中所有的形态，这需要相关工作人员在秉持基本工作原则的同时，进行自我思考和创新，只有这样才能将社区矫正工作做好。

其次，各类特殊矫正对象存在的具体困难。第一，对于老年人社区矫正对象，可能遇到如老年人身体不允许，不能完成《社区矫正实施办法》规定的每月的社区服务、劳动等要求；老年人大多是文盲，不能进行书面思想汇报以及其他特殊情形。第二，对于境外人士社区矫正对象，可能遇到如国外的重大节假日、亲属的病丧事件以及语言不通、不会写中文等特殊情形。第三，对于严重传染病患者的社区矫正对象，因其身体原因，在社区矫正过程中有许多限制，如不能参与社区服务、教育学习活动等集体性社区矫正活动。并且，如同普通社区矫正对象的到家走访活动等也可能会影响社区矫正工作人员的身体健康。

最后，现有法律法规对这几类特殊矫正对象的社区矫正工作并未进行具体规定，导致实践中社区矫正工作人员的积极性更低。

三、特殊对象矫正制度的完善与立法建议

《社区矫正法》作为指导社区矫正工作的法律，在该项工作已实践十余年的现今，已具备制定的实践和理论基础，2016年12月国务院法制办发布的《社区矫正法（征求意见稿）》便体现出社会以及国家层面对该立法的重视，只有在制定颁行《社区矫正法》的基础上，才能解决现阶段社区矫正工作面临的诸多困难。

1. 未成年社区矫正对象矫正制度的完善建议

（1）《社区矫正法》将未成年人社区矫正工作以专节规定

从1991年《中华人民共和国未成年人保护法》颁行开始，我国对违法犯罪的未成年人开始了区别对待，该法第38条规定："对违法犯罪的未成年人，实行教育、感化、挽救的方针，坚持教育为

主、惩罚为辅的原则。"作为我国对待未成年人违法犯罪行为的总方针,指导着后续关于未成年人违法犯罪行为的法律规定。如2001年国务院发布的《中国儿童发展纲要(2001—2010年)》指出:"建立保护儿童权益的工作网络,防止侵害儿童合法权益的行为发生;及时矫治未成年人的不良行为,预防和减少未成年人违法犯罪行为;做好违法犯罪未成年人的教育挽救工作和遭受侵害未成年人的身心康复、回归社会工作。"2010年司法部发布《关于预防青少年违法犯罪工作的实施意见》指出:"结合社区矫正工作试点,加强对社区服刑人员实行分类管理和分类教育,积极探索适合未成年服刑人员特点的社区矫正管理办法。"2012年《社区矫正实施办法》第33条指出:"对未成年人实施社区矫正,应当遵循教育、感化、挽救的方针,按照下列规定执行:(一)对未成人的社区矫正应当与成年人分开进行;(二)对未成年社区矫正人员给予身份保护,其矫正宣告不公开进行,其矫正档案应当保密……"2013年修正的《中华人民共和国刑事诉讼法》设立未成年人犯罪记录封存制度。实践层面对未成年人犯罪刑事案件处理采取"三缓"制度——缓诉、缓科和缓刑,[①]同时未成年人犯罪案件在审查起诉阶段从检察院公诉科剥离,由未成年人刑事检察科专门负责。因此,未成年人社区矫正工作的实施在《社区矫正法》中同老年人、境外人士等特殊对象的矫正工作一道予以专门性规定具有理论和实践基础。

(2)强化未成年人社区矫正工作人员专业性

对于社区矫正工作人员,不论是制度规定层面还是实践层面,都包括社区矫正执法工作者、社会工作者、志愿者等。多样化的人员共同参与社区矫正工作的实施有助于社区矫正对象的社会化,让他们从内心深处认同自己仍然同其他人一样。因此,应当从该3类人员的强化方面加强未成年社区矫正对象的工作人员队伍。

首先,承担社区矫正执法工作职责的工作人员的专业性有待加

---

① 刘晓梅,许福生:《海峡两岸未成年人社区矫正比较研究》,载《预防青少年犯罪研究》2016年第1期。

强，可成立专职工作者队伍。社区矫正执法工作者主要承担社区矫正的管理、监督、考察等宏观工作，需要具备相应的专业知识。具体而言，第一，可通过设置专业化的入职门槛，方式可以是考核、选拔等，进行特殊专业的限制，如法学、心理学、社会学以及教育学等。第二，入职前要进行专门、严格、多层级的岗前培训和实践。第三，在区一级司法行政机关应当配备专门负责未成年人社区矫正工作的人员，统筹协调、规划和指导该区域未成年人社区矫正工作。

其次，加强社区矫正社会工作者队伍。社会工作者作为社区矫正工作的具体落实者，同社区矫正对象的接触最多，其工作的实效基本就决定了社区矫正工作的实际效果。具体来说，一方面，可以由国务院司法行政部门规定特定的执业条件，提高入职门槛；另一方面，可以充分借鉴"上海模式"，由政府主导培育专业化的社区矫正社会组织，对于社会工作者的选拔、管理、考核以及培训等均由专门的社会组织进行，再由政府向社会组织购买专业服务，社会工作者依照社区矫正机构的委托履行相关社区矫正职责。这样既能削减社区矫正执法工作者的工作负担，又能保障社会工作者的专业化。

最后，成立结构多样化的志愿者队伍，提升民众参与社区矫正工作的积极性。实践当中，由于普通民众对社区矫正工作的不了解，导致社区活动开展困难。目前，我国社区矫正工作中的志愿者基本都是由乡镇（街道办）、村一级的相关工作人员组成。并且，这部分人员参与社区矫正活动并非完全出于自愿，而是由于职责所在。因此，应当通过加大社区矫正工作的宣传，让更多的民众了解社区矫正的意义，进而吸引广大民众参与到社区活动当中。具体可以采取如下方式：一是同当地高校进行对接，吸纳有爱心、时间稍微充裕又具备相关专业知识的高校大学生参与到社区活动当中；二是号召组织离退休老干部参与到社区矫正工作当中，该类人员生活以及工作经验丰富、有充裕的时间，能够较持续地参与到社区矫正活动当中。以上两类人员既有同未成年人年龄、心理状况相似的高校大学生,又有生活、工作经历丰富的老干部。一方面,作为同龄人的高校大学生,能够较易以同龄人的思考方式去理解和纾解未成年矫正对象遇到的问题和困难,同时也能为未成年社区矫正对象树立学习的年轻榜样,找到他们生活、学习的目标。另一方面,作为生活经验丰富的离退休老干部们,能够以自身经历,从多角度对未成年社区矫正对象进行劝说和指导。并且,该两类人员时间都较为充裕,以此为突破口,让社区矫正工作为更多人知晓,从而吸纳更多民众参与到社区矫正工作中。

(3)发展多样化的社区矫正项目

一是建立专门针对未成年社区矫正对象的矫正项目。要从实践层面真正将未成年人的社区矫正工作同成年人的社区矫正工作予以差别化,建立适合未成年社区矫正对象的矫正项目势在必行。在未成年人社区矫正项目的设置上,也应当始终秉持教育为主、惩罚为辅的原则,一切以挽救、感化和教育未成年社区矫正对象为着眼点,矫正项目的设置、开展都要符合未成年社区矫正对象的生理及心理发育特点。特别是在未成年社区矫正对象的隐私保护方面应当格外注意,既要让未成年社区矫正对象有尊严,感受到自己所处环境的平等和友爱,又要让他们在相关的社区矫正项目中充分发挥自己的能力,受到教育和感化。例如,在校学习的未成年社区矫正对象,可以联系学校为其找到合适的勤工助学岗位,既能锻炼其能力,也能让他感受到劳动带来的收益和快乐。针对未成年矫正对象这类特殊主体,还可以组织其去敬老院、孤儿院做义工等活动,让他们劳动的同时,也感受自己人生"幸福"的一面,恢复对生活的希望和勇气。

二是对不同未成年社区矫正对象开展的矫正项目应当因人而异。未成年社区矫正对象同成年社区矫正对象应予区别,并且,未成年社区矫正对象个体之间也存在差异,也应当根据不同的社区矫正对象实施不同的社区矫正项目。这一点其实是同社区矫正对象的矫正方案联系在一起的，针对各具差异的社区矫正对象，社区矫正相关工作人员应当制定符合其身心特点的矫正方案。

三是引入强化未成年社区矫正对象生存技能的矫正项目。首先，所谓"多建一所学校，就会少建一所监狱"，由此可知，教育对于一个人、一个国家和一个社会的重要意义。尤其在现今利益充斥、价值观多元化的社会状态下，加之网络技术的发达、网络空间的监管不完善，导致未成年人受到许多负面信息的影响。因此，社区矫正期间，要加强对未成年社区矫正对象思想方面的教育和矫正，让他们明白是非善恶、树立正确的人生价值观。其次，迅猛发展的现代社会，限制了越来越多文化水平较低人员的生存，特别是在城市当中。由此，对于作为生命刚刚开始绽放的未成年社区矫正对象来说，国家和社会应当为他们今后的生活提供必要的指导和帮助。正所谓"授人以鱼不如授人以渔"，特别是对于这类有劳动能力、生命才刚刚开始的社区矫正对象而言，必要的工作技能是国家和社会对他们今后生活最好的馈赠。第一，社区矫正机构同民政部门沟通协调，对生活困难的未成年社区矫正对象提供必要的生活补助。第二，社区矫正机构协调所在地人力资源部门为未成年社区矫正对象提供工作技能培训。第三，在社区矫正期间，可以同当地较大的企业合作，为未在校学习的已满16周岁的未成年社区矫正对象提供相关工作岗位，作为社区劳动或服务，社区矫正期满，表现优秀者，可以留下工作等。

（4）加强国家、社会层面对未成年社区矫正对象的管理约束

一是加强家庭对未成年社区矫正对象的管束。作为未成年人，在法律和道德上父母都是未成年人的监护人，有义务对其进行管理约束，特别是对于未成年社区矫正对象，父母更应当积极配合社区矫正工作人员共同管束。同时，家庭作为一个人心灵和情感寄托的港湾，家人对未成年社区矫正对象的关心和约束对其的影响应该是最大的，让未成年社区矫正对象感受到家庭的温暖、父母的关爱，可以对其行为进行潜移默化的向好引导。因此，应当强化家庭在未

成年社区矫正对象当中的义务。首先,社区矫正工作人员在接收未成年社区矫正对象后,应当及时同矫正对象的家长取得联系,了解家长对社区矫正工作以及对待矫正对象的基本态度。其次,根据前面了解的家长的基本情况进行针对性的交谈和指导,力图让未成年社区矫正对象的家人能够充分了解到社区矫正工作的目标及要求,并说服他们积极配合社区矫正工作的执行,如未成年社区矫正对象的自主学习情况、思想状况、遵守社区矫正的其他监管规定的情况等。同时,还要让家长充分理解未成年社区矫正对象,让家长客观、积极地看待和处理矫正对象被执行社区矫正的事情;不要总是以过去犯的错误指责、批评矫正对象,要给予他们内心的关怀和支持,帮助他们改掉陋习。

二是重视工读学校对未成年社区矫正对象的教育作用。2012年以前,工读学校作为"问题学生""不良少年"的专门性学校,在社会上占一定的比例。但自2012年《预防未成年人犯罪法》放开,规定由父母或其他监护人自行选择送与不送后,现在已濒临灭亡,根据《北京青年报》报道,曾有300多名学生的北京门头沟工读学校,到2014年5月只有两名学生上课。[①] 当然,其中的原因可想而知,也能够理解,家长担心自己的子女在这样的"坏孩子"环境中学得更坏、被欺负,因为孩子就读工读学校而被歧视等。但应当看到的是,很大一部分未成年犯罪人成长于问题家庭,如家庭关系不和谐、父母离异,从不良行为到犯罪行为是一个持续性的过程,父母家人对这类未成年人往往没有管束能力,甚至有的家长更希望自己的孩子能够进入监狱去改造而不是赞同进行社区矫正。不仅如此,有相当一部分犯罪的未成年人是异地犯罪。总的来说,即家庭对这类未成年人是难以管束、不愿管束的状态,而社区矫正作为在社会中教育矫治的方式,家庭的约束管教对于社区矫正的成效也起着举足轻重的作用。因此,工读学校作为对"问题少年"的教

[①] 林艳:《北京工读学校现状:"门头沟工读学校只剩两名学生"》,载《北京青年报》2014年5月26日。

育和管束机构,有其存在的合理性以及优势,我们应当明确,对于仍在需要接受教育的年纪,自身作为父母或其他监护人却没有管束方法与能力的时候,送孩子去工读学校未必不是一个好的选择。当然,国家和政府层面应当规范工读学校的管理、约束方式,对其进行监督指导,对家庭不能承担管束责任或没有家庭承担管束责任的未成年社区矫正对象,由工读学校填补家庭管束的空白,从而,让法院较多地对符合基本条件的未成年犯罪人员适用社区矫正。

2. 其他特殊对象矫正制度的完善建议

该3类其他特殊的社区矫正对象因其存在不同于普通社区矫正对象的情形,因此是本课题组建议增加的。作为同未成年社区矫正对象相同性质的一类,共同置于《社区矫正法》"特殊对象的矫正"一节。社区矫正作为一项实践性工作,首先应当明确的是,法律规定等制度设计层面应当对各类特殊矫正对象的工作开展作出原则性、方向性的规范,而具体实施层面,应当给予社区矫正工作人员更多的空间和信任,让其在较为宽容的环境中,充分发挥其主观能动性,最大限度地提升社区矫正工作的实际效果。

(1)老年人和境外人士

特殊社区矫正对象中的老年人特指75周岁以上老年社区矫正对象。随着物质生活水平、医学科技水平的提升,人民的平均寿命越来越长。而75周岁以上的老年人毕竟已经步入高龄阶段,其身体机能逐渐退化,体力劳动能力下降,而且文盲占比非常大,由此导致对该类特殊人员的社区矫正理应同普通社区矫正对象有所差别。境外人士作为非我国的外国民众,拥有同我国截然不同的语言、风俗和文化,对其的社区矫正也应当区别对待。在老年人和境外人士社区矫正对象的矫正过程中,由于该类社区矫正对象较少,因此,可以特事特办,通过向上级请示、汇报等方式解决问题。但需要在《社区矫正法》"特殊对象的矫正"一节中,明确老年人、境外人士社区矫正工作的原则和方针。即:对75周岁以上的老年人实行社区矫正,应当遵循监管从宽、个别教育为主、帮扶优先的方针,并免予参加社区服务；对境外人士实行社区矫正遵循国民待遇原则，但应当尊重其民族、地域、文化等特点。

（2）严重传染病性疾病患者

目前，我国社区矫正的对象包括管制犯、缓刑犯、假释犯、暂予监外执行犯。而暂予监外执行的罪犯中有一类是患有严重疾病需保外就医的，此类人员便可能是接受社区矫正中的严重传染病患者。针对这类特殊的社区矫正对象，因其患有的疾病具有传染性，因此应当进行特殊的社区矫正。

首先，《社区矫正法》应当对严重传染病患者的社区矫正工作作出原则性规定：对严重传染性疾病患者的社区矫正，应当遵循有利于康复和公共卫生的原则。其次，对严重传染性疾病患者的社区矫正工作，应当充分考虑到社区矫正工作人员的身体健康，减少不必要的家庭走访。最后，对严重传染性疾病患者可以根据其身体健康状况，在保障公共卫生的前提下开展特定类型的社区服务活动。

第十二章 奖惩制度

奖惩制度是社区矫正制度的重要组成部分，是激励、督促社区矫正对象自觉接受矫正，保障矫正活动顺利进行的主要手段。目前，各地矫正工作中普遍规定了多种奖惩措施，为奖惩的具体开展奠定了规范基础。但是，仍有部分奖惩措施设置不合理或者操作性不强，在一定程度上阻碍了奖惩的具体落实。为了进一步完善奖惩工作，并在实务中彻底"激活"奖惩制度，需要探索更加科学的奖惩考核方式、创新奖惩的种类、明确奖惩的条件、加强部门协作、完善救济程序、强化检察监督。

一、社区矫正对象适用奖惩的现状

1. 目前社区矫正奖惩制度的规范体系

社区矫正奖惩制度是指，社区矫正管理机构在一定的时间内对社区矫正对象的矫正表现进行考核，并根据考核结果和有关规定对社区矫正对象给予一定的奖励和惩处。社区矫正对象的考核奖惩机制是社区矫正的重要组成部分，直接关系到社区矫正对象的切身利益，关系到社区矫正的质量和效果，关系到社区矫正的严肃性和威严性，关系到社区矫正制度的有序运行。科学合理的奖惩制度能够有效地引导和规范社区矫正对象的行为，调动和保护社区矫正对象的矫正积极性，提升社区矫正工作的水平和实际效果。

目前，一系列多层次的规范性文件为奖惩制度奠定了良好的规范基础。自 2003 年以来，各省市奖惩制度的规范化过程大致经历了以下两个阶段：

  第一阶段始于 2003 年。为了落实《关于开展社区矫正试点工作的通知》和全国社区矫正试点工作会议精神，6 个社区矫正试点省（市）积极开展社区矫正工作探索，其中就包括奖惩制度的构建。北京市 2003 年 8 月出台的《社区矫正对象考核奖惩暂行办法》是我国第一个社区矫正对象考核奖惩办法。之后，上海市在 2004 年制定了《关于社区服刑人员日常行为奖惩的规定（试行）》，江苏省在制定了考核奖惩试行办法之后于 2004 年 9 月印发了《江苏省社区矫正对象计分考核规定（试行）》，同年浙江省也出台了《浙江省社区矫正对象奖惩考核暂行办法》，随后《山东省社区矫正对象考核奖惩暂行办法》也颁布实施。在社区矫正制度的试点之初就积极探索建立完善的奖惩制度，既体现了奖惩在社区矫正制度中的重要性，同时也为后续奖惩制度的完善提供了丰富的经验支撑。正是在这些经验的基础上，2012 年两高两部颁行的《社区矫正实施办法》中建立了较为完善的社区矫正奖惩制度，同时也开启了各地奖惩制度规范化的第二个阶段。

  第二阶段以《社区矫正实施办法》的出台为契机，多数省市制定或重新颁行了关于社区矫正对象考核奖惩的专门规定。其中，有代表性的有《浙江省社区矫正人员考核奖惩办法（试行）》《云南省社区矫正对象考核奖惩办法》《河南省社区矫正人员考核奖惩暂行办法》《安徽省社区矫正对象考核奖惩办法（试行）》《黑龙江省社区矫正对象考核奖惩办法》《湖北省社区矫正对象奖惩办法》《湖南省社区矫正对象考核暂行办法》《山西省社区矫正人员考核奖惩办法（试行）》。还有一些省市也出台了一些关于社区矫正的实施细则，在其中专章规定了奖惩制度。有代表性的如《四川省社区矫正实施细则》《重庆市社区矫正实施细则》等。

  与《社区矫正实施办法》相比，这些地方性的规范性文件除了规定奖惩的种类和条件之外，还结合本地区的实际情况和惯常做法，规定了奖惩的组织管理、奖惩的程序、奖惩的法律监督等，建立了相对完善的奖惩制度体系，在实务上具有比较大的可操作性。

2. 目前奖惩制度的基本内容

奖惩制度的基本内容主要指奖惩的种类、条件和程序，此外还包括奖惩的主体、考核的方式等方面。这些内容，除了《社区矫正实施办法》的规定具有全国范围内的普遍适用性以外，不同的省（市）在此基础上所建立的奖惩制度并不完全相同。

（1）奖惩的种类

地区	奖励的种类	惩罚的种类
《社区矫正实施办法》	建议减刑	警告、提请给予治安管理处罚，建议撤销缓刑、假释，建议收监执行
北京市	减刑	警告，撤销缓刑、假释，提请收监执行
江苏省	表扬、减刑	警告，提请治安管理处罚，建议撤销缓刑、假释，建议收监执行
浙江省	表扬、减刑	警告，提请治安管理处罚，撤销缓刑、假释，提请收监执行
安徽省	行政奖励：表扬、矫正积极分子、记功	行政惩处：警告、记过
	司法奖励：建议减刑	司法惩处：建议撤销缓刑、假释、暂予监外执行
河南省	表扬、提出减刑建议	警告、治安管理处罚、撤销假释、撤销缓刑、收监执行
山西省	表扬、物质奖励、评为矫正积极分子、记功、依法呈报减刑	警告、依法治安管理处罚，依法撤销缓刑、假释、暂予监外执行
湖北省	表扬、记功、减刑、假释	警告，记过，治安处罚，撤销缓刑、假释、暂予监外执行
湖南省	行政奖励：表扬、矫正积极分子（县市两级）、记功	行政惩处：警告、记过、提请治安管理处罚
	司法奖励：呈报减刑	司法惩处：撤销缓刑、假释、暂予监外执行
黑龙江省	行政奖励：表扬、记功	行政惩处：警告、记过
	司法奖励：呈报减刑	司法惩处：撤销缓刑、假释、暂予监外执行
陕西省	表扬、减刑	警告、提请给予治安管理处罚，建议撤销缓刑、假释，建议收监执行
重庆市	表扬、记功	警告、提请给予治安管理处罚，建议撤销缓刑、假释、暂予监外执行

续表

地区	奖励的种类	惩罚的种类
四川省	行政奖励：表扬、记功	行政惩处：警告、提请治安管理处罚
	司法奖励：减刑	司法惩处：撤销缓刑、假释，收监执行
云南省	行政奖励：表扬、矫正积极分子、记功	行政惩处：警告、记过
	司法奖励：减刑	司法惩处：撤销缓刑、假释、暂予监外执行

如上表所示，目前不同省市所规定的奖惩种类并不完全一致。这些众多奖惩形式，可以根据两个不同的标准划分为两种分类：

第一种分类：行政奖惩与司法奖惩。其分类标准是根据奖惩的内容及后果。行政奖惩是指社区矫正机构在对社区矫正对象日常考核的基础上，运用行政手段给予社区矫正对象肯定性或者否定性的评价。司法奖惩是指社区矫正机构根据社区矫正对象的日常考核奖惩情况，将材料呈报给人民法院等有权机关，有权机关根据法律规定对社区矫正对象进行奖励和处罚。有些省市的文件中没有区分行政奖惩和司法奖惩，但都涉及了这两方面的内容；有的省市，如安徽省、湖南省、云南省等在《奖惩办法》中明确区分了行政奖惩和司法奖惩，并规定了两者间的关系："行政奖惩情况是评价矫正对象表现，对矫正对象进行司法奖惩的主要依据。"

第二种分类：基本奖惩与特殊奖惩。其分类标准是所属的规范性文件的等级和适用范围。所谓基本奖惩是两高两部在《社区矫正实施办法》里规定的应在全国范围内普遍适用的奖惩类型；而特殊奖惩是各省（市）结合本地的实际情况和习惯做法探索形成的奖惩类型。就特殊奖惩类型，从上表可以看出：①地方上探索形成的奖励种类比较多，尤其是包括了一些行政奖励，而基本奖惩类型中没有规定行政奖励的内容。这个特点说明我国社区矫正奖惩制度全国性立法的薄弱环节在奖励这一块。②地方上探索形成的惩处类型主要是记过，而且没有涉及司法惩处，特殊奖惩与基本奖惩基本一致。这个特点说明奖惩制度中的惩处内容的关键在于落实。

（2）奖惩的类型与条件

①表扬。由于《社区矫正实施办法》中没有关于表扬的规定，作为一个特殊的奖惩类型，几乎所有省市都对此作出了规定，但各地对表扬条件的规范表述不尽相同。概而言之，主要有以下几种：

第一种是概括式规定，以江苏省为代表。《江苏省社区服刑人员监督管理办法》第52条规定："社区服刑人员连续六个月月度考核结果均为良好的，由县级司法行政机关予以表扬。"

第二种是列举式规定，以安徽省和河南省为代表。《安徽省社区矫正对象考核奖惩办法（试行）》第23条规定："同时符合下列条件，并接受社区矫正满三个月的矫正对象可给予表扬：（一）严格遵守法律法规及社区矫正管理规定，服从社区矫正工作人员的管理和教育，受到社区群众普遍好评；（二）积极参加政治思想教育，完成规定的教育课时，成绩良好；（三）积极参加公益劳动，表现突出；（四）当季度未出现扣分；（五）综合评议情况居本乡镇（街道）矫正对象的前列。"《河南省社区矫正人员考核奖惩暂行办法》第19条规定："接受社区矫正满三个月的矫正人员，具备下列情形之一的，可以给予表扬：（一）认罪伏法，自觉遵守法律法规及社区矫正工作制度，主动服从教育管理，表现突出的；（二）遵守公民道德规范，热心帮助他人，受到社区（乡镇）群众普遍好评的；（三）服务社会，乐于助人，事迹突出的；（四）克服困难，自食其力，成为社区矫正人员榜样的。"

第三种是计分式规定，以湖南省和山西省为代表。《湖南省社区矫正对象考核暂行办法》第24条规定："矫正对象考核积分达到40分的，可以给予表扬1次。"《山西省社区矫正人员考核奖惩办法（试行）》第19条规定："社区矫正人员遵守社区矫正管理规定，努力学习，积极劳动，服从管理，认罪悔罪，考核得分满35分的，可以由司法所建议，报请县级司法行政机关社区矫正机构给予表扬。"

虽然存在上述三种不同的表述方式，但体现的只是评价方式的差异，或以事例为标准或以考核积分为标准，表扬的实质条件仍大同小异。包括端正矫正态度、服从矫正规定、积极自觉配合社区矫正的进行等。

②记功。记功作为一种奖励种类，虽然不如表扬几乎遍及所有省市，但也较为普遍。而且，受我国《刑法》中立功条件的影响，各省市之间关于记功条件的规定也相对一致。如湖南、云南、湖北等省都有如下规定："有下列情形之一的，可以记功：（一）检举、揭发犯罪活动，或者提供重要的破案线索，经查证属实的；（二）阻止他人犯罪活动的；（三）在生产、科研中进行技术革新，成绩突出的；（四）在抢险救灾或者排除重大事故中表现积极的；（五）有其他利于国家和社会的突出贡献的。""有下列重大立功表现之一的，应当记功：（一）阻止他人重大犯罪活动的；（二）检举揭发重大犯罪活动，经查证属实的；（三）在日常生产、生活中舍己救人的；（四）在抗御自然灾害或排除重大事故中有突出表现的；（五）对国家和社会有其他重大贡献的。"

③评为矫正积极分子。评为矫正积极分子作为一种奖励的种类不如表扬、记功普遍，主要存在于安徽、山西、云南、湖南等省份。评为矫正积极分子的条件，一般以累积多次表扬为主。如，《湖南省社区矫正对象考核暂行办法》第28条规定："矫正对象1年内3次受到表扬的，可以评为矫正积极分子，1年内4次以上受到表扬的，应当评为矫正积极分子。"《安徽省社区矫正对象考核奖惩办法（试行）》第24条规定："1年内连续两次受到表扬的，可以评为矫正积极分子。1年内连续3次受到表扬的，应当评为矫正积极分子。"《云南省社区矫正对象考核奖惩办法》第7条规定："连续两次受到表扬的，可以评为矫正积极分子。"山西省较为例外，其除了将累积表扬作为条件之外，还规定了其他事项。《山西省社区矫正人员考核奖惩办法（试行）》第20条规定："社区矫正人员符合下列条件的，可以由县级司法行政机关社区矫正机

构评定，评选为县级社区矫正积极分子：（一）遵纪守法，认罪悔罪；（二）服从管理，获得两次以上表扬；（三）认真学习，接受教育矫正，思想改造有明显进步；（四）有劳动能力的积极参加劳动，自食其力；（五）家庭邻里关系和睦，获得社区群众好评。社区矫正人员符合上述条件，并且全年无扣分的，可以由市级司法行政机关社区矫正机构评定，评选为市级社区矫正积极分子。"山西省规定的特殊性，与其表扬的条件是纯粹的以积分为标准的考核方式有关，因此，对表扬范围之外的独立事项，就需要单独规定。但是，就上述省份总体情况而言，评为积极分子主要是作为表扬的累进处遇方式加以规定。

④物质奖励。将物质奖励作为一种奖励的种类加以规定的地区比较少，主要以山西省为代表。《山西省社区矫正人员考核奖惩办法（试行）》第22条规定："对于被评为社区矫正积极分子的，可以给予物质奖励。"可见，物质奖励只是作为对矫正积极分子的一个可以附加的奖励措施，且并没有单独明确的条件。

⑤申请减刑。申请减刑是《社区矫正实施办法》规定的奖励种类，但与其说是一种奖励种类，不如说是社区矫正对象的一种权利。《社区矫正实施办法》第28条规定："社区矫正人员符合法定减刑条件的，由居住地县级司法行政机关提出减刑建议书……"减刑的条件以我国《刑法》规定的为准。但同时，为了体现表扬、评为矫正积极分子与减刑之间的累进性，大多省份均规定了表扬、评为矫正积极分子或记功与申请减刑之间的换算关系。如《湖南省社区矫正对象考核暂行办法》第34条规定："矫正期在1年以下，受到2次以上表扬，或者矫正期在1年以上，受到3次以上表扬或被评为1次以上矫正积极分子的，可以呈报减刑。2次表扬可以呈报减刑3个月；被评为县级矫正积极分子可以呈报减刑6个月，市州级可以呈报减刑9个月；矫正对象受到记功奖励的，可以给予呈报减刑，有重大立功表现的，应当予以呈报减刑。受警告处分的，3个月内不得呈报减刑；受记过处分的，6个月内不得呈报减刑。"

这样一种换算关系，实质上是在我国《刑法》规定的减刑条件之外，另行创设了一种减刑申报条件。这也凸显了社区矫正的对象与监狱改造的罪犯在减刑条件上的不同之处。

⑥申请假释。将假释作为对社区矫正对象的一种奖励类型目前只有湖北省有此规定。《湖北省社区矫正对象奖惩办法（试行）》第11条第2款规定："被暂予监外执行的社区矫正对象符合法定假释条件，获得四次以上表扬或两次记功奖励的，可以假释。"但将假释作为奖励的种类并不恰当。原因在于：其一，由于假释犯亦需要接受社区矫正，因此，即使将暂予监外执行变更为假释之后，还需要继续接受社区矫正，对正在进行的社区矫正活动本身并无实质影响。其二，假释和减刑一样，其实是社区矫正对象的一种权利，只要达到了法定条件，就有权申请假释；即使不规定假释，暂予监外执行的社区矫正对象亦可以申请假释。其三，假释与暂予监外执行相比，当事人未必认为假释更轻。暂予监外执行的期间可以折抵刑期，但假释的考验期间却未必能折抵刑期。其四，从立法技术而言，该条的规定有很大的问题。"法定假释条件"与"四次以上表扬或两次记功奖励"是否需要同时满足，存有歧义。"可以假释"也宜表述为"可以申报假释"或"应当申报假释"，毕竟假释的决定机关是法院而非司法行政机关。

⑦警告。警告是两高两部《社区矫正实施办法》规定的一种最基本惩处类型。《社区矫正实施办法》第23条规定："社区矫正人员有下列情形之一的，县级司法行政机关应当给予警告，并出具书面决定：（一）未按规定时间报到的；（二）违反关于报告、会客、外出、居住地变更规定的；（三）不按规定参加教育学习、社区服务等活动，经教育仍不改正的；（四）保外就医的社区矫正人员无正当理由不按时提交病情复查情况，或者未经批准进行就医以外的社会活动且经教育仍不改正的；（五）违反人民法院禁止令，情节轻微的；（六）其他违反监督管理规定的。"各个省份基本作出了与上述相类似的规定，有的还在此基础上结合本地的具体情况

进行了补充和细化。如《浙江省社区矫正人员考核奖惩办法（试行）》除规定了上述条件外，还规定了"一年内违反社区矫正机构信息化核查规定三次以上的"。《山西省社区矫正人员考核奖惩办法（试行）》则在上述条件之外增加了非法扰乱正常社区矫正工作秩序情节轻微的；谩骂侮辱社区矫正工作人员情节轻微的；违反社会公德，造成影响的等几种情形；《四川省社区矫正实施细则（试行）》还规定了"社区矫正对象故意不携带、不开机或者故意丢失、损坏定位手机等监控设备，造成人机分离、定位失效、通信中断的，司法所可以提请县级社区矫正机构给予警告"。

⑧记过。记过虽然在《社区矫正实施办法》中未作规定，但作为一种比警告严重的惩处类型，多个省份亦有专门规定，或者作为警告的累进处遇方式，或者针对单独的事项。如《湖南省社区矫正对象考核暂行办法》第33条规定："矫正对象有下列情形之一，给予记过：（一）拒不参加社区矫正活动，半年内达到2次的；（二）拒不服从社区矫正工作人员依法依规管理，情节严重的；（三）累计2次被警告的；（四）严重违反社区矫正其他规定并造成一定后果，应当给予记过的。"《云南省社区矫正对象考核奖惩办法》第12条规定："矫正对象有下列情形之一，应当予以记过：（一）不请假私自外出的；（二）对抗管理教育，情节严重的；（三）违反社会公德，侵害他人合法权益、公共利益，造成严重后果的；（四）多次拒绝参加社区矫正活动，经教育不改正的；（五）保外就医人员故意延误治疗的；（六）其他严重违反社区矫正管理规定，造成较大影响的。受到两次警告的应当给予记过。"

⑨提请治安管理处罚。提请治安管理处罚也是《社区矫正实施办法》中规定的基本惩处类型。社区矫正对象"违反监督管理规定或者人民法院禁止令"的，依法应予治安管理处罚。由于治安管理处罚的依据主要是《治安管理处罚法》，各个省市在社区矫正的奖惩规定中也按照《社区矫正实施办法》作了相同的概括式规定。

⑩申请撤销缓刑、假释。这两种基本惩处类型也是《社区矫正

实施办法》中明确规定的。《社区矫正实施办法》第 25 条规定："缓刑、假释的社区矫正人员有下列情形之一的，由居住地同级司法行政机关向原裁判人民法院提出撤销缓刑、假释建议书并附相关证明材料，人民法院应当自收到之日起一个月内依法作出裁定：（一）违反人民法院禁止令，情节严重的；（二）未按规定时间报到或者接受社区矫正期间脱离监管，超过一个月的；（三）因违反监督管理规定受到治安管理处罚，仍不改正的；（四）受到司法行政机关三次警告仍不改正的；（五）其他违反有关法律、行政法规和监督管理规定，情节严重的。"地方省市基本上遵照了此规定，或者对该规定的兜底条款进行了细化；在将记过也作为奖惩类型的地区，还增加了记过与撤销缓刑、假释的换算关系。如《安徽省社区矫正对象考核奖惩办法（试行）》第 41 条规定："矫正对象受到两次记过，或具有下列情形之一的，应当撤销缓刑，执行原判刑罚或撤销假释、暂予监外执行，收监执行未执行完毕的刑罚：（一）重新犯罪的；（二）威胁、报复受害人、司法工作人员的；（三）发现漏罪的；（四）其他应当撤销缓刑、假释、暂予监外执行的法定情形。"

⑪对暂予监外执行犯提请收监执行。对暂予监外执行犯提请收监执行与申请撤销缓刑、假释一样，是《社区矫正实施办法》中明确规定的基本惩处类型。《社区矫正实施办法》第 26 条规定："暂予监外执行的社区矫正人员有下列情形之一的，由居住地县级司法行政机关向批准、决定机关提出收监执行的建议书并附相关证明材料，批准、决定机关应当自收到之日起十五日内依法作出决定：（一）发现不符合暂予监外执行条件的；（二）未经司法行政机关批准擅自离开居住的市、县（旗），经警告拒不改正，或者拒不报告行踪，脱离监管的；（三）因违反监督管理规定受到治安管理处罚，仍不改正的；（四）受到司法行政机关两次警告，仍不改正的；（五）保外就医期间不按规定提交病情复查情况，经警告拒不改正的；（六）暂予监外执行的情形消失后，刑期未满的；（七）

保证人丧失保证条件或者因不履行义务被取消保证人资格,又不能在规定期限内提出新的保证人的;(八)其他违反有关法律、行政法规和监督管理规定,情节严重的。"地方省市在遵照此规定基础上所作的变更与上述撤销缓刑、假释的规定基本相同。

(3)奖惩的程序

一般而言,不同的奖惩种类具有不同的奖惩程序。《社区矫正实施办法》规定了基本奖惩种类的奖惩程序,各地区均应遵守。具体而言:对于减刑,由居住地县级司法行政机关提出建议,由地(市)级司法行政机关审核同意后提请,由居住地的中级人民法院裁定;对于警告,其决定机关是县级司法行政机关;对于治安管理处罚则是县级司法行政机关提请,由同级公安机关决定;对于撤销缓刑、假释则由社区矫正对象的居住地同级司法行政机关提请,由原裁判法院裁定;对于撤销暂予监外执行,由居住地县级司法行政机关提请,由原批准、决定机关决定。

如上所述,《社区矫正实施办法》所规定的奖惩程序并没有突出基层司法行政机关即司法所的程序功能。各省市在地方性文件中,主要对司法所的程序功能作了强化,基本做法是将其作为建议机关或提请机关。具体而言,对于决定机关是县级司法行政机关的奖惩,如表扬、评为矫正积极分子、警告、记过等,司法所作为提请机关;对于决定机关是其他司法机关,而县级司法行政机关只作为提请机关的奖惩,如撤销缓刑、假释等,司法所只是建议机关,负责提供具体的证明材料。但也存在一些例外的规定,如安徽省规定,"给予矫正对象表扬、矫正积极分子奖励,每季度评比一次,由司法所综合评定后提出奖励意见,经乡镇(街道)社区矫正工作领导小组审核后,报县(市、区)司法局批准"。在这种情况下,司法所也只是建议机关,提请机关是乡级社区矫正工作领导小组。河南省则规定,"表扬决定由司法所作出",司法所成了决定机关。湖南省规定,"矫正积极分子分县级和市级两种,县级由司法所提名,县级社区矫正工作机构组织评选,年评比比例不得超过

20%；市级矫正积极分子由县级社区矫正工作机构提名，市级社区矫正工作机构组织评选，年评比比例不超过5%"。这样，司法所对于县级矫正积极分子是提请机关，对于市级矫正积极分子是建议机关。这些不同规定的存在，反映了各地对司法所在社区矫正工作中职能地位的认识还不统一。

二、社区矫正中的奖惩制度考察[①]

1. 目前社区矫正奖惩制度的特点

（1）行政奖惩与司法奖惩相结合的奖惩种类

如上所述，行政奖惩是指社区矫正机构在对社区矫正对象日常考核的基础上，运用行政手段给予社区矫正对象肯定性或否定性的评价。司法奖惩是指社区矫正机构根据社区矫正对象的日常考核奖惩情况，将材料呈报给人民法院等有权机关，有权机关根据法律规定对社区矫正对象进行奖励和处罚。行政奖惩和司法奖惩的区别主要在于：一是作出决定的主体不同，行政奖惩由社区矫正机构自行作出决定；司法奖惩一般由社区矫正机构提请人民法院作出决定。二是法律后果不同，行政奖惩对社区矫正对象的刑期不会产生直接影响，而司法奖惩直接影响到社区矫正对象刑期的长短。作为促进社区矫正对象改造的制度体系，行政奖惩必须以司法奖惩为后盾，两者相互结合、相辅相成，才能构筑起严密的制度体系。两院两部《社区矫正实施办法》贯彻了行政奖惩与司法奖惩相结合的理念，其确定的奖惩措施包括：警告，治安管理处罚，提请减刑，提请撤销缓刑、假释，提请撤销暂予监外执行，并将行政惩罚措施中的警告、治安管理处罚与司法惩罚措施的提请撤销缓刑、假释，提请撤销暂予监外执进行了有机的结合。

实施办法只规定了"减刑"这种单一的司法奖励措施，而没

---

① 本部分参考了社区矫正宣传网（http://www.chjzxc.com）之内的资料及提供的有益启示，在此一并致谢。

有规定相关的行政奖励措施。但各地的奖惩规定与实施细则弥补了这一缺陷，大都设立了表扬、评为社区矫正积极分子、立功、重大立功、记功等措施，并且将行政奖励措施与司法奖励措施进行了结合。

行政奖惩与司法奖惩是有机结合的，二者之间的衔接关系也是累进处遇思想的体现。正如上文提到的"行政奖惩情况是评价矫正对象表现，对矫正对象进行司法奖惩的主要依据"，将行政奖惩与司法奖惩有机结合，能够使社区矫正对象对于减刑等司法奖励形成心理预期，促进社区矫正对象积极改造；同时，也能够为社区矫正机构执法行为建立坚强后盾，如果对社区矫正对象给予警告、提请治安管理处罚仍不足以矫正其违规行为的，可以提请人民法院或者有权机关撤销缓刑、假释，收监执行。[1]

（2）定量与定性相结合的奖惩考核机制

奖惩以考核为前提，是考核结果的体现形式。考核是社区矫正的一项基础性工作，通过对社区矫正对象的考核，能够对社区矫正对象人员的心理和行为能力、自我控制能力、社会适应性、人际交往能力等进行定性和定量评价，对社区矫正的整体效果进行评估，便于及时调整相应的矫正方案，并按照"累进处遇"的原则对社区矫正对象进行动态管理。社区矫正考核是指社区矫正机构依照一定的标准和程序，对社区矫正对象在矫正期间接受监督管理、参加教育学习等整体表现进行综合考察和评价。

目前对社区矫正对象的考核方式主要分为两类：一是定性指标，例如《社区矫正实施办法》和各省市奖惩规定或实施细则明确对特定行为给予奖惩，即以事项为标准而进行奖惩；二是定量指标，即根据计分考核的规定，累积加分或扣分达到一定分值而给予的奖惩。定量考核是社区矫正工作中的重要制度，涉及社区矫正监管、教育、帮扶的方式、方法、力度的确定和动态调整，当然亦是

---

[1] 张云飞：《社区矫正奖惩制度研究》，湘潭大学2015年诉讼法硕士学位论文，第9—10页。

奖惩的重要依据。目前计分考核为定量考核的主流方式，它主要分为两种计分模式，一种是计分考核只扣不加，实行此种方式的有北京市、安徽省和吐鲁番市等；另一种是实行加扣分考核，实行此种方式的有江苏省、浙江省、湖南省、青海省和山东省等。加扣分考核方式一般需设置社区矫正对象考核基础分值。湖南设置的基础分为5分，设定了每月最高得分原则上不超过20分，当考核对象考核积分达到40分时，可以给予表扬1次，同时从累积分中减去40分，剩余的积分滚入下一轮计分，并作为下一次评比表扬的依据。

定性考核（事项考核）与定量考核（计分考核）这两种方式并不是互斥的，而是可以交叉使用，以使两种考核方式进行互补。如《湖南省社区矫正对象考核暂行办法》第27条规定："矫正对象同时具备下列条件，可给予表扬：（一）考核积分达到40分；（二）认真遵守法律、法规及矫正制度；（三）积极参加公益劳动，表现突出；（四）在学习以及各种活动中态度端正，成绩优秀；（五）遵守公民道德规范，受到社区群众普遍好评。"这里采用的就是定性考核与定量考核相结合的考核方式。另外，由于《社区矫正实施办法》中所规定的基本奖惩类型只采用了定性考核的方式，因此定量考核主要存在于特殊的奖惩类型中，如表扬、记功、评价为矫正积极分子等，这也是社区矫正奖惩考核方式分布样态的一个特点。

（3）静态奖惩与累进处遇相结合的奖惩模式

累进处遇是一种动态的执行方式。通过设置一定激励机制，罪犯表现好就能获得较为优越的待遇，表现不好则会降低或丧失一些权利或待遇，以此鼓励罪犯积极改造，抑制重新犯罪的冲动，修正其行为方式。正如有学者所言："累进处遇是指将判决宣告的刑期分为几个阶段，依照受刑人改善的程度，逐渐由下级到上级，随着级别的递增，逐渐缓和其处遇，以鼓励受刑人改过自新，使其适应社会生活的行刑制度。"[1]

---

[1] 蒋建宇：《社区矫正中适用累进处遇制的构想》，载《中国司法》2004年第8期。

累进处遇的理念已经从监狱改造移植到社区矫正工作中来，在社区矫正制度中主要体现在管理等级的调整及奖惩升降格的过程中，并且二者往往是结合在一起规定，即，将奖惩的种类作为调整管理等级的根据。如《河南省社区矫正人员考核奖惩暂行办法》第26条规定，"连续获得两次表扬的可以降低管理等级"，就实现了管理等级的动态调整与奖惩的有机结合。考核奖惩和分类管理相结合原则的明确，有利于增强监管的针对性，确保监管质量的提高，为教育矫正社区矫正对象，促进其顺利回归社会奠定了基础。

累进处遇的另一种体现是不少省市规定的不同种类奖惩之间的"换算"关系。如《云南省社区矫正对象考核奖惩办法》第14条规定："矫正对象接受社区矫正一年以上，并受到三次以上表扬或一次以上矫正积极分子奖励的；或受到记功奖励的，可以给予减刑。"《浙江省社区矫正人员考核奖惩办法（试行）》第37条规定："对判处管制、决定暂予监外执行的社区矫正人员，连续获得三次以上表扬、累计获得四次以上表扬且未受警告以上处罚的，或者有立功表现的，可以提出减刑建议；有重大立功表现的，应当提出减刑建议。"这些均体现了累进处遇思想在社区矫正奖惩制度中的运用。

2. 目前社区矫正奖惩制度所存在的问题

（1）部分奖惩措施的设置不甚科学，奖惩体系较为混乱

针对社区矫正对象的奖励措施，《社区矫正实施办法》只规定了属于司法奖励的减刑这一种，而没有规定行政奖励措施。但是，各地的奖惩办法和实施细则则在减刑之外，增设了表扬、评为社区矫正积极分子、立功、重大立功、记功、提请假释等措施。作为激励社区矫正对象遵守规定、积极改造的重要机制，奖励制度在矫正实务中能发挥重要的动力性作用。因此，应当探索和创设多样化的奖励机制，形成多样化的激励手段。但是，各地所探索设置的部分奖励措施的科学性和实用性值得反思，致使奖惩体系较为混乱。

其一，将评为矫正积极分子作为奖励措施尚需谨慎。评为矫正积极分子作为一种奖励措施相对而言较为普遍，安徽、山西、云

南、湖南等省市均有规定，有的《社区矫正法》的建议稿也有此建议。以湖南省为例，《湖南省社区矫正对象考核暂行办法》第28条规定："矫正对象1年内3次受到表扬的，可以评为矫正积极分子，1年内4次以上受到表扬的，应当评为矫正积极分子。"但这样的规定，使得评为矫正积极分子与表扬之间只具有这种量的换算关系，等于多次表扬的集合。从各地规定来看，表扬、评为矫正积极分子，都是司法行政机关对社区矫正对象"确有悔改表现"这一法定减刑条件作出的肯定性评价，其主要功能是为矫正对象以后的减刑提供凭据。目前，不少地方都规定了获得几次表扬就可以申报减刑。既然获得几次表扬后可以申报减刑，而表扬与矫正积极分子之间又只是单纯的量的换算关系，那么单靠表扬就已经能够承担为减刑提供证明依据的功能，再将矫正积极分子与减刑挂钩就完全没有必要了。而且，社区矫正对象对矫正积极分子这一提法的接受和认可度也是存疑的。

其二，将记功作为奖励措施亦不恰当。记功是司法行政机关对符合立功条件的社区矫正对象给予的奖励。从奖励的力度来看，与表扬相比，记功与减刑的关系更为紧密，社区矫正对象获得一次记功，就可以或应该减刑。因此，普遍认为记功是比表扬更高的奖励措施。目前各地奖惩办法和实施细则规定的记功条件，和我国《刑法》规定的立功条件相似乃至相同，但由此也会导致立功认定权的部门冲突问题。根据现有规定，县级司法行政机关有权对社区矫正对象作出记功奖励决定，也就是拥有记功时的立功认定权；而法院对因立功呈报减刑的案件作出裁决时，也要对社区矫正对象的行为是否构成立功作出独立认定，也就是拥有减刑时的立功认定权。由此带来的问题是：当社区矫正机构与法院对社区矫正对象的行为是否构成立功这一事实作出不一致的结论时，该如何处理？由于记功往往和减刑挂钩，而《刑法》及司法解释对立功、重大立功的规定又比较抽象，实践中难免会出现法院、社区矫正机构对立功认定不一致的现象，这在重大立功的认定上尤为突出。至于其他种类的奖惩措施，如上文提到的假释、记过等亦存在上述权限冲突问题，这些奖惩措施设置的科学性还需要进一步论证。

（2）部分奖励措施的操作性不强，很难落到实处

对于社区矫正对象的考核奖惩，目前主要限于管理级别上的变动，从普管降至宽管或升到严管，其余奖惩措施一般不具有吸引力或强制力，一些真正能促进矫正对象改造的记功、治安处罚、减刑、收监等奖惩措施难以落到实处。目前各省市的相关规定中，只有对判处管制和被暂予监外执行的矫正对象的减刑规定得较为明确；而缓刑、假释的减刑条件则比较模糊，尤其缓刑罪犯在减刑方面存在条件过苛，且减刑原则过于抽象等问题，使得减刑在实务中认定难、操作难，真正获得减刑的社区矫正对象人数寥寥，以致《社区矫正实施办法》规定的减刑措施变成了存而不用的宣言式规定。

至于表扬，其条件也不乏抽象和笼统。比如说"社区矫正对象符合下列条件之一的，可予以表扬：1. 积极参加各项教育学习和社区公益劳动等活动，发挥示范作用的；2. 热心助人，乐于做好事，受到社区群众好评的；3. 认真学习文化、技术和技能，取得优异成绩的"。该条规定看似很合理，但在司法实践中却难以操作，因为该规定中的"发挥示范作用""取得优异成绩"究竟该如何理解和适用缺乏具体的标准。在社区矫正实践中，绝大多数矫正对象都是"被迫"参加教育和劳动，因此往往缺乏参与的积极性，只有少数矫正对象能做到每次都按时参加教育学习和公益劳动，谈得上"积极参加"的更是少之又少，如此情况下，还要求矫正对象"发挥示范作用""取得优异成绩"，这样的规定不仅使得能够获得"表扬"资格的矫正对象已寥寥无几，更导致司法人员在操作上无所适从。而"表扬"是最基础的奖励项目，如果我们连"表扬"都难以给予矫正对象，那"记功"和"社区矫正积极分子"这两个更"高级"的头衔就更无用武之地了。

（3）奖惩的程序、考核方式不统一，区域发展不平衡

目前，在对矫正对象实施奖励或惩处时，司法所会按照《社区矫正实施办法》和各省市的关于社区矫正奖惩的规范性文件，对矫正对象进行奖惩；公安机关需在调查取证的基础上，按《中华人民共和国治安管理处罚法》规定实施处罚；法院则要求公安机关负责调查取证，在取得确凿证据的基础上进行奖惩。在对社区矫正对象考虑进行奖惩时，由于目前法律将减刑、治安处罚、收监等对矫正对象具有实质影响的行政奖惩、司法奖惩的建议权授予了公安机关、检察院和法院，司法所只能依靠这些部门才能对矫正对象实施有效的奖励和处罚，致使程序不一，审批复杂，有效奖惩实施的难度比较大。

此外，虽然各地规范性文件规定了多元化的奖惩措施，但由于缺乏全国统一的奖惩规范，各地奖惩考核的内容、考核计分的方式、量化的分值、奖惩种类等方面各不相同，不统一的奖惩种类和考核，会引起社区矫正工作的区域发展不平衡，不利于跨区域的社区矫正工作开展。这些都是奖惩考核制度中要解决的重要问题。[①]

（4）奖惩适用率较低，奖惩效果不理想

目前奖惩制度的实际效果呈现出"奖励存而不用，惩罚多而不严"的状态。由于一些奖励条件的抽象性和程序复杂性，字面上的奖励措施往往很难落实，严重影响了对社区矫正对象的矫正管理。在实地调研中发现，实践中存在对表现较好的社区矫正对象奖赏缺位，甚至如江苏省张家港市基层社区矫正机构所反映的"只惩不奖"现象。此外，苏州市虽然规定了对社区矫正对象进行积分制考核，且根据《江苏省社区服刑人员监督管理办法》第52条规定："社区服刑人员连续六个月月度考核结果均为良好的，由县级司法行政机关予以表扬。"但这种"口惠而实不至"的奖励很难对社区矫正对象形成任何激励。另外，对表现积极或有好人好事等事迹的社区矫正对象无任何奖励措施，对于发明创造、对社会有重大贡献

[①] 邓陕峡：《论我国社区矫正对象考核奖惩制度的完善》，载《理论月刊》2011年第10期。

的社区矫正对象也无减刑措施。奖励措施的缺位，严重降低了社区矫正对象接受社区矫正的积极性和配合度，也为社区矫正工作的开展增加了不小的困难。

对社区矫正对象的惩罚效果不理想。在实地调研中发现，实际工作中能够对违法违规的社区矫正对象进行惩罚的手段主要是警告、提高相应的管理等级，如由普管转为严管，增加汇报、走访次数，最后对3次警告后仍违规的建议重新收监。上述惩罚方式，除建议重新收监外，对社区矫正对象的威慑并不大。而且，根据《江苏省社区服刑人员监督管理办法》第55条规定，未按规定时间报到或者接受社区矫正期间脱离监管15天以下只进行警告。15天的期限，会造成部分社区矫正对象在矫正期限的最后一两个月故意不配合社区矫正工作，甚至脱离监管，形成"最后一两月"现象。而司法行政机关除了对其进行警告外，也无可奈何。其脱逃行为，也不构成脱逃罪，仅承担撤销缓刑、假释等后果，简单地等同于其他违反社区矫正规定的行为，未凸显对脱逃行为的惩罚性。另外，该《办法》第55条关于给予社区矫正对象警告的兜底条款规定"其他违反监督管理规定的"，这样对于社区矫正对象违反法律、行政法规、部门规章等规范性文件的行为就无法给予警告处分。

（5）对社区矫正对象不服奖惩决定的救济不足

"无救济则无权利"。在社区矫正制度的体系构建中，应当建立社区矫正对象权利救济制度，赋予社区矫正对象对奖惩决定的异议权和救济权。《社区矫正实施办法》第36条规定："社区矫正人员的人身安全、合法财产和辩护、申诉、控告、检举以及其他未被依法剥夺或者限制的权利不受侵犯。"在各地社区矫正运行中，有些地方规定社区矫正对象对奖惩决定不服，可以提出复议申请，有些地方规定可以提出复核或核查申请。如《云南省社区矫正对象考核奖惩办法》第23条规定："矫正对象对行政处分决定不服的，可以申请复议，申请复议不影响处分的执行。"

然而，目前我国法律未明确界定奖惩行为的权力属性，即是否属于行政行为,因此,如果不服奖惩决定能否提请行政复议或行政诉讼就缺乏规范依据。这就导致了社区矫正对象对奖惩决定的异议权和救济权无法实现。奖惩结果关乎社区矫正对象切身的利益,当社区矫正对象不服奖惩决定时,只能依靠作出决定机关的自律和自我监督,缺乏有效的外部监督。虽然有些规定中提出对复核或复议不服,可以向检察机关反映,然而检察机关该适用何种程序、以何种方式来监督却没有具体规定,这导致该监督只能停留在纸面上。而当奖惩考核中的不公无法通过有效途径予以纠正时,对社区矫正对象产生的消极影响是不容忽视的。①

(6)检察监督机制有待进一步完善

目前,我国社区矫正的检察监督机制亦不甚健全。从现有的规定来看,检察机关对社区矫正对象奖惩的监督多是事后监督,且仅限于司法奖惩。如《湖北省社区矫正对象奖惩办法(试行)》第25条规定:"人民检察院对人民法院、公安机关和社区矫正机构办理社区矫正对象减刑、假释以及撤销缓刑、假释和暂予监外执行的活动实施法律监督。"第26条规定:"社区矫正机构在向人民法院、公安机关和监狱管理机关报送奖惩建议的同时,应将提请奖惩建议的相关材料抄送同级人民检察院。"第27条规定:"人民检察院对提请奖惩建议有异议的,可以向有关人员调查或调阅有关案卷,发现违反法律或有关规定的,应当自收到相关材料之日起七日内向报送的社区矫正机构提出书面纠正意见,社区矫正机构应当在七日内改进或书面回复。"

从奖惩流程上来看,行政奖惩是司法奖惩的前提,由于检察机关的这种事后监督仅限于司法奖惩的监督,检察机关对社区矫正机构在行政奖惩环节的工作是否合法,是否有玩忽职守、徇私舞弊、滥用职权等违规违纪行为,存在监督上的真空,很难达到监督目

---

① 邓陕峡:《论我国社区矫正对象考核奖惩制度的完善》,载《理论月刊》2011年第10期。

的。① 根据《社区矫正实施办法》第 37 条的规定，检察监督无非是发出纠正违法通知书或者检察建议书，但因没有赋予检察机关对执行不到位的情形以相应的违法处置权，纠正意见书和检察建议书没有硬性的法律执行力，检察监督职权的有限性影响了监督的法律效果和社会效果。从目前情况来看，防止脱管、漏管和社区矫正对象的再犯罪，仍然是检察机关对社区矫正监督的重心，社区矫正奖惩的监督缺位，使得很难发挥法律监督的作用。

三、社区矫正奖惩制度的完善与立法建议

1. 社区矫正奖惩制度的完善

（1）增设奖惩种类，完善奖惩体系

在奖励方面，建议增设降低监管级别、扩大活动范围、缩短矫正期限等作为奖励种类；在惩罚方面，建议增设提高监管级别、限制活动范围、延长矫正期限作为惩罚种类。

监管本身不是奖惩，但监管级别的降低或提高具有明显的奖惩意义。监管级别的降低或提高，是针对社区矫正对象的特点进行个别矫正、动态监管的需要，可以将表扬、警告作为降低或提高的条件。

活动范围的扩大，是指出于社区矫正对象顺利回归社会的人性化考虑，矫正对象在符合一定的条件下，其生活、工作场所可以不限于社区矫正地的县（市、区）和设区的市的城区。这种活动范围的扩大只要受到严格的适用条件限制和严肃的审批程序约束，就不至于成为对社区矫正对象的普遍待遇。而活动范围的限制，则是指对已经扩大活动范围的社区矫正对象，若不遵守监管规定而受到警告处分，应当恢复到原来的活动范围。

矫正期限的缩短和延长，主要适用的是缓刑犯。虽然矫正期限

---

① 顾玉梅，魏巍：《社区矫正对象奖惩机制的构建与完善》，载《湖北第二师范学院学报》2011 年第 10 期。

的缩短和延长与目前相关司法解释不尽相符，但在现行刑法中也是可以解释的。2016年《最高人民法院关于办理减刑、假释案件具体应用法律的规定》第18条规定："被判处拘役或者三年以下有期徒刑，并宣告缓刑的罪犯，一般不适用减刑。前款规定的罪犯在缓刑考验期内有重大立功表现的，可以参照刑法第七十八条的规定予以减刑，同时应当依法缩减其缓刑考验期。缩减后，拘役的缓刑考验期限不得少于二个月，有期徒刑的缓刑考验期限不得少于一年。"因此，对缓刑犯原则上不适用减刑，在社区矫正的语境中，对缓刑犯所谓减刑不是减轻基本刑而是等同于"缩短缓刑考验期"，即"缩短社区矫正期限"。将减刑和缩短社区矫正期限分别规定，在法理上更为严谨。同理，亦可以在一定条件下延长对缓刑犯的社区矫正期限。

（2）明确奖惩的条件，提高奖惩适用率

为了保持规范的完整性和有法可依、有法必依，同时借鉴《监狱法》第57、58条的立法技术，可以在《社区矫正实施办法》和实务经验的基础上进一步明确奖惩的条件，增强奖惩制度的可操作性。比如，对于降低监管级别，可以规定"对连续两次获得表扬的社区矫正对象，可以降低一个监管级别；对连续三次获得表扬的社区矫正对象，可以降低两个监管级别"；对于活动范围的扩大，可以规定"对连续四次获得表扬的社区矫正对象，经其本人申请，活动范围可以扩至市级行政区域；对连续五次获得表扬的社区矫正对象，经其本人申请，其活动范围可以扩至省级行政区域；对连续六次获得表扬的社区矫正对象，经其本人申请，可以跨省（市、自治区）活动"；对于提高监管级别，可以规定"对受到两次警告的社区矫正对象，应当提高一个监管级别；对受到三次警告的社区矫正对象，应当提高两个监管级别"。

（3）建立表扬、警告与累进处遇的关联制度，提高奖惩有效性

表扬、警告不仅仅是一种心理性的鼓励、威慑，还应当随着其

累积程度形成物理性的处遇后果,才能充分发挥奖惩制度的作用。因此,应当以表扬、警告为基点建立作为奖惩制度内核的累进处遇制度。比如,借鉴江苏的经验,将社区矫正对象的月度考核结果分为良好、合格、基本合格、不合格4个级别。规定以连续3个月的良好作为表扬的条件,以不合格作为提高监管级别的条件。在此基础上,还可以以表扬的次数和连续性作为物理性奖励的条件,鼓励矫正对象自觉改造。

(4)加强部门间的协助机制,建立科学的奖惩审批程序

社区矫正是一项综合性很强的工作,涉及公安、法院、检察院、司法行政机关、监狱等部门,只有各部门分工负责,密切配合,才能共同做好社区矫正试点工作。建议应加强两个层面的协作:一是县区级层面公、检、法、司的协作,共同研究打击处理严重不服从管理的矫正对象,探索建立符合本县区实际的社区矫正工作秩序;二是乡镇、街道级层面的公安派出所、基层司法所的协作,加强各种矫正工作信息的交流核对,对不服从管理的、对考核抱无所谓态度的矫正对象,采取针对性强的打击处理措施,逐步摸索社区矫正对象日常监督管理的有效手段,保证社区矫正工作各项监管制度的落实。

同时,还要明确对社区矫正对象的具体奖惩考核加扣分达到什么程度由什么部门审批,考核结果以及奖惩又由什么部门审批,最后兑现奖惩又由什么部门执行等一套完整的审批程序。比如,可以考虑重庆大学陈忠林教授的建议:"明确社区矫正奖惩的申请机关是司法行政机关,使其权责相统一,更能有效了解其相应的表现。基层法院对违反监管规定情节严重的,通过庭审或听证的方式决定是否裁定收监执行。社区矫正的根本目的在于预防犯罪人重新犯罪,所以法律应明确社区矫正的专门主体,由居住地或所在地的司法局进行,避免现在多头管理的不利情况。对申请撤缓机关明确由司法局进行,通过法院直接审查以听证会的方式参与,在之前,司法局要有书面的劝诫程序,如果罪犯在法院听证阶段确有悔改之

意,且得到相关措施的保障,法院可以直接裁定不予收监执行,这样防止对轻微违反规定的被矫正人员加重了处理的后果。"①

(5)完善救济程序,保障社区矫正对象的异议权和救济权

完善救济程序,从制度层面构建社区矫正对象不服奖惩处决的救济程序,保障其异议权和救济权,从而保障奖惩适用的正确性,防止矫正权力行使不当和滥用。当惩戒种类会导致限制或剥夺社区矫正对象人身自由的后果时,就应当赋予社区矫正对象申诉权,通过行政复议和行政诉讼,予以救济。行政复议中的听证和行政诉讼中的司法审查,对关乎社区矫正对象人身自由的决定会给予程序上的保证。对不涉及人身自由的限制和剥夺的惩处,可以通过设置复查程序来保障惩罚的准确适用,实现兼顾公平与效率的效果。

同时,为了确保奖惩公平公正,可以建立奖惩考核公开制度。上海市徐汇区试点实行日常行为奖惩公开制度,在一定范围内将对社区矫正对象的奖惩意见公示3日,公开征询培训中心老师和工作人员的意见建议。通过公开的方式有利于保证考核奖惩的公正性,对社区矫正考核机构也是一种监督,同时那些受到奖励的对象会因这种公开认可提高其参与矫正的积极性,那些受到惩戒的对象也会心服口服,体现了惩戒的警示和威慑作用。这种公开、透明的奖惩考核是一种有益尝试,还需要总结经验,进一步研究意见征询的操作性、可靠性和有效性并予以推广。

(6)强化检察监督,确保奖惩公信力

在社区矫正工作中,检察机关的法律监督应贯串刑事执行的始终,检察监督的力度如何,直接关乎奖惩的实际效果。具体可从以下4个方面着手:

一是建立健全专门的社区矫正检察机构,强化对社区矫正对象奖惩的检察监督力度。可以在司法行政机关内派驻专门的社区矫正检察机构,由专职检察人员以定期巡查与随时检查相结合的方式,

---

① 陈忠林:《社区矫正效果与奖惩机制》,载《江苏法制报》2010年8月12日第C01版。

对社区矫正对象在判、交、送、接、帮、奖、惩等各执法环节的具体情况实施全程动态监督，实现对社区矫正奖惩检察监督的常规化、有序化和持续化。

二是延伸监督重点，将对社区矫正对象的奖惩列入检察监督工作的重心。2006年，最高人民检察院发布的《关于在社区矫正试点工作中加强法律监督的通知》明确了检察机关重点监督的4个环节：依法加强对交付执行环节的监督；加强对执行变更环节的监督；加强对执行终止环节的监督；加强对监管措施的监督。随着工作的深入，检察机关应将社区矫正对象的奖惩情况也纳入监督重点，加大投入，切实保障奖惩工作的公信力。

三是拓宽监督方式，将事后监督拓展为事前监督、事中监督和事后监督并重，将静态监督延伸为动态监督。一方面，要全面掌握社区矫正对象在监外执行期间工作、生活、思想、遵纪守法、服从管理等方面的情况，及时督促社区矫正机构行使考核职能，增强事前监督能力。另一方面，要扩大对社区矫正对象奖惩监督的覆盖面，将行政奖惩和司法奖惩均纳入监督范围，提升监督实效。最后，要对社区矫正机构提请的奖惩建议和相关材料及时进行全面审查，发现问题及时提出纠正，防止违法违规对社区矫正对象进行奖惩的情况发生。

四是将日常检察监督与查办职务犯罪相结合，切实保障对社区矫正对象奖惩的公信力。检察机关的检察权是对社区矫正机构管理权的有效制约，检察机关将查办社区矫正渎职、受贿案件与日常监督检察有机结合，可以有效提升社区矫正机构工作的积极性，防止借考核奖惩之名，行权力寻租、徇私舞弊之实，避免社区矫正奖惩工作中腐败现象的发生。[①]

2. 立法建议

根据上文的分析，并结合目前社区矫正制度成功做法和有效经

---

① 顾玉梅、魏巍：《社区矫正对象奖惩机制的构建与完善》，载《湖北第二师范学院学报》2011年第10期。

验，对于社区矫正奖惩制度特提出以下立法建议：

奖励与惩罚

第一节 奖励

【奖励种类】对社区矫正对象的奖励包括：

（一）表扬；

（二）降低监管级别；

（三）扩大活动范围；

（四）缩短矫正期限；

（五）减刑。

【表扬】社区矫正对象连续三个月月度考核结果均为最高等级的，由社区矫正工作中心在集中教育时公开予以表扬。

【降低监管级别】对连续两次获得表扬的社区矫正对象，可以降低一个监管级别；对连续三次获得表扬的社区矫正对象，可以降低两个监管级别。

【扩大活动范围】对连续四次获得表扬的社区矫正对象，经其本人申请，活动范围可以扩至市级行政区域；对连续五次获得表扬的社区矫正对象，经其本人申请，其活动范围可以扩至省级行政区域；对连续六次获得表扬的社区矫正对象，经其本人申请，可以跨省（市、自治区）活动。

社区矫正对象扩大活动范围的，应当由下列社区矫正管理机构审批：

（一）在市（地、州）行政区域内活动的，由县（市、区）的社区矫正管理机构审批；

（二）在省（市、自治区）行政区域内活动的，由市（地、州）的社区矫正管理机构审批；

（三）跨省（市、自治区）行政区域活动的，由省（市、自治区）的社区矫正管理机构审批。

社区矫正对象不得出国（边）境。

【缩短矫正期限】被宣告缓刑的社区矫正对象连续七次获得表

扬的，经社区矫正工作中心建议，作出缓刑宣告的人民法院可以裁定缩短其矫正期限。

【减刑】被判处管制、暂予监外执行的社区矫正对象连续八次获得表扬或者有立功表现的，可以减刑；有重大立功表现的，应当减刑。

被宣告缓刑的社区矫正对象有重大立功表现的，可以减刑。

第二节 惩罚

【惩罚种类】对社区矫正对象的惩罚包括：

（一）警告；

（二）提高监管级别；

（三）限制活动范围；

（四）治安管理处罚；

（五）延长矫正期限；

（六）收监执行。

【警告】社区矫正对象有下列情形之一的，由社区矫正工作中心给予警告：

（一）未按规定时间报到或者有其他脱离监管情形，不满十五天的；

（二）违反关于报告、会客、外出、社区矫正地变更规定的；

（三）不按规定参加教育学习、公益劳动等活动，经教育仍不改正的；

（四）保外就医的社区矫正对象无正当理由不按时提交病情复查情况，或者未经批准进行就医以外的社会活动且经教育仍不改正的；

（五）违反人民法院禁止令，情节轻微的；

（六）其他违反监管规定的。

【提高监管级别】对受到两次警告的社区矫正对象，应当提高一个监管级别；对受到三次警告的社区矫正对象，应当提高两个监管级别。

【限制活动范围】社区矫正对象活动范围已扩至县（市、区）行政区域以外，又受到警告处分的，应当恢复至县（市、区）活动范围。

【治安管理处罚】社区矫正对象有下列情形之一的，由社区矫正工作中心向同级公安机关提出治安管理处罚建议书，并附审批表和有关证明材料：

（一）被判处管制的社区矫正对象违反禁止令，或者被宣告缓刑的社区矫正对象违反禁止令尚不属情节严重的；

（二）未按规定时间报到或者接受社区矫正期间脱离监管，十五天以上、一个月以下的；

（三）其他违反监管规定依法应予治安管理处罚的行为。

公安机关应当依法作出处理决定，并在作出决定后五个工作日内通报同级司法行政机关。

【延长矫正期限】被宣告缓刑的社区矫正对象受到四次警告处分的，经社区矫正工作中心建议，作出缓刑宣告的人民法院可以裁定延长其矫正期限。

【撤销缓刑、假释】被宣告缓刑、假释的社区矫正对象有下列情形之一的，由社区矫正工作中心向原裁判人民法院提出撤销缓刑、假释建议，人民法院应当自收到之日起一个月内依法作出裁定：

（一）违反人民法院禁止令，情节严重的；

（二）未按规定时间报到或者有其他脱离监管情形，超过一个月的；

（三）因违反监管规定受到治安管理处罚，仍不改正的；

（四）受到四次警告，仍不改正的；

（五）其他违反有关法律、行政法规和监督管理规定，情节严重的。

社区矫正工作中心撤销缓刑、假释的建议书和人民法院的裁定书应当抄送社区矫正地人民检察院和公安机关。

【收监执行】暂予监外执行的社区矫正对象有下列情形之一的，由社区矫正工作中心向批准、决定机关提出收监执行建议，批准、决定机关应当自收到之日起十五日内依法作出决定：

（一）发现不符合暂予监外执行条件的；

（二）未经社区矫正机构批准擅自离开社区矫正地，经警告拒不改正，或者拒不报告行踪，脱离监管的；

（三）因违反监管规定受到治安管理处罚，仍不改正的；

（四）受到四次警告，仍不改正的；

（五）保外就医期间不按规定提交病情复查情况，经警告拒不改正的；

（六）暂予监外执行的情形消失后，刑期未满的；

（七）保证人丧失保证条件或者因不履行义务被取消保证人资格，又不能在规定期限内提出新的保证人的；

（八）其他违反有关法律、行政法规和监督管理规定，情节严重的。

社区矫正工作中心的收监执行建议书和决定机关的决定书应当抄送社区矫正地人民检察院和公安机关。

第十三章　法律责任

法律责任是国家强制力的重要体现,是保证法律规范得到有效实施的保障。《中华人民共和国社区矫正法(征求意见稿)》未设立社区矫正专章。现有社区矫正相关规定多未能明确责任主体,混同义务和责任,条文设置过于粗疏,对不同主体的法律责任内容不加区分,也未规定相应的救济措施。本章将探讨法律责任的意义、内涵和具体的条文设置。

一、设立专章规定社区矫正法律责任的必要性

随着社区矫正工作的发展,很多地方已经建立起了一支以司法行政部门工作人员为主,社会工作者协助、社会志愿者等配合的社区矫正工作队伍。对这支工作队伍的规范化管理,决定了社区矫正的质量。正如那句万古不易的真理所说,权力有腐败的天性,会滥用直至其边界。社区矫正工作也是在权力的支配下运行的,所以需要明确规定社区矫正权力运转的内容和程序,如果社区矫正工作者、人民警察、配合部门逾越了合法边界,则要追究其相应的法律责任,从而发挥法律责任事前预防和事后惩戒的作用。

实践案例已经表明,社区矫正过程中滥用权力的违法现象是现实存在的。例如,在江苏省南京市溧水区就发生过负责社区矫正的工作人员因为向矫正对象索要财物被当地检察机关以职务犯罪立案起诉的情况。再如,2013年10月26日,陕西省浮山县北王乡司法

所负责人张某因多次向本辖区内社区矫正对象索要财物，被浮山县人民法院依法判处有期徒刑 1 年缓刑 1 年。还有的社区矫正执法工作者虽然没有用权力寻租，但要么为了减少将来的监管工作量，避免承担更多责任，随意作出不适用社区矫正的结论，要么碍于邻里关系、人情世故，在不符合适用社区矫正的情况下，仍然作出适用社区矫正的结论。

因此，实在有必要考虑社区矫正工作过程中可能发生的违法现象并明确社区矫正工作人员的法律责任，从而发挥法律应有的威慑作用。就研究现状而言，学界一直没有对此领域进行深入的探讨。梳理全国各地社区矫正的规范性文件，可以发现考核奖惩基本上被独立成章，规定于分则之中，但法律责任却少有单列成章。实践中各地方多是以内部工作条例的方式对社区矫正工作人员的责任进行规定，部分地方性法规虽然提及了法律责任，但也多是一笔带过，不具有可操作性。此前公布的国务院法制办《中华人民共和国社区矫正法（征求意见稿）》中亦缺少"法律责任"一章。如前所述，社区矫正"法律责任"关涉到社区矫正工作队伍的健康发展，决定了到社区矫正工作的效果与质量，故实有必要对其进行深入讨论，并在《社区矫正法》中设专章规定。

二、社区矫正法律责任的困境

社区矫正法律责任目前主要有以下几个问题：第一，大多数地方性法律法规未设专章规定社区矫正工作人员的法律责任，或虽设立法律责任专章，但未能区分社区矫正工作人员的法律责任与社区矫正对象的考核奖惩；第二，未能区分法律责任与法律义务，一些规定虽名为法律责任，实则只是对义务的重申；第三，法律责任条款对行为没有具体描述，规定过于含糊笼统，不利于司法实践中的认定；第四，未区分社区矫正工作者、人民警察、配合部门不同主体的法律责任内容、承担责任的方式。尤其是，不同部门衔接时的法律责任部分规定不明；第五，并未规定社区矫正工作人员在承受法律责任之后相应的救济途径。

1. 未能明确法律责任的主体

法律责任的设置符合法理学的基本原理。如果缺少对法律责任的规定将会使得规范的效力大打折扣。没有配套的法律责任，法律义务就成了没有牙齿的老虎，所以有观点认为缺失了"威胁为后盾"的规则难言法律规则。另外，法律责任的设置也是落实"权责统一"的具体举措，有利于"把权力关进制度的笼子里"，督促社区矫正工作人员依法办事，保障矫正对象的合法权利不受公权力之侵犯。《中华人民共和国社区矫正法（征求意见稿）》中没有规定"法律责任"一章，立法体例不够完整。很多地方性法律法规亦未对法律责任问题作系统规定。

《江苏省社区矫正工作条例》（以下简称《条例》）第五章虽然规定了法律责任制度，但未能区分社区矫正工作人员法律责任与社区矫正对象考核奖惩两个概念。《条例》第42条规定："社区服刑人员违反社区矫正监督管理规定的，按照有关规定处理。"第43、44、45条则分别规定了担任矫正小组成员的社区服刑人员家庭成员或者监护人、保证人、有关单位、个人的不同法律责任。法律责任一章既包括对社区矫正对象违反社区矫正监督管理规定的惩罚，也包括社区矫正主体不履行相应义务，或者有其他违法行为的法律后果。而《条例》第42条将社区矫正对象也混同为承担法律责任的主体是存在疑问的。考核奖惩与法律责任的对象不同，法律责任是指司法行政人员和警察的法律责任，一般是针对工作人员而言，而社区矫正对象违反规定、不履行义务的后果应规定在"考核奖惩"一章，正如我国《监狱法》是在"奖惩"一节中专门规定对罪犯的惩罚一样。本书前文已经对社区矫正对象的奖惩考核作了较为充分的论证，此处不再赘述。将社区矫正工作人员的责任与社区矫正对象的奖惩规定在同一章节中亦不利于法律的严肃性。社区矫正工作人员与社区矫正对象在社区矫正工作中扮演不同的角色，却将其违反对应义务的后果规定在同一章节，不利于树立社区矫正工作人员在社区矫正工作中的执法权威，也不利于区分社区矫正工作人员与社区矫正对象不同的义务内容、违反义务的后果和不同的救济途径。

难能可贵的是，有些地区已经针对社区矫正主体制定了单独的责任追究办法。譬如，重庆市綦江区司法局《社区矫正工作人员责任追究办法（试行）》规定责任追究的对象涵盖"承担社区矫正人员矫正执行、教育矫正、监督管理等职能的司法行政工作人员（含事业编制人员）"；《新疆维吾尔自治区司法行政系统社区矫正工作执法责任追究制度（试行）》指出责任追究的对象涵盖"社区矫正工作机构"以及"社区矫正工作人员"，且该文件对"社区矫正工作人员"作出了更为广泛的界定，涵盖"社区矫正执法人员、社区矫正专职工作者和社区矫正机构授权从事社区矫正工作的工作人员"。但遗憾的是，该文件实则只重申了社区矫正工作机构和社区矫正工作人员的义务，在论及法律责任时仍大多采用了"将根据情节轻重，追究相应的行政责任和法律责任"的模糊措辞。

2. 混同社区矫正工作者义务和责任

权利、义务、责任均是法律的基石，法律的内容是在权利、义务、责任的基础上展开的，《社区矫正法》也不例外。关于责任的理解有三种不同的观点。一是"义务说"，《布莱克法律词典》认为，法律责任是"因某种行为而产生的受处罚的义务及对引起的损害予以赔偿或用别的方法予以补偿的义务"[1]。二是"制裁说"，该说认为"法律命令的特有功能在于创造法律义务，命令与义务是相互联系的术语。负有做与不做的义务，或者遇有做与不做的义务，就是在不服从一个命令时，要对制裁负责或应受制裁"[2]。三

---

[1] [美]布莱恩·A.加纳主编：《布莱克法律词典》，（美国）圣保罗市：西部出版公司1983年版，第1197页。

[2] 转引自[奥]凯尔森：《法与国家的一般理论》，沈宗灵译，北京：中国大百科全书出版社1996年版，第69页。

是"后果说",苏联学者萨莫先科认为责任"就是一个人必须承受他的行为给自己造成的不利后果"①。"后果说"与"制裁说"较为接近,但更为完善,本书支持"后果说"。而"义务说"最大的问题是不能反映责任的独立性和重要性。责任与义务内容不同,不能为义务所涵盖,更为重要的是,如果没有规定相应的后果、法律责任,义务的强调也多会成为空谈。

而目前关于法律责任的规定也多出现了混淆法律责任与法律义务的问题。譬如,《新疆维吾尔自治区司法行政系统社区矫正工作执法责任追究制度(试行)》名为"责任",实则全篇基本都在重申社区矫正工作机构和社区矫正工作人员的义务,在论及法律责任时也仍大多采用了模糊措辞。

3. 对于相关的违法情节规定过于笼统

《江苏省社区服刑人员监督管理办法》第70条规定:"在实施社区服刑人员监督管理活动中,司法工作人员有玩忽职守、徇私舞弊、滥用职权等违法违纪行为的,依法给予相应处分;构成犯罪的,依法追究刑事责任。"《北京市社区矫正实施细则》第58条、《社区矫正实施办法》第38条作出了完全相同的规定。而玩忽职守、徇私舞弊、滥用职权的表述显然过于含糊,违法情节描述不明导致违纪、违法与犯罪难以区分。在一个法治国家,法律规定应具有明确性、可预见性和可测量性,从而使得公民能够毫无疑问地理解什么行为是被允许的、什么行为是被禁止的,从而维持法律秩序的安定性。《社区矫正法》也应受明确性原则的约束,"法律责任"一章应尽力为社区矫正工作人员提供明确的行为依据。

《公务员法》与《监狱法》的对法律责任的规定值得借鉴。《监狱法》第14条规定:"监狱的人民警察不得有下列行为:(一)索要、收受、侵占罪犯及其亲属的财物;(二)私放罪犯或者玩忽职守造成罪犯脱逃;(三)刑讯逼供或者体罚、虐待罪犯;

---

① 转引自魏振瀛:《〈民法通则〉规定的民事责任——从物权法到民法典的规定》,载《现代法学》2006年第3期,第47页。

（四）侮辱罪犯的人格；（五）殴打或者纵容他人殴打罪犯；（六）为谋取私利，利用罪犯提供劳务；（七）违反规定，私自为罪犯传递信件或者物品；（八）非法将监管罪犯的职权交予他人行使；（九）其他违法行为。监狱的人民警察有前款所列行为，构成犯罪的，依法追究刑事责任；尚未构成犯罪的，应当予以行政处分。"

《社区矫正法》法律责任一章的规定也应借鉴此种规定模式，对责任内容作具体列举，从而明确社区矫正工作者、人民警察、配合机关应当承担法律责任的行为构成，既方便社区矫正工作者、人民警察和配合机关明确各自责任内容，又可以供追究责任时作明确参照。

就应被追究法律责任的情形，各地文件已有较为成熟的经验可供立法借鉴，如福建省龙岩市《社区矫正工作责任追究暂行办法》即详细列举了32种应追究责任的情形，重庆市綦江区司法局《社区矫正工作人员责任追究办法》规定19种行为模式等。

此外，对不同的行为方式描述也应注意区分，譬如有的行为恶性较大，在法律条文设置时则不以恶性结果的发生为必要；有的行为恶性较小，则在规定行为模式时要同时设置相应的结果作为追责的前提条件。唯有此，才能实现责任与处罚的相当与匹配。

4. 未区分不同主体的法律责任内容、承担责任的方式

社区矫正工作者的法律责任、人民警察的法律责任应该有所不同。但现有法律法规对此均未作区分。

司法部《中华人民共和国社区矫正法（草案送审稿）》中第11条规定："社区矫正工作人员有下列行为之一的，依法给予处分；构成犯罪的，依法追究刑事责任：（一）索要、收受社区服刑人员及其亲属财物的；（二）玩忽职守，造成社区服刑人员脱离监管的；（三）体罚、虐待、侮辱社区服刑人员的；（四）滥用监管措施，侵犯社区服刑人员合法权益的；（五）违反规定办理社区服刑人员奖惩或者执行变更事项的；（六）有其他违法行为的。"此条规定贵在详细列举了需要承担法律责任的行为种类，但是并未规定社区矫正执法工作者、社区矫正社会工作者、社区矫正志愿者、人民警察、配合部门的不同法律责任内容。

赵秉志主编的《社区矫正法（专家建议稿）》中在共同的行为模式下规定了不同主体的法律责任。譬如："社区矫正官具有下列情形之一的，予以警告、记过、记大过；情节严重的，予以降级、撤职、开除；构成犯罪的，依法追究刑事责任：（一）在接受委托进行调查评估的过程中弄虚作假的；（二）不积极履行监管职责，造成有害后果的；（三）发现社区服刑人员有违反规定的行为不及时纠正造成有害后果的；（四）在对社区服刑人员的奖惩中弄虚作假的；（五）侵犯社区服刑人员合法权利的；（六）在社区矫正过程中收受不法利益的；（七）其他应受处罚的情形。社会工作者实施前款行为的，予以训诫、警告；情节严重的，予以辞退、解聘；构成犯罪的，依法追究刑事责任。社区矫正志愿者实施本条第一款行为的，予以训诫、警告或者解除工作关系；构成犯罪的，依法追究刑事责任。"对玩忽职守、滥用职权与收受利益的违法行为的责任追究，进行了具体列举，并针对社区矫正工作人员、社会工作者以及志愿者的不同身份，规定了不同的处罚方式。笔者认为此种立法模式考虑到不同社区矫正工作人员的不同身份以及不同工作性质，但是忽略了不同社区矫正工作人员的责任内容的不同。因为身份的不同，社区矫正工作者、人民警察、配合部门的义务、职能和所应承担的责任应是有所区分的。

再如，根据两高两部《关于进一步加强社区矫正工作衔接配合管理的意见》的规定，不同的部门承担不同的责任。在调查评估环节，社区矫正对象居住地县级司法行政机关负责调查评估，应当自收到调查评估委托函及所附材料之日起10个工作日内完成调查评估，提交评估意见。对于适用刑事案件速裁程序的，应当在5个工作日内完成调查评估，提交评估意见。评估意见同时抄送居住地县级人民检察院。而人民法院、人民检察院、公安机关、监狱是委托机关，负责发出调查评估委托函。在社区矫正交付接收过程中，各部门亦承担不同的责任，人民法院、公安机关、监狱要依法送达交付执行法律文书，向社区矫正对象履行法定告知义务；居住地县级司法行政机关依法应当接收社区矫正对象；社区矫正对象未在规定时间期限报到，居住地社区矫正机构应及时组织查找；人民法院决定暂予监外执行，应通知居住地社区矫正机构与有关公安机关，办理交接手续；公安机关、监狱管理机关批准罪犯暂予监外执行，罪犯服刑的看守所、监狱应按规定与居住地社区矫正机构办理交接手续。社区矫正对象报到后，居住地县级司法行政机关应向社区矫正对象履行法定告知义务；居住地县级司法行政机关对违反社区矫正规定的社区矫正对象，应依法给予警告、提请治安管理处罚。社区矫正对象因违反监督管理规定的，居住地县级司法行政机关应依法向人民法院、公安机关、监狱管理机关提出撤销缓刑、撤销假释建议或者对暂予监外执行的收监执行建议；人民法院、公安机关、监狱管理机关应依法作出裁定、决定，并依法送达；居住地县级司法行政机关、公安机关应依法将罪犯送交看守所、监狱，并依法移交被收监执行罪犯的文书材料；看守所、监狱应依法收监执行；公安机关应依法协助送交收监执行罪犯，并依法对在逃的收监执行罪犯实施追捕。在调查评估、交付执行、执行过程中的监管、收监等环节中，不同的部门承担不同责任，《社区矫正法》在规定不同主体责任时应有所区分。而现有规定多没有具体规定社区矫正衔接工作中不同部门的责任内容以及承担责任的方式。

我国《宪法》第140条规定："人民法院、人民检察院和公安机关办理刑事案件，应当分工负责，互相配合，互相制约，以保证准确有效地执行法律。"《刑事诉讼法》第7条亦规定："人民法院、人民检察院和公安机关进行刑事诉讼，应当分工负责，互相配合，互相制约，以保证准确有效地执行法律。"按照《宪法》和《刑事诉讼法》的精神，大多数的刑事案件应由公安机关承担侦查职能，检察机关承担起诉职能，人民法院承担审判职能，司法行政机关承担执行职能。但实际情况是，公安机关既承担侦查职能又承担执行职能，人民法院既承担审判职能又承担执行职能，检察机关既承担公诉职能又承担监督职能，司法行政机关则仅负责有限的执行工作。《关于进一步加强社区矫正工作衔接配合管理的意见》（以下简称《意见》）对于规范社区矫正工作的衔接发挥了很大的指导作用，但因未能明确不同社区矫正工作主体的责任划分，导致衔接工作效率低下，责任不明。《意见》规定："居住地社区矫正机构发现社区服刑人员漏管，应当及时组织查找，并由居住地县级司法行政机关通知有关人民法院、公安机关、监狱、居住地县级人民检察院。"但究竟谁承担追逃的主要责任，以及追逃不利的后果均不明确。但《条例》没有明确规定社区民警不履行职责时的法律责任，使得社区矫正机构或矫正小组对社区民警缺乏足够的影响力和约束力。司法实践中若社区矫正对象脱管，则司法行政机关承担责任，而应该履行主要责任的社区民警却不用承担失职后的责任。《条例》的第36条规定的公安机关义务中包括"协助司法行政部门查找脱离监管的社区服刑人员，追捕被决定收监执行的在逃社区服刑人员，协助司法行政部门将被决定收监执行的社区服刑人员羁押并投监执行"，这一规定与公安机关与司法行政机关的权责有所不符。首先，社区矫正对象一旦脱离监管，司法行政部门实际上面临的是无人员、无平台、无设备的尴尬处境，因此只能是司法行政部门协助公安机关进行查找，而不是相反。其次，无论是对普通公民还是社区矫正对象的羁押、投监执行都属于刑事强制措施的范畴，超越了司法行政机关的权限范围。最为关键的是，《条例》第36条虽然规定由公安机关追捕被决定收监执行的在逃社区矫正对象，但却对追捕的责任没有明确规定，导致公安机关和司法行政部门都在做实际追捕工作，主体依赖公安机关，而追捕失败的考核结果却归于司法行政机关，显然不公。

5. 并未规定社区矫正工作人员的救济途径

梳理各地社区矫正的法律法规，显少发现社区矫正工作人员被追究责任后的救济措施。只有重庆市綦江区司法局《社区矫正工作人员责任追究办法（试行）》第 7 条规定："依照本办法被追究责任的人员，有权向作出处理决定的部门获知责任追究的事实和依据，有权按照有关规定，进行陈述、申辩、申诉和要求复核。"但向哪个部门陈述、申辩、申诉和复核，申诉期限为多久等重要信息均不明朗。

社区矫正执法工作者是国家公务员，承担了社区矫正活动的主要责任，当其有违法违纪甚至犯罪行为时，当然应该承担法律责任。但是其作为一个公民的权利并不因其担任公共职务就彻底丧失。根据权利救济理论，当公民受到不公正或不恰当处理，其合法权益受到不法或不当侵害时，应有权寻求救济。

我国《公务员法》第 57 条规定了对公务员处分的一些条件，包括："事实清楚、证据确凿、定性准确、处理恰当、程序合法、手续完备。"此条规定了公务员被免职、降职、辞退或者处分时应当遵循特定的步骤、方式、顺序和时限，必须依据合法的理由、确凿的证据。如果程序不合法或实体不正当，公务员拥有合法的救济权利。根据《公务员法》第 90 条的规定，公务员享有申请复核和申诉的权利："公务员对涉及本人的下列人事处理不服的，可以自知道该人事处理之日起三十日内向原处理机关申请复核；对复核结果不服的，可以自接到复核决定之日起十五日内，按照规定向同级公务员主管部门或者作出该人事处理的机关的上一级机关提出申诉；也可以不经复核，自知道该人事处理之日起三十日内直接提出申诉……"本书认为，社区矫正辅助人员虽然不具有国家工作人员身份，但理应参照申请复核、申诉制度规定，赋予其相应的救济权。

当然，为了维护处理决定严肃性，在复核、申诉期间应当不停止处理决定的执行；为了维护被处罚者的权利，提高工作效率，对受理申诉以及受理机关调查后的处理方式也应进行规定，即：在事实清楚，但是在决定的公平性与适当性方面存在疑问的，可以直接纠正；在事实不清的情况下，可以责令原作出机关进行调查，纠正可能存在的错误。

三、社区矫正法律责任立法建议

本书认为,《社区矫正法》在规定社区矫正责任时,应秉持以下几个原则:第一,区分社区矫正对象的考核奖惩与社区矫正工作人员的责任,将社区矫正工作人员的法律责任单列一章;第二,严格区分法律责任与法律义务,避免二者混同;第三,在规定责任内容时,按照社区矫正的流程进行梳理,并按照情节轻重区分责任大小;第四,针对社区矫正工作者、人民警察、配合部门规定不同的责任内容,尤其要明确社区矫正衔接工作中不同机关的责任内容,以及检察机关行使监督权的程序、效力;第五,明确规定社区矫正工作者、人民警察、配合部门的权利救济途径。

具体内容如下:

【社区矫正工作者的法律责任】社区矫正执法工作者具有下列情形之一的,予以警告、记过、记大过;情节严重的,予以降级、撤职、开除;构成犯罪的,依法追究刑事责任:

(一)在接受委托进行调查评估的过程中弄虚作假或者有其他违法行为的;

(二)在对社区矫正对象的奖惩中弄虚作假的;

(三)侵犯社区矫正对象合法权益的;

(四)在社区矫正工作中收取他人财物的;

(五)法律、法规和国务院司法行政部门规定的其他情形。

社区矫正社会工作者有上述行为的,予以训诫、警告;情节严重的,予以辞退、解聘;构成犯罪的,依法追究刑事责任。

【人民警察的法律责任】参加社区矫正的人民警察有下列情形之一的,予以警告、记过、记大过;情节严重的,予以降级、撤职、开除;构成犯罪的,依法追究刑事责任:

(一)在社区矫正工作中心擅离职守的;

(二)参加社区矫正小组的人民警察不履行职责的;

（三）接到社区矫正工作中心关于社区矫正对象脱离监管通知，不及时查找的；

（四）不履行或不正确履行职责的其他情形。

对具有上述情形的人民警察，社区矫正工作中心有权向其所属公安机关提出书面处罚建议，并抄送同级人民检察院。

【配合部门的法律责任】对社区矫正工作依法负有配合义务的人民政府相关部门不依法履行配合义务的，对其直接负责的主管人员和其他直接责任人员予以警告、记过、记大过；情节严重的，予以降级、撤职、开除；构成犯罪的，依法追究刑事责任。

附：中华人民共和国社区矫正法
（课题组建议稿）

第一章 总则

第一条【立法目的与根据】为了正确实行社区矫正，规范社区矫正活动，帮助社区矫正对象顺利回归社会，预防和减少犯罪，根据宪法，制定本法。

第二条【适用范围】对被判处管制、宣告缓刑、假释、暂予监外执行的罪犯以及法律规定的其他罪犯的社区矫正，适用本法。

第三条【分类矫正、个别矫正】对罪犯的社区矫正，应当与管制、缓刑、假释、暂予监外执行等措施的性质和罪犯的实际情况相适应。

第四条【监管、教育与帮扶相结合】对罪犯的社区矫正，应当坚持监管、教育与帮扶相结合。

第五条【保障公共安全与鼓励罪犯自觉改造相结合】对罪犯的社区矫正，应当坚持保障公共安全与鼓励罪犯自觉改造相结合。

第六条【主管与配合】国务院司法行政部门主管全国的社区矫正工作。县级以上地方各级人民政府司法行政部门负责本行政区域的社区矫正工作。

各级人民政府有关部门应当依照各自职责，配合司法行政部门做好社区矫正工作。

第七条【社会参与】村民委员会、居民委员会、社区矫正对象所在单位或者就读学校、家庭成员、监护人、保证人应当依法协助社区矫正机构进行社区矫正工作。

国家鼓励企业事业单位、社会组织和社会工作者、志愿者等社会力量参与社区矫正工作。

第八条 【政府主导】县级以上各级人民政府应当将社区矫正工作纳入国民经济和社会发展规划，并建立健全社区矫正工作衔接机制。

县级以上各级人民政府应当将社区矫正经费列入本级政府预算。

居民委员会、村民委员会协助社区矫正机构开展工作所需经费从社区矫正经费中列支。

第二章 社区矫正的机构和人员

第九条 【社区矫正管理机构和社区矫正机构】县级以上各级人民政府司法行政部门设立社区矫正管理机构，负责本行政区域的社区矫正工作。

县（市、区）社区矫正管理机构设立社区矫正工作中心，乡镇、街道司法所设立社区矫正工作站。

社区矫正工作中心和社区矫正工作站作为社区矫正机构承担具体的社区矫正工作。

第十条 【社区矫正管理机构的职责】社区矫正管理机构履行下列职责：

（一）负责监督检查社区矫正法律法规和政策的执行；

（二）拟定本行政区域内社区矫正工作发展规划、管理制度和相关政策并组织实施；

（三）监督管理社区矫正的实行；

（四）指导开展社区矫正社会工作和志愿服务。

第十一条 【社区矫正机构的职责】社区矫正工作中心依法履行下列职责：

（一）接受委托开展实行社区矫正的调查评估；

（二）办理接收和解除社区矫正手续；

（三）组织和实施对社区矫正对象的监管；

（四）组织和协调对社区矫正对象的教育；

（五）组织和协调对社区矫正对象的帮扶；

（六）法律、法规规定的其他职责。

社区矫正工作站承担社区矫正对象的日常矫正工作。

第十二条【社区矫正工作者】社区矫正工作者包括社区矫正执法工作者、社区矫正社会工作者。

社区矫正执法工作者由社区矫正机构的公务员担任。下列职责由社区矫正执法工作者承担：

（一）接收社区矫正对象；

（二）宣告社区矫正的执行和解除；

（三）审批社区矫正监督管理事项；

（四）考核奖惩社区矫正对象。

社区矫正社会工作者应当具备国务院司法行政部门规定的执业条件。社区矫正社会工作者依照社区矫正机构的委托履行社区矫正职责。

社区矫正工作者在履行社区矫正职责时，应当持有社区矫正工作者证件。

第十三条【人民警察】县（市、区）公安机关应当向社区矫正工作中心派驻人民警察，协助维护社区矫正的正常秩序。

社区民警参与被判处管制、暂予监外执行的罪犯的社区矫正，保障被宣告缓刑、假释的罪犯的社区矫正顺利进行。

第十四条【社区矫正志愿者】志愿者、志愿者组织在社区矫正机构的指导下参与社区矫正工作。

第三章 社区矫正前程序

第十五条 【矫正前调查评估的概念】实行社区矫正,应当在刑事裁判前对被告人、罪犯的人身危险性以及对所居住社区有无重大不良影响进行调查评估。

矫正前调查评估意见是人民法院裁判实行社区矫正的重要参考因素。矫正前调查评估意见应当经过法庭质证。

第十六条 【矫正前调查评估的进行】人民检察院、被告人及其辩护人、人民法院、监狱、公安机关可以自行进行矫正前调查评估,也可以委托社区矫正机构或者社会工作者组织进行矫正前调查评估。

接受调查的单位和个人应当予以配合,如实提供有关情况和资料。

第十七条 【社区矫正地的确定】被告人、罪犯的居住地为社区矫正地。

被告人、罪犯有多个居住地的,可以考虑其个人意愿,以最有利于其顺利回归社会的居住地为社区矫正地。

被告人、罪犯的社区矫正地难以确定的,其户籍地为社区矫正地。

第十八条 【矫正告知】人民法院、监狱、公安机关应当自刑事裁判生效或者决定作出之日起三日内,书面告知社区矫正对象到社区矫正工作中心报到的期限以及逾期报到的后果,同时将有关法律文书送达社区矫正工作中心,并抄送社区矫正地人民检察院和公安机关。

第十九条 【报到、交接】被判处管制、宣告缓刑、假释的社区矫正对象,应当自人民法院判决、裁定生效之日或者离开监所之日起十日内到社区矫正工作中心报到。

人民法院对决定暂予监外执行的罪犯,应当通知社区矫正工作中心派员到庭办理交接手续。对监狱管理机关、公安机关决定暂予监外执行的罪犯，由交付执行的监狱、公安机关将其押送至社区矫正地，与社区矫正工作中心办理交接手续。

对暂予监外执行的罪犯办理交接时，人民法院、监狱、公安机关应当通知其家属或者保证人到场。暂予监外执行罪犯的家属或者保证人拒不到场的，不影响交接程序办理。

第二十条【报到、交接的手续】社区矫正对象报到或交接时，社区矫正工作中心应当核实身份、办理登记手续，并告知其在三日内到指定的社区矫正工作站接受社区矫正。

社区矫正对象报到时，社区矫正工作中心未收到法律文书或者法律文书不齐全的，应当记录在案，并通知人民法院、监狱或者公安机关在五日内送达或者补齐法律文书。

社区矫正对象报到后，社区矫正工作中心应当在三日内向人民法院、监狱、公安机关送达回执。

第四章 社区矫正的具体实行

第一节 入矫

第二十一条【临时监管】社区矫正工作中心应当在社区矫正对象报到或者交接时，对社区矫正对象采取临时性监管措施。

第二十二条【矫正小组】社区矫正工作站应当在接收社区矫正对象后三个工作日内，确定矫正小组。

矫正小组组长由社区矫正执法工作者担任，成员包括社区矫正社会工作者、村民委员会或者居民委员会代表、社区矫正对象所在单位或者就读学校代表、家庭成员或者监护人、保证人、志愿者等。社区矫正对象为女性的，矫正小组应当有女性成员。

被判处管制、暂予监外执行的罪犯的矫正小组应当有人民警察参加。

第二十三条【入矫宣告】矫正小组确定后三个工作日内，社区矫正工作中心应当对社区矫正对象进行入矫宣告。

矫正小组全体成员应当参加入矫宣告,县级人民检察院可以派员出席。

第二十四条【矫正方案】社区矫正工作站应当在接收社区矫正对象后五个工作日内,根据社区矫正对象的犯罪情况、悔罪表现、个性特征和生活、工作环境等进行风险评估,制定矫正方案。

社区矫正工作站应当及时评估矫正方案的实施效果,对矫正方案进行相应调整。

第二十五条【社区矫正地的变更】社区矫正过程中,确需变更社区矫正地的,由社区矫正工作中心报请社区矫正裁判或决定机关决定。

第二节 监管

第二十六条【监管级别、监管主体】社区矫正机构应当根据社区矫正对象的犯罪性质、现实表现、人身危险性等对其实施不同级别的监管。

监管级别分为五级:一级从宽监管、二级从宽监管、普通监管、二级从严监管、一级从严监管。

监管级别由行踪报告、电子定位、通信核查、实地查访等监管措施综合决定,具体标准由省级社区矫正管理机构根据实际情况确定。

监管级别与监管内容应当告知社区矫正对象。

社区矫正对象的日常监管由社区矫正工作站负责。

第二十七条【入矫初期的监管、监管级别的调整】对被判处管制、暂予监外执行的社区矫正对象,在入矫后三个月内实施从严监管,从严程度根据社区矫正对象的人身危险性确定。

对被宣告缓刑、假释的社区矫正对象,在入矫后三个月内实施普通监管。

入矫三个月期满后,矫正小组应当对社区矫正对象进行风险评估。社区矫正工作中心根据矫正小组的风险评估报告,调整监管级别。

第二十八条 【禁止令的变通】社区矫正对象被人民法院宣告禁止令，因工作、生活等正当事由确需从事特定活动，进入特定区域、场所，接触特定人的，由社区矫正工作中心报请作出宣告的人民法院批准。

第二十九条 【外出请假】社区矫正对象因就医、家庭重大变故以及其他正当事由，需要临时离开社区矫正地的县（市）、设区的市的城区的，由社区矫正工作站签署意见后报社区矫正工作中心批准。社区矫正对象返回社区矫正地后，应当立即向社区矫正工作站报告。

第三十条 【脱离监管】社区矫正对象未按规定期限报到、逃避监管或者有其他脱离监管情形的，由社区矫正机构组织查找并做好记录。查找不到的，社区矫正机构应当及时通知公安机关，公安机关接到通知后应当立即查找。

社区矫正机构在收到人民法院、公安机关、监狱管理机关的收监执行的裁定、决定后，发现社区矫正对象脱离监管的，应当立即通知公安机关，由公安机关实施追捕。

第三节 教育与帮扶

第三十一条 【教育环节与方式】社区矫正对象入矫、解矫时，社区矫正机构应当对其进行入矫教育、解矫教育。矫正小组全体成员应当参加。

在日常教育中，社区矫正工作中心负责对社区矫正对象进行集中教育，社区矫正工作站负责对社区矫正对象进行个别教育。

社区矫正机构应当组织有劳动能力的社区矫正对象参加公益劳动。

社区矫正对象接受教育、参加公益劳动的标准，由国务院司法行政部门确定。

第三十二条 【教育内容】对社区矫正对象的教育包括道德教育、法制教育、形势政策教育、社会适应教育等，具体内容由国务院司法行政部门确定。

第三十三条【心理矫治】社区矫正机构应当根据实际需要,对社区矫正对象开展心理健康教育,实施心理矫治。

第三十四条【平等待遇】社区矫正对象符合最低生活保障条件或者临时生活救助条件的,按照规定纳入最低生活保障范围或者给予临时生活救助。

社区矫正对象符合申请宅基地、承包农村土地条件的,按照规定办理。

社区矫正对象按照规定参加社会保险,享受社会保险待遇。

第三十五条【就业培训和指导】人力资源和社会保障部门应当依托公共就业服务机构、就业培训机构和基层人力资源社会保障公共服务平台,加强对社区矫正对象的职业技能培训与就业指导,提供就业信息,拓宽就业渠道,鼓励和扶持社区矫正对象自谋职业、自主创业。

第三十六条【鼓励就业】国家鼓励企业吸纳社区矫正对象就业。

用人单位和公益性岗位招用符合就业困难人员条件的社区矫正对象,按照实际招用的人数,对单位缴费部分按照规定给予社会保险补贴。

社区矫正对象符合就业困难人员条件,从事个体经营或者灵活就业后申报就业并缴纳社会保险费的,按照规定享受社会保险补贴。

第三十七条【社会捐赠】鼓励单位和个人依法对社区矫正工作进行捐赠。单位和个人的公益性捐赠支出符合条件的,按照规定享受有关税收优惠。

鼓励企业事业单位、社会组织建立社区矫正教育培训和公益劳动基地。

第四节 解矫与终止

第三十八条【解矫宣告】社区矫正对象矫正期满,社区矫正工作中心应当进行解矫宣告。解矫宣告由社区矫正工作中心执法工作者主持，公开进行。

第三十九条【解矫文书】社区矫正工作中心应当向社区矫正对象发放解除社区矫正证明书，并书面通知裁判、决定机关，同时抄送社区矫正地人民检察院和公安机关。

社区矫正工作中心对社区矫正对象解矫宣告后，应当根据需要做好安置帮教的衔接工作。

第四十条【暂予监外执行犯的解矫】监狱管理机关、公安机关决定的暂予监外执行的社区矫正对象刑期届满的，由监狱管理机关、公安机关依法为其办理刑满释放手续。

人民法院决定的暂予监外执行的社区矫正对象刑期届满的，解除社区矫正宣告具有刑满释放的效力。

第四十一条【矫正终止】有下列情形之一的，社区矫正终止，由社区矫正工作中心在档案中注明终止矫正的原因、时间，并附相关证据：

（一）社区矫正对象死亡的；

（二）社区矫正对象被决定收监执行的；

（三）社区矫正对象被判处监禁刑罚的。

社区矫正对象死亡的，社区矫正工作中心应当在得知社区矫正对象死亡信息的三个工作日内书面通知社区矫正裁判、决定机关，并抄送人民检察院。

第四十二条【档案的建立与管理】社区矫正工作中心应当在社区矫正对象报到、交接时，为其建立社区矫正执行档案。

社区矫正执行档案包括以下内容：

（一）适用社区矫正的法律文书；

（二）接收、监管审批、处罚、收监执行、解除矫正等有关社区矫正执行活动的法律文书。

社区矫正工作站应当为社区矫正对象建立社区矫正工作档案。

社区矫正工作档案包括以下内容：

（一）社区矫正工作站进行社区矫正的工作记录；

（二）社区矫正对象接受社区矫正的其他相关材料。

社区矫正工作站应当在社区矫正对象解除矫正后十个工作日内，将其档案进行整理并移送社区矫正工作中心。社区矫正工作中心应当将其执行档案和工作档案合并整理归档，统一进行保管。

第五节 特殊对象的矫正

第四十三条【未成年社区矫正对象的矫正】对未成年人实行社区矫正，应当遵循教育、感化、挽救的原则，并按照下列规定执行：

（一）对未成年人的社区矫正应当与成年人分开进行；

（二）对未成年社区矫正对象给予身份保护，其矫正宣告不公开进行，除矫正小组成员以外不得允许其他人员在场，其矫正档案应当保密；

（三）未成年社区矫正对象的矫正小组应当有熟悉青少年成长特点的人员参加；

（四）针对未成年人的年龄、心理特点和身心发育需要等特殊情况，采取有益于其身心健康发展的监督管理措施；

（五）采用易为未成年人接受的方式，开展思想、法制、道德教育、心理辅导和公益劳动；

（六）协调有关部门为未成年社区矫正对象就学、就业等提供帮助；

（七）督促未成年社区矫正对象的监护人履行监护职责，承担抚养、管教等义务；

（八）采取其他有利于未成年社区矫正对象改过自新、融入正常社会生活的必要措施。

第四十四条【其他特殊社区矫正对象的矫正】对七十五周岁以上的老年人实行社区矫正，应当遵循监管从宽、个别教育为主、帮扶优先的原则，并免予参加公益劳动。

对严重传染性疾病患者的社区矫正，应当遵循有利于康复和公共卫生的原则。

对境外人士实行社区矫正遵循国民待遇原则，但应当尊重其民族、地域、文化等特点。

第五章 奖励与惩罚

第一节 奖励

第四十五条【奖励种类】对社区矫正对象的奖励包括：

（一）表扬；

（二）降低监管级别；

（三）扩大活动范围；

（四）缩短矫正期限；

（五）减刑。

第四十六条【表扬】社区矫正对象连续三个月月度考核结果均为最高等级的，由社区矫正工作中心在集中教育时公开予以表扬。

第四十七条【降低监管级别】对连续两次获得表扬的社区矫正对象，可以降低一个监管级别；对连续三次获得表扬的社区矫正对象，可以降低两个监管级别。

第四十八条【扩大活动范围】对连续四次获得表扬的社区矫正对象，经其本人申请，活动范围可以扩至市级行政区域；对连续五次获得表扬的社区矫正对象，经其本人申请，其活动范围可以扩至省级行政区域；对连续六次获得表扬的社区矫正对象，经其本人申请，可以跨省（市、自治区）活动。

社区矫正对象扩大活动范围的，应当由下列社区矫正管理机构审批：

（一）在市（地、州）行政区域内活动的，由县（市、区）的社区矫正管理机构审批；

（二）在省（市、自治区）行政区域内活动的，由市（地、州）的社区矫正管理机构审批；

（三）跨省（市、自治区）行政区域活动的，由省（市、自治区）的社区矫正管理机构审批。

社区矫正对象不得出国（边）境。

第四十九条【缩短矫正期限】被宣告缓刑的社区矫正对象连续七次获得表扬的，经社区矫正工作中心建议，作出缓刑宣告的人民法院可以裁定缩短其矫正期限。

第五十条【减刑】被判处管制、暂予监外执行的社区矫正对象连续八次获得表扬或者有立功表现的，可以减刑；有重大立功表现的，应当减刑。

被宣告缓刑的社区矫正对象有重大立功表现的，可以减刑。

第二节 惩罚

第五十一条【惩罚种类】对社区矫正对象的惩罚包括：

（一）警告；

（二）提高监管级别；

（三）限制活动范围；

（四）治安管理处罚；

（五）延长矫正期限；

（六）收监执行。

第五十二条【警告】社区矫正对象有下列情形之一的，由社区矫正工作中心给予警告：

（一）未按规定时间报到或者有其他脱离监管情形，不满十五天的；

（二）违反关于报告、会客、外出、社区矫正地变更规定的；

（三）不按规定参加教育学习、公益劳动等活动，经教育仍不改正的；

（四）保外就医的社区矫正对象无正当理由不按时提交病情复查情况，或者未经批准进行就医以外的社会活动且经教育仍不改正的；

（五）违反人民法院禁止令，情节轻微的；

（六）其他违反监管规定的。

第五十三条 【提高监管级别】对受到两次警告的社区矫正对象，应当提高一个监管级别；对受到三次警告的社区矫正对象，应当提高两个监管级别。

第五十四条 【限制活动范围】社区矫正对象活动范围已扩至县（市、区）行政区域以外，又受到警告处分的，应当恢复至县（市、区）活动范围。

第五十五条 【治安管理处罚】社区矫正对象有下列情形之一的，由社区矫正工作中心向同级公安机关提出治安管理处罚建议书，并附审批表和有关证明材料：

（一）被判处管制的社区矫正对象违反禁止令，或者被宣告缓刑的社区矫正对象违反禁止令尚不属情节严重的；

（二）未按规定时间报到或者接受社区矫正期间脱离监管，十五天以上、一个月以下的；

（三）其他违反监管规定依法应予治安管理处罚的行为。

公安机关应当依法作出处理决定，并在作出决定后五个工作日内通报同级司法行政机关。

第五十六条 【延长矫正期限】被宣告缓刑的社区矫正对象受到四次警告处分的，经社区矫正工作中心建议，作出缓刑宣告的人民法院可以裁定延长其矫正期限。

第五十七条 【撤销缓刑、假释】被宣告缓刑、假释的社区矫正对象有下列情形之一的，由社区矫正工作中心向原裁判人民法院提出撤销缓刑、假释建议，人民法院应当自收到之日起一个月内依法作出裁定：

（一）违反人民法院禁止令，情节严重的；

（二）未按规定时间报到或者有其他脱离监管情形，超过一个月的；

（三）因违反监管规定受到治安管理处罚，仍不改正的；

（四）受到四次警告，仍不改正的；

（五）其他违反有关法律、行政法规和监督管理规定，情节严重的。

社区矫正工作中心撤销缓刑、假释的建议书和人民法院的裁定书应当抄送社区矫正地人民检察院和公安机关。

第五十八条 【收监执行】暂予监外执行的社区矫正对象有下列情形之一的,由社区矫正工作中心向批准、决定机关提出收监执行建议,批准、决定机关应当自收到之日起十五日内依法作出决定:

（一）发现不符合暂予监外执行条件的;

（二）未经社区矫正机构批准擅自离开社区矫正地,经警告拒不改正,或者拒不报告行踪,脱离监管的;

（三）因违反监管规定受到治安管理处罚,仍不改正的;

（四）受到四次警告,仍不改正的;

（五）保外就医期间不按规定提交病情复查情况,经警告拒不改正的;

（六）暂予监外执行的情形消失后,刑期未满的;

（七）保证人丧失保证条件或者因不履行义务被取消保证人资格,又不能在规定期限内提出新的保证人的;

（八）其他违反有关法律、行政法规和监督管理规定,情节严重的。

社区矫正工作中心的收监执行建议书和决定机关的决定书应当抄送社区矫正地人民检察院和公安机关。

第六章 法律责任

第五十九条 【社区矫正工作者的法律责任】社区矫正执法工作者具有下列情形之一的,予以警告、记过、记大过;情节严重的,予以降级、撤职、开除;构成犯罪的,依法追究刑事责任:

（一）在接受委托进行调查评估的过程中弄虚作假或者有其他违法行为的;

（二）在对社区矫正对象的奖惩中弄虚作假的；

（三）侵犯社区矫正对象合法权益的；

（四）在社区矫正工作中收取他人财物的；

（五）法律、法规和国务院司法行政部门规定的其他情形。

社区矫正社会工作者有上述行为的，予以训诫、警告；情节严重的，予以辞退、解聘；构成犯罪的，依法追究刑事责任。

第六十条【人民警察的法律责任】参加社区矫正的人民警察有下列情形之一的，予以警告、记过、记大过；情节严重的，予以降级、撤职、开除；构成犯罪的，依法追究刑事责任：

（一）在社区矫正工作中心擅离职守的；

（二）参加社区矫正小组的人民警察不履行职责的；

（三）接到社区矫正工作中心关于社区矫正对象脱离监管通知，不及时查找的；

（四）不履行或不正确履行职责的其他情形。

对具有上述情形的人民警察，社区矫正工作中心有权向其所属公安机关提出书面处罚建议，并抄送同级人民检察院。

第六十一条【配合部门的法律责任】对社区矫正工作依法负有配合义务的人民政府相关部门不依法履行配合义务的，对其直接负责的主管人员和其他直接责任人员予以警告、记过、记大过；情节严重的，予以降级、撤职、开除；构成犯罪的，依法追究刑事责任。

第七章 附则

第六十二条【民族自治地方的变通规定】民族自治地方不能全部适用本法规定的，可以由自治区或者省的人民代表大会根据当地民族的政治、经济、文化的特点和本法规定的基本原则，制定变通或者补充的规定，报请全国人民代表大会常务委员会批准施行。

第六十三条【有关术语的含义】本法所称"以上"、"以下",包括本数。

本法所称期间的最后一日为节假日的,以节假日后的第一日为期满日期。但社区矫正对象的社区矫正期间应当到期满之日为止,不得因节假日而延长。

第六十四条【法律生效】本法自×年×月×日起施行。